Acrobacia del cuerpo bilingüe

Acrobacia del cuerpo bilingüe
La poesía de Alfredo Gangotena

Cristina Burneo Salazar

Consejo Editorial

Luisa Campuzano
Adriana Churampi
Stephanie Decante
Gabriel Giorgi
Gustavo Guerrero
Francisco Morán

Waldo Pérez Cino
Juan Carlos Quintero Herencia
José Ramón Ruisánchez
Julio Ramos
Enrico Mario Santí
Nanne Timmer

© Cristina Burneo Salazar, 2017
© Almenara, 2017

www.almenarapress.com
info@almenarapress.com

Leiden, The Netherlands

ISBN 978-94-92260-20-8

Imagen de cubierta: Gautier d'Agoty, 1748.
Wellcome Library, London

All rights reserved. Without limiting the rights under copyright reserved above, no part of this book may be reproduced, stored in or introduced into a retrieval system, or transmitted, in any form or by any means (electronic, mechanical, photocopying, recording or otherwise) without the written permission of both the copyright owner and the author of the book.

Introducción 9

Capítulo I
PARÍS PARA MI POEMA 21

Capítulo II
Formas de una modernidad desfasada 47

Capítulo III
Particiones siempre asimétricas del bilingüismo 129

Capítulo IV
El alfabeto gangoteneano........................ 193

Capítulo V
Hermenéutica de perenne luz..................... 251

Epílogo 287

Bibliografía 295
Agradecimientos 307

My days were spent in close attention, that I could imitate almost every word that was spoken.
[...] Increase of knowledge only discovered to me more clearly what a wretched outcast I was.

> Mary Shelley, *Frankenstein*

Introducción

No siempre es posible reconocer los orígenes de un deseo. Los giros que toma el curso de nuestra existencia están dados por motivaciones que, con frecuencia, permanecen ocultas largo tiempo después de consumados los hechos. La realidad se manifiesta antes que el deseo que la produce, pero lo fundamental habrá sido abrir vía libre al deseo, opaco o diáfano, que dio a lugar a una desobediencia del mandato de nuestro destino. Nunca sabemos lo que nos deparan las lenguas ni los viajes, así como desconocemos en qué nos convertirán los actos de nuestra voluntad.

Hay espíritus particularmente maleables, predispuestos a dejarse transformar por los accidentes del devenir. En ellos, los cambios de espacio y de circunstancia operan pronto y a profundidad. Algunos de estos espíritus, los escritores bilingües, son sujetos capaces de crear múltiples universos de sentido y de habitar espacios duales y escindidos. Los autores que escriben en dos lenguas y abren con ello vetas en distintas realidades ocupan una región particular en el espacio literario, pues se dividen y multiplican a la vez en distintas tradiciones y culturas. Estos escritores habitan un lugar que interpela los archivos demasiado identificables de las literaturas nacionales o regionales, a la vez que se repiten en varias de ellas. Sus nombres aparecen en más de una literatura, como si fueran dobles agentes de la Historia literaria, o en ninguna, cuando su obra queda atrapada en un limbo. Ocupan un lugar siempre exterior a los catálogos que agrupan las literaturas bajo sus delimitaciones lingüísticas, nacionales o temporales.

Dondequiera que estén, estos autores se desenvuelven como viajeros, aun en sus lugares de origen. El cambio de lengua y los desplazamientos suelen ser la consecuencia de una diferencia desencadenada en su subjetividad reconocida con anterioridad, no su causa. Es decir, el convertirse en extranjero no es necesariamente un proceso posterior al viaje, sino quizás su antecedente. Pero en general, para que suceda un cambio de lengua en el escritor, hay un viaje de larga duración que lo precede. En ocasiones, lo que inicia como una travesía limitada en el tiempo termina prolongándose hasta convertirse en una vida. Suele ser difícil situar el instante en donde se detiene el desplazamiento e inicia la quietud, la adopción de una residencia. ¿Cómo saber cuándo dejamos de viajar y empezamos a habitar un lugar? Si bien el viajar es una forma de habitar, ésta última llama a transformaciones en la subjetividad que no necesariamente operan cuando estamos de paso en un lugar.

En el escritor bilingüe, los factores que organizan su mundo, los actos del azar, la voluntad y la necesidad, provocan una honda conversión fundada en el cambio sucesivo o la coexistencia de las lenguas en que vive y los viajes que emprende. La circunstancia original de su biografía se ve alterada por cambios irreversibles que lo suman en una realidad sin síntesis. A partir del desarraigo que resulta de las travesías de larga duración, desaparece la posibilidad del viaje de vuelta. En adelante, todas serán una partida. Sin renunciar necesariamente a sus identidades anteriores, a través de los cambios de lengua y de espacio, el escritor se convierte en una nueva versión de sí mismo. Quema sus naves antes de reconocer los nuevos territorios en donde se adentra, sin saber que aquello que deja atrás y lo que ve por delante van abriendo un espacio intermedio e indefinido que terminará por ser el único habitable. Esas versiones anteriores de sí mismo sedimentan, se acumulan, no hay *tabula rasa*. «Mas mi voz, el camino del lenguaje, del espíritu, prevalece en esta acumulación de dualidades: EN MI ESPESURA», escribe Alfredo Gangotena. Así se amalgama la espesura, con las idas y vueltas de las distintas versiones de aquello en lo que nos convertimos.

En los escritores que aparecen en el primer capítulo de este ensayo, el espacio liminal que comparten está situado entre los Andes y Francia. Adolfo Costa du Rels, Vicente Huidobro, César Moro y Alfredo Gangotena dejaron sus montañas para instalarse en París. En un momento determinado de sus vidas, cada uno de ellos tomó el tren transandino[1] de inicios del siglo XX para llegar a la costa del Pacífico. De ahí, su travesía siguió por mar hasta Europa y, finalmente, llegaron a París. El largo viaje anunciaba periodos continuos de cambio. En Francia, vieron su obra publicada en francés una vez que decidieron cambiar de lengua, tras distintas circunstancias más o menos previstas que los habían llevado a ese momento.

El bilingüismo de estos autores, contrariamente a lo que pudiera haberse esperado, no incluye el quichua ni el aimara, ni tampoco las lenguas indígenas de sus regiones. La distancia más corta entre ellos y su obra no era la geográfica, sino la simbólica. Simbólicamente, Francia era más próxima para ellos que los mismos Andes, a pesar de que vivieron en países indio-mestizos. Los abismos y la relación inarmónica que reconocían entre sí mismos y sus culturas ancestrales supusieron la incomprensión de sus proyectos literarios por parte de sus contemporáneos. Al apartarse de los caminos habituales, su búsqueda estética fue rechazada o incomprendida y, sobre todo en el caso de Huidobro y de Gangotena, hay por parte de ambos una incomprensión de los mundos ancestrales que los rodeaban.

Este espacio construido por los escritores bilingües entre el azar y los cumplimientos del deseo es su máquina de escritura. Es su motor

---

[1] «El trasandino, como se lo llama en Ecuador, es el camino de hierro que va de Guayaquil a Quito. Fue construido en la segunda mitad del s. XIX. [...] Verdadera obra maestra del genio civil contemporáneo, fue inaugurado el 10 de agosto de 1909. El trasandino une la Costa y la Sierra. Parte del nivel del mar para llegar a Quito a 2500 metros de altura. Esto son 464 Km de distancia entre un punto y el otro, desde las bananeras de la planicie hasta el frescor del altiplano» (Castillo Berchenko 1992: 20).

y su circunstancia. No todos ellos hacen de la producción de una obra bilingüe un proyecto planeado a priori. El cambio de lengua es consecuencia de un viaje en la infancia, exilios forzados o razones ajenas a su voluntad. Sin embargo, en un momento determinado, lo azaroso se incorpora a la escritura y se transforma en un proyecto estético. La lengua francesa se convierte en objeto de deseo y exploración. Esta nueva relación desestabiliza identidades previamente asentadas, impuestas, y debilita los lazos de pertenencia a la lengua y el origen.

Por ello, la circunstancia bilingüe no puede pensarse únicamente como una relación de subordinación entre la lengua materna y la que llamamos segunda lengua. En ocasiones, la segunda lengua llega a tomar el lugar de la lengua materna, contribuye a consolidar una nueva subjetividad y, en lo histórico, es capaz de alterar los destinos biográficos de ciertos escritores. A su vez, dichos escritores pueden resituar sus orígenes o por lo menos reinventarlos por medio de cambios de nombre, biografías reescritas, recomienzos; terminan por crearse un nuevo escenario para la escritura, por tanto, su subjetividad más íntima se ve también transformada.

Algunos aspectos de estas desviaciones pueden verse, en general, en los avatares del primer viaje: la travesía hacia la transformación de la subjetividad por medio de la escritura y del convertirse en extranjero. Tras el desarraigo inicial que ocasiona ese primer gran viaje, la posibilidad de retorno desaparece del horizonte. Cuando volvemos, no somos los mismos, por tanto, estaremos siempre emprendiendo una ida más que una vuelta. Volver a los sitios no es volver si la distancia de las cosas, la intensidad de la mirada, el lugar conocido que deja de ser familiar, provocan un cambio que opera a profundidad y que altera tanto el espacio como al sujeto que lo habita. Aunque no siempre hubiera situaciones coercitivas de por medio, en los escritores bilingües la vuelta al lugar de origen es vivida con frecuencia como un exilio o, por lo menos, la retórica del exilio es la que algunos de ellos adoptan como forma de nombrar estos desplazamientos.

Así fue como Alfredo Gangotena experimentó su vuelta a Quito en enero de 1928, tras siete años en París. Es a este poeta a quien está dedicada esta reflexión. A su vez, ésta se sustrae por momentos de la obra de Gangotena en particular para ir hacia consideraciones más generales y teóricas sobre las escrituras bilingües. En París, Gangotena escribió una obra poderosa, ignorada por largo tiempo. El suyo no fue un proyecto de traducción, ni tampoco una etapa. Gangotena escribió sus poemarios *Orage secret* (1926-1927), *Orogénie* (1928), *Absence. 1928-1930* (1932) y *Nuit* (1938) en francés, y los editó todos en París y en Bruselas tras su vuelta a Quito con la ayuda de sus amigos europeos.

La obra de Gangotena permaneció sin traducción al español hasta 1956, treinta años después de la aparición de su primer volumen, *Orage secret*, y ocho años después de su muerte. Una excepción fueron un par de versiones publicadas en *Letras del Ecuador* por su amigo Eduardo Riofrío, en 1945. Era un homenaje póstumo que no encontró ecos. Los poetas ecuatorianos Gonzalo Escudero y Filoteo Samaniego estuvieron a cargo de la traducción del volumen *Poesía*, primera edición de Gangotena realizada en Ecuador. A su traducción añadieron *Tempestad secreta* (1940), escrito originalmente en español, y *Hermenéutica de Perenne Luz*, dejada inconclusa y editada póstumamente. Con este volumen se recopilaba una gran parte del corpus de la obra de Alfredo Gangotena, que se completó en los años noventa. En 1991 y 1992, Claude Couffon editó en Francia la obra poética de Gangotena en dos volúmenes según una compilación previa realizada por Adriana Castillo de Berchenko. *Poèmes français* I y II contiene la totalidad del corpus francés[2].

---

[2] Todas las citas de los poemas franceses de Gangotena provienen de estos dos volúmenes de *Poèmes français*. En el texto, se abrevian con I y II. Se menciona el año de publicación del poema, el volumen donde se halla y el número de página. A menos que se especifique lo contrario, las versiones de esos poemas son de mi

No toda la obra francesa de Alfredo Gangotena está vertida al español. Una parte de este trabajo consistió en traducir sus poemas. Esto significó un proceso de interpretación en donde nunca dejó de emerger la densidad que caracteriza a esta obra. También implicó imaginar los mundos en donde el poeta concibió sus imágenes y símbolos a fin de comprender su lógica. La obra de Gangotena se asegura su exégesis en el aplazamiento permanente del sentido. Como en unas mil y una noches del poema, la clave queda siempre como promesa para la próxima vez, pero en el momento de la lectura algo se libera lo suficiente para poder establecer con vínculo con el sentido.

Esta poesía recoge preguntas contemporáneas sobre la existencia y el lenguaje, y las lleva a una expresión individual marcada por la fuerza telúrica de los Andes, la filosofía y la ciencia. En Gangotena, la contundencia de la cordillera es tanto exterior como interior. Su orogenia, la formación de las montañas, es un proceso que ocurre también en la conciencia. Este movimiento lento y permanente de las capas más profundas que se expresa en su obra es un motivo poderoso para persistir en el desciframiento de sus claves.

La poesía de Alfredo Gangotena, escrita entre 1918 y 1944, desembocó en *Hermenéutica de Perenne Luz*, texto en prosa que aparece como su poética y declaración de principios. Allí confluyen su interés por la poesía contemporánea, la filosofía existencialista, la geología, la física y la óptica. Este ensayo fragmentado de diez páginas contiene, con una densidad extraordinaria, las claves y la razón de ser de su poesía. Paradójicamente, para llegar a ella hace falta atravesar toda su obra.

No se conocen ensayos dedicados exclusivamente a *Hermenéutica de Perenne Luz*. La motivación para la presente reflexión, que se hizo manifiesta sólo al final, es abordar este texto. Como en la poesía de Gangotena, la clave más importante se dejó develar en el último

---

autoría. He consultado, por supuesto, las traducciones previas de Gonzalo Escudero, Filoteo Samaniego, Margarita Guarderas.

momento. Para leer la *Hermenéutica* es necesario comprender el lenguaje de Gangotena en su bilingüismo, en su concepción y en sus fuentes, y poder ver de dónde surgían sus numerosas inquietudes.

Tras la *Hermenéutica* hay un inestimable camino trazado por estudios críticos que se han referido a la poesía de Gangotena. En los años noventa Adriana Castillo Berchenko dedicó un exhaustivo trabajo de investigación al poeta, recopiló más de veinte textos dispersos en revistas y sistematizó buena parte de la correspondencia. El resultado fue *Alfredo Gangotena (1904-1944) où l'écriture partagée*, que traduje y edité en el año 2013 (Quito: USFQ).

En Ecuador, a partir de los años sesenta críticos ecuatorianos como Augusto Arias, Fernando Tinajero e Iván Carvajal iniciaron una tarea de recuperación de la poesía de Gangotena. En 1992 se reeditó *Tempestad secreta*. En 2004 Virginia Pérez dedicó a la obra en español el volumen de ensayos *Huésped de sangre*.

Apenas con el cambio de siglo, con ocasión del centenario de Alfredo Gangotena (1904-1944), aparecieron nuevas traducciones, ediciones y artículos. Su obra se reeditó en Ecuador y en España y sus poemas empezaron a aparecer en blogs y páginas web de América Latina y Francia. La obra de Gangotena fue hallando nuevos lectores en español y traductores del francés setenta años después de haber circulado en Francia con el entusiasmo de Antonin Artaud, Jean Cocteau, Max Jacob y Jules Supervielle.

Un rasgo con que se ha caracterizado esta poesía es el hermetismo. El aura de oscuridad que la rodea ha sido, en ocasiones, una evasiva para hablar de la biografía de Gangotena en lugar de su proyecto poético. El universo de la poesía gangoteneana es material. La enfermedad, la angustia, el desarraigo y el exilio deben ser vistos en su cualidad más concreta, no biográfica, sino material. La máquina de la escritura en Gangotena consiste, precisamente, en recuperar para su universo poético los signos de su realidad más cotidiana y convertirlos una materia de otra naturaleza fundada en la lengua.

En esta obra, la totalidad de la existencia desemboca en el acto poético. El poema es la realización de su circunstancia existencial. El viaje transatlántico, la expatriación, el cambio de lengua y la enfermedad contribuyen a la creación de una expresión individual alimentada por todos estos factores para erigirse como un universo autónomo con lógica propia. El poema contiene las transfiguraciones del devenir, es necesario, por tanto, analizarlo en íntima relación con los vuelcos vitales del poeta.

Los hechos más relevantes de la vida de Gangotena constituyeron, a su turno, universos de sentido, infiernillos y mínimos paraísos personales en donde desarrolló su obra. Como lo ha señalado Carina González para el caso de Rodolfo Wilcock y otros escritores marcados por las que ella llama «gramáticas migrantes», el transcurrir de la existencia «no se trata de la búsqueda de una identidad sino de un proceso de identificaciones que asume, en cada una de sus instancias, la construcción de un imaginario propio y fugaz» (2007: 2). Los procesos y sistemas de relaciones en cada etapa de su vida, llevaron a Gangotena por diversos caminos estéticos y filosóficos, ya fueran la amistad, la poesía católica, la teoría de la relatividad, la llegada a los Andes o las crisis provocadas por la enfermedad. Todo se sitúa a un mismo nivel: los acontecimientos vitales, cotidianos, son intelectuales, y viceversa.

En el proceso de construcción de su gramática, Gangotena estuvo solo, como lo reconoció en 1923, en uno de sus primeros poemas: «Aprendo la gramática/ de mi pensamiento solitario» (I 29). Más tarde, en la dedicatoria de *Absence. 1928-1930*, declaró a Henri Michaux, André Pardiac y Aram Mouradian sus «compañeros de exilio».

En su antología *Poesía francesa contemporánea*, de 1951, Jorge Carrera Andrade llamaba a Gangotena un «poeta de expresión francesa» (451), ignorando toda su obra en español editada en Ecuador. Carrera Andrade, Alejandro Carrión, Augusto Arias, sin saber en dónde situar la figura de Gangotena, lo convirtieron en el «poeta que Ecuador dio a Francia», relegándolo de su propio medio, en donde el poeta, sin embargo, había decidido quedarse.

La relación de Gangotena con sus contemporáneos en Ecuador oscilaba entre la admiración de poetas como Escudero y la distancia vacilante de Carrera Andrade. La segunda actitud era la prevalente. «Las gentes de pluma, irreparablemente lugareñas, miraban con emboscada hostilidad a este poeta que "escribía en francés" y que, para ellas tenía el sello perjudicial del "descastamiento", de espaldas a la realidad de su tierra» (Arias 1960: 618).

Este descastamiento se imponía sobre la presencia de Gangotena debido a la escritura en francés y también a su distancia del indigenismo y la vanguardia social. Jorge Icaza, José De la Cuadra, Adalberto Ortiz, le dieron a sus respectivos proyectos literarios un fundamento predominantemente identitario, ya fuera respecto del indio, el montubio o el pueblo negro. La década del treinta estuvo dominada por la narrativa social, lo que dificultó aún más la comprensión de la obra de Gangotena, aun cuando buena parte de esa escritura de lo social se vinculó todo el tiempo a ciertas nociones de las vanguardias. *Los que se van*, volumen colectivo de cuentos del Grupo de Guayaquil, fijó el punto de inflexión. Sus autores, Demetrio Aguilera Malta, Enrique Gil Gilbert, Joaquín Gallegos Lara, Alfredo Pareja Diezcanseco y José De la Cuadra, tenían por lema escribir «la realidad y nada más que la realidad». Se propusieron construir una narrativa que representara los mundos y a los habitantes remotos del Ecuador, en las profundidades del manglar y en las cordilleras. En 1934, apareció *Huasipungo*. Estos mundos eran las antípodas del que construía Gangotena (a pesar de la conciencia vanguardista tan presente en *Huasipungo,* por ejemplo). Si bien el problema puede abordarse desde el orden de lo ideológico, hay una sensibilidad disonante en Alfredo Gangotena que responde a zonas de la realidad que las literaturas de lo nacional abordan dentro de ciertos cánones o a las cuales se aproximan con menor frecuencia.

Había otros como Gangotena en Ecuador. Un escritor que cultivó su libertad estética lejos de las tendencias dominantes fue Pablo Palacio (1906-1947). En su obra, que a primera vista pareciera lejana de la poesía de Alfredo Gangotena, Palacio también reflexiona en torno a la angustia provocada por la caída de las verdades trascendentales, como lo afirma en varios momentos de sus ensayos filosóficos. Pablo Palacio y Alfredo Gangotena coincidieron en *Hélice* como las «dos islas de la literatura ecuatoriana», según los vio Miguel Donoso Pareja (2010). De hecho, y como lo notó Adriana C. Berchenko, el poema «Plumaje de eco», de Gangotena, aparece en el primer número de la revista junto al cuento de Palacio «Un hombre muerto a puntapiés» (1992: 292n).

Tanto en Palacio como en Gangotena se halla en el fondo y en la superficie de su escritura un cuerpo expuesto al mundo. Noé Jitrik llamó a Palacio el «Antonin Artaud de la literatura ecuatoriana» (2000: 299). Tanto Pablo Palacio como Alfredo Gangotena hicieron del cuerpo materia para la poetización de la enfermedad y el terror. Como Artaud, ambos temieron enloquecer y enfermar. Como Artaud, Pablo Palacio terminó sus días en un hospital psiquiátrico. Antonin Artaud fue uno de los fieles lectores de la poesía de Alfredo Gangotena.

En 1940, Alfredo Gangotena retornó definitivamente a la escritura en español con *Tempestad secreta*. Pasó sus últimos años leyendo filosofía y estudiando matemáticas y física. A esos años pertenecen las notas de *Hermenéutica de Perenne Luz*, que no llegó a concluir. Murió de peritonitis en 1944. Para ese entonces, ya había consolidado su propio lenguaje sobre la base del francés y del español. En 1940, Pablo Palacio era ingresado al hospital psiquiátrico Lorenzo Ponce, del cual ya no salió. Murió en 1947. Tanto Gangotena como Palacio murieron a los 40 años. Entre 1937 y 1946, Antonin Artaud estuvo confinado en varios sanatorios mentales. Murió en 1948. En 1925, cuando Palacio y Gangotena se hallaban en plena búsqueda estética, el francés escribió *Le Pèse-nerfs*, una obra que marcó la obra de los dos escritores ecuatorianos. En estos autores, escribir era permanecer a la escucha del cuerpo y de sus transformaciones. De allí parten sus búsquedas, sus pérdidas y sus hallazgos.

Había otros como Gangotena fuera de Ecuador. César Moro, en Perú, Adolfo Costa du Rels, en Bolivia, Vicente Huidobro, en Chile, se hacen preguntas parecidas a las del poeta ecuatoriano. El ensayo que abre este volumen los pone en un diálogo bilingüe y dislocado. Así, la intención es explorar estas escrituras bilingües que interpelan al indigenismo y las nociones de representación e identidad y, a la vez, se aproximan a las vanguardias europeas sin obedecerlas del todo, a fin de iluminar un espacio literario en los Andes en donde hay una constelación de poetas de doble expresión que evidencian las tensiones, insuficiencias y grietas de las literaturas nacionales. Estas escrituras dan cuenta de posibilidades para aproximarse a la poesía en los Andes por medio de otros paradigmas son posibles: el cuerpo, la enfermedad y modos no evidentes del bilingüismo.

I.
París para mi poema

> Esta promesa vana de un sentido de la lengua es su destino.
>
> Giorgio Agamben

Muchos de los pasajeros que llegaban de América a los puertos europeos durante las primeras décadas del siglo XX tenían París como destino final. Algunos de ellos eran poetas. De entre ellos, unos cuantos procedían de los países andinos, remotos y desconocidos para la Europa de entonces. Al poner pie en tierra firme, parecía concluir para estos viajeros un itinerario terrestre y marítimo de largas semanas, pero la peripecia transatlántica apenas comenzaba. Algunos de ellos habrían de convertirse en poetas bilingües tras su primer desembarco lejos de las mesetas y en pleno centro cultural del mundo, en una travesía interior y exterior marcada por la distancia entre las lenguas, ciudades y estéticas que constituyeron su experiencia artística y, por tanto, vital.

La definición física de los Andes como una cadena montañosa que va de Venezuela al Cono Sur resulta insuficiente si se trata de pensar en una categoría para la literatura. La diversidad cultural del espacio que atraviesa el macizo andino no permite formar paradigmas para «escritores andinos». Sin embargo, los Andes producen significados que rebasan lo geográfico al relacionarse con el espacio literario de manera metafórica. Un elemento común de los autores estudiados en la primera parte de este trabajo es la conciencia de los Andes. Dicha conciencia se define como la percepción de sí mismos y de su entorno, así como su interacción con la realidad a partir de preocupaciones concentradas, en mayor o menor medida, en el origen andino.

El boliviano Adolfo Costa du Rels (1891-1980), el chileno Vicente Huidobro (1893-1948), el peruano César Moro (1903-1956) y el ecuatoriano Alfredo Gangotena (1904-1944) experimentaron su relación con lo andino de maneras muy diversas, pero en su obra se pueden apreciar rasgos en común. La sensación de encierro, el verse en medio de una vida provinciana, ciertas relaciones de tensión con lo indígena y el deseo de participar del orden internacional en la capital del mundo son factores que los unen.

Estas preocupaciones se manifiestan de manera más intensa al cruzar el Atlántico y verse en París, cuando estos escritores se convierten en extranjeros. Si en sus países la conciencia de la diferencia no era tan manifiesta como en Francia, una vez allí el deseo de insertarse en la escena literaria los obliga a redefinirse. El español, la nacionalidad, los lazos con la geografía, se desestabilizan ahora frente al francés, una vida cosmopolita y toda una nueva situación cultural que les ofrece un giro vital que parece definitivo.

En primer lugar se halla la circunstancia bilingüe a partir del desarraigo y el cambio de lengua. Este cambio inicial del español al francés se enfrenta a problemas fundados en la relación entre lengua y nación. En el caso particular del francés, el escritor bilingüe se ve confrontado con una tradición literaria estricta que se resiste a las apropiaciones. Sin embargo, ésta se ve obligada a reconfigurarse a partir de las vanguardias del siglo XX. Muchos escritores adoptan el francés como lengua de escritura, que alternan con sus lenguas maternas o no. Es la circunstancia de Beckett, por ejemplo, pero no la de Hemingway.

En este contexto producen parte de su obra en francés Du Rels, Huidobro, Moro y Gangotena. Su origen los confronta a un desfase entre la marginalidad de los Andes y el cosmopolitismo de París y los expone a una condición doble y problemática. El hecho central de estas rupturas es el cambio de lengua, factor que desencadena la condición escindida de estos sujetos como escritores.

El cambio de lengua no sólo tiene repercusiones individuales para los escritores bilingües. En su contexto de origen, la opción por el francés es percibida como una anomalía: el *afrancesamiento* supone una desobediencia a la matriz productora de identidades fijas que es la nación. La nación y la cultura nacional, que sancionan el afrancesamiento como gesto de disidencia, se sostienen al mismo tiempo en una estrecha relación histórica y simbólica con Francia, como es el caso de las repúblicas americanas.

En cuanto a las consecuencias de la condición bilingüe afrancesada, por un lado en Francia está la percepción borrosa de estos escritores de expresión francesa que provienen de países desconocidos. El término «rastacuero» aparece con frecuencia para describir su problema de no pertenencia. Por otro lado, está la vuelta. Du Rels, Huidobro, Moro y Gangotena retornaron a sus países de origen. En mayor o menor medida, todos ellos se declararon en autoexilio. Entre el rastacuero y el exiliado hay un proceso de desarraigo y disidencia que se ve reflejado en la escritura no como tema, sino como circunstancia. Estos factores conforman, en conjunto, una condición para la construcción de un universo cuyo centro es el poema.

La imagen de París en estos escritores no es la Lutecia de los modernistas. No es la ciudad lo que se halla en sus poemas como temática o motivo, sino los lenguajes que ésta es capaz de aglutinar como centro de confluencia del arte. París es el lugar de origen de *Finnegan's Wake*, un hervidero babélico de lenguas y lenguajes; artistas de todo el mundo viven allí en los años veinte. Aunque no todos cambien de lengua, decenas de escritores buscan un lugar en la escena literaria. Walter Benjamin había bautizado a París como la capital del siglo XIX porque era posible entender toda una época a partir de ella. Pero el poder de seducción que la ciudad ejerce en el arte y la cultura se extiende hasta el XX.

Una de las novelas paradigmáticas de esta época es *A Moveable Feast*, donde Ernest Hemingway relata su experiencia en el grupo de Gertrude Stein, F. Scott Fitzgerald, Ezra Pound, Pablo Picasso, Juan Gris, Sylvia Beach y Adrienne Monnier, una pequeña muestra de *le tout Paris*. Las dos últimas son libreras, editoras y traductoras. Monnier publica la primera traducción de T. S. Eliot al francés. Beach, por su parte, es editora del *Ulises* y Joyce lee en París algunas páginas de su novela aún en progreso. Monnier y Beach son dueñas de Shakespeare and Co. y de La Maison des Amis des Livres respectivamente, dos verdaderos centros culturales parisinos[1].

También están Marie y Eugène Jolas, fundadores de la revista *transition* —así con minúscula, sin inicio de frase, en transición— en donde apareció el primer fragmento de *Finnegan's Wake*. El objetivo de *transition* era convertirse en «un taller del espíritu intercontinental» (1949: 13), como señaló su editor en su manifiesto. La literatura de Estados Unidos y Europa confluía en esta publicación, en donde se traducía de todos los idiomas posibles. La obra maestra del nuevo lenguaje literario apareció allí por primera vez, y también pasaron por sus páginas los surrealistas franceses y los expresionistas alemanes, todos parte de lo que Eugène Jolas llamaba «gloto-patología» (Jolas 1998: 10), la multiplicidad de lenguas y estéticas que se agitaban en París.

En cuanto a los escritores latinoamericanos, Alfonso Reyes, Ricardo Güiraldes o Enrique Gómez Carrillo habían hecho de la ciudad su lugar de residencia. Los hispanoamericanos contaban con la *Revue de l'Amérique latine*, editada por Ernest Martinenche y publicada en francés. Escritores franceses como Jules Supervielle, de

---

[1] «Y sobre todo, sin duda, las siluetas de dos mujeres. / Cada una se mantiene en el rectángulo de su puerta, al sesgo la una de la otra». Así se refiere S. M. Eisenstein a Beach y Monnier y las visitas a sus respectivas librerías, ambas situadas en la calle Odéon de París. Para la historia de ambas intelectuales, véase Monnier 2011.

origen uruguayo, y Valery Larbaud eran entusiastas de la producción en América Latina y servían como traductores y vínculo entre ambos polos.

Du Rels, Huidobro, Moro y Gangotena eran a la vez parte de esta cosmópolis y escritores «andinos», definidos bajo lo que los franceses llamaban «exotismo» (Molloy 1972: 155) o «tropicalidad» (Cassou en Gangotena 1992, I: 117). Les *américains* eran, por un lado, los estadounidenses, y los otros *américains* eran los argentinos: «[...] Los únicos latinoamericanos de los que se oía hablar en París eran los argentinos: un verdadero "frenesí del tango" se había apropiado de la capital» (Patout 1978: 82). Los artistas de las mesetas resultaban así un eslabón perdido de la parte media del continente: no eran del Norte ni del Sur.

Las preocupaciones presentes en estos autores a partir de la experiencia del desarraigo son particulares. Subyacen el cuestionamiento a la representación indigenista del indio y la tierra, el rechazo de los Andes como elemento fundador de la identidad y, sobre todo, la sensación de encierro. Lima, ciudad de nacimiento de César Moro, es un puerto. Santiago de Chile, próxima a Valparaíso, estaba bastante conectada en los años veinte, sobre todo en comparación con Quito, pero esto no impedía que Huidobro se sintiera en una pampa más bárbara que «civilizada», como le escribía a su madre.

En un más allá de esta espacialidad y de la posición relativa de cada poeta, las montañas se convierten en una marca interior. Por encierro, más que la incomunicación física, se entiende el «provincianismo» que rechazan estos autores como desfase en relación con lo moderno. La definición de lo andino en ese ensayo está dada por los Andes como una presencia interior. Así, se trata de un encierro espacio-temporal y no sólo físico. Hay encierros en el fondo de sí mismos en estos poetas. Los Andes interiores constituyen la insistencia de algo no moderno presente en ellos, que es a la vez un potente desencadenante para la escritura y motivo de angustia.

El sentimiento de los Andes interiores puede ser tan poderoso como, por ejemplo, en la poesía de César Vallejo. Américo Ferrari ve incluso en sus imágenes marinas la geografía serrana del poeta. La fuerza telúrica de los Andes se extiende hasta la costa pacífica, haciendo de ella una extensión de la montaña:

> Vallejo resuelve sin resolverlos los sentimientos opuestos que le inspira el mar de Lima, definiendo una costa sin mar, unos arrecifes y un archipiélago en las altas montañas de los Andes, y despegando de la extensión concreta del océano el sentimiento y la imagen de su inmensidad, su profundidad y su movimiento para trasladarlos en seco, si podemos decir así, a su sierra natal y sumirse así en un sentimiento oceánico sin océano. (Ferrari 1990: 41)

En Moro, el otro poeta limeño, tampoco hay poesía marina, sino de la piedra y de los caminos incaicos. Huidobro habla de sus «montañas» cuando se refiere a Chile, y Du Rels a menudo desciende a las profundidades de las minas en su narrativa. Gangotena, por su parte, titula *Orogénie* su primer volumen.

Una vez en Francia, la fuerte impresión de los Andes se extiende, a su vez, a los otros. Los poetas andinos estaban encerrados también en la percepción de los europeos. Valery Larbaud, uno de los franceses más conocedores de la literatura latinoamericana, es paradójicamente un ejemplo de la expectativa que creaban estos escritores en París. En este pasaje se refiere a los «argentinos», categoría por la que parecía generalizarse a los hispanoamericanos en algunas ocasiones:

> no les pedimos poemas del Barrio Latino. [...] Exigimos de ellos las visiones de villas tropicales blancas y voluptuosas ciudades de las Antillas, villas de conventos en el corazón de los Andes negros, [...] la nota exótica, la tristeza, la melancolía y asimismo el tedio que se desprende de ciertos paisajes andinos. (Molloy 1972: 154)

De acuerdo con Larbaud, del «corazón de los Andes negros» sólo podía salir una literatura bucólica. Del escritor americano que viajaba a París se esperaba que trajera consigo su nota lugareña y se la mostrara a los parisinos, que ya contaban con suficientes poemas sobre el Barrio Latino. No queda claro, sin embargo, qué entiende Larbaud por los «Andes» y lo «andino». La literatura argentina era relacionada casi exclusivamente con Buenos Aires, y «la pampa», como «la meseta», era una evocación vaga de un afuera de las ciudades.

Sin embargo, Larbaud tiene razones para pensar que los americanos en París eran predominantemente argentinos, pues se trataba de una colonia bastante visible. «Aunque nunca se hubiera visto una figura argentina [...] se habría pensado: "América del Sur, costa atlántica" [...] No hablaban sino en español con todos los "modismos" y la pura pronunciación del argentino: *ll* como la *j* francesa, vos, a lo de, Adiosito...» (1997: 152). En su crónica, Larbaud se refiere a un encuentro de la colonia argentina en una obra de teatro genovesa. El perfil de lo americano era, además, el más europeo, de los argentinos descendientes de italianos. Bajo esta luz, los escritores americanos de otros países aparecían opacos en comparación con los argentinos y con los europeos.

Las implicaciones del viaje físico son una medida de la sensación de encierro a la que estaban sujetos los escritores andinos. Para ellos, dejar las montañas significaba un largo viaje, primero a la estación de tren, no siempre cercana, y luego en el tren Transandino para llegar al puerto que los llevaría a Europa. Como lo ha afirmado Adriana Castillo Berchenko para el caso de Gangotena, esta travesía era un verdadero «vuelco existencial»: «La primera de entre ellas: el viaje en tren de Quito a Guayaquil, desplazamiento lleno de emociones y de peripecias pues representa, literalmente hablando, el descenso casi vertical de las alturas andinas hasta las playas de la costa del Pacífico. [...] Del solitario universo orogénico de los orígenes el poeta va a descender física y afectivamente hacia una nueva realidad» (Castillo Berchenko 1992: 20).

El choque con los Andes interiores se manifiesta en distintas etapas de la vida de los poetas. Los efectos del viaje quedan latentes, van emergiendo, se demoran, retornan. Du Rels lo siente tarde en su vida, después de años de haber vivido en Córcega y volver a Bolivia, cuando pasa de una isla a los 4.500 metros de altitud de los Andes bolivianos. Gangotena sale a Francia como un joven deslumbrado. No hay nostalgia. Joven, Moro sueña con reinventarse en París, y Huidobro se marcha como un autor publicado disconforme con su medio. Se podría mirar esto como una secuencia a fin de apreciar los distintos momentos en que surge la problematización de los Andes. En Gangotena, sucede tras su vuelta a Quito, en 1928. En él gobierna Jano, el dios de los comienzos y finales representado con dos caras: el escritor bilingüe escindido. Bifronte pero nunca simétrico, transita por fronteras no muy bien definidas. Los inicios y los finales no se pueden separar, se yuxtaponen, igual que las lenguas, los días y los viajes.

Entre los escritores andinos, Vicente Huidobro era quizá el más consciente de su malestar respecto a su país antes de partir a París. En 1918, con la aparición de *La gruta del silencio*, se vio confrontado a una crítica que no comprendía su obra, y eso contribuyó a su decisión de partir a Europa. «[...] la atmósfera irrespirable [que] debía obligarme a dejar mis montañas nativas y a buscar otros climas más favorables a los cateadores de minas» (1997: 738). Justamente en este pasaje aparecen las «montañas nativas» como un cerco. La exploración del cateador demandaba nuevas geografías. A su llegada a París, Huidobro tradujo poemas de *El espejo de agua* para *Horizon carré* (1917), su entrada a la literatura francesa. Con ello, buscaba legitimar para sí el creacionismo como la nueva estética, forjado en su obra y no en París.

César Moro quiso viajar a París para convertirse en pintor y bailarín. Una enfermedad le impidió seguir con su intención, pero lo sedujo el surrealismo. Había dejado Lima bajo la amenaza política del gobierno de Leguía. Para él su ciudad fue siempre «Lima, la horrible» (Ferrari 1990: 57), y en la lengua francesa, en París y en México, donde siguió escribiendo en francés, encontró un lugar en donde situarse. Como lo afirma Américo Ferrari, su patria alternativa fue el surrealismo: «[...] en sus amigos surrealistas o simplemente en sus amigos, en París, en México y en Lima halló Moro su patria, tierra móvil y sin fronteras» (1990: 57).

Adolfo Costa Du Rels quedó huérfano siendo muy niño. Fue enviado a Córcega a vivir en un internado, en donde el Profesor Ricci le enseñó el francés. Du Rels no tuvo tiempo de rechazar su origen boliviano, pues Ricci lo hizo por él cuando el escritor tenía nueve años: «Le explicó la necesidad de mimetizarse en el ambiente en que se encontraba. De dejar de ser una persona exótica, un extranjero. [...] Tendría que olvidarse del castellano» (Querejazu 1982: 45). El olvido forzado del español condujo a Du Rels a escribir en francés y a dudar en adelante de poder escribir en español. Cuentos como «El embrujo del oro» (1927) eran traducidos del francés y revisados por otros, pues el autor dudó siempre del equilibrio entre sus dos lenguas (1982: 176). A pesar de todo esto, el profesor Ricci no consiguió su objetivo. Du Rels no olvidó el español. ¿Se puede olvidar *toda* una lengua? ¿Desaparece ésta de los músculos faciales habituados a pronunciarla, de los afectos, de los recuerdos de sueños, del timbre de la voz?

Alfredo Gangotena, por su parte, dejó Ecuador por mandato familiar para terminar su educación. En Quito era un joven escritor modernista. Una vez llegado a París, asumió su desarraigo a través de la escritura en francés. El verdadero conflicto con su origen se produjo a la vuelta a los Andes, cuando se vio transformado en extranjero. En ese momento, la serranía ecuatoriana se convirtió en el escenario conflictivo de un segundo desarraigo, esta vez de Francia. El retorno puede ser también una expatriación, y la evidencia de que origen y destino no son categorías siempre fijas.

A diferencia de los escritores que vivieron en París pero mantuvieron su primera lengua para la escritura, estos cuatro poetas se convirtieron en escritores bilingües. En lo adelante iban a convivir en su obra dos mundos y dos lenguas, aunque sus poemas estuvieran siempre escritos en una sola. El bilingüismo se convertía en una virtualidad que daría carácter a su escritura y expresaría la problemática de lo andino, el desarraigo y el cambio de lengua.

La primera parte de este libro es una exploración del bilingüismo como circunstancia. Los accidentes que establecen la realidad inmediata de un escritor son los que trazan el itinerario de su devenir. La circunstancia bilingüe, el conjunto de «cosas mudas que están en nuestro próximo derredor [y] muy cerca de nosotros levantan sus tácitas fisonomías» (1964: 12), termina dándole cuerpo a su obra. En el caso de los autores considerados aquí, el viaje de los Andes a París, el salto de los inicios modernistas americanos al contexto vanguardista europeo, el cambio de lengua del español al francés, son pares evidentes que fundan su bilingüismo, y también los más significativos. Pero la realidad del escritor bilingüe no se limita a la diglosia, sino que alcanza otras dimensiones, las cuales, siempre fundadas en la lengua, se expresan a través de dualidades de naturaleza diversa.

Un aspecto central de esta dualidad es la vivencia de un desfase, dada la circunstancia particular de estos escritores respecto a la modernidad europea de inicios del siglo xx. La convergencia de dos mundos incompatibles funda la conciencia de una desigualdad, es su circunstancia de producción y, por ende, la «tácita fisonomía» que da carácter a su obra poética. Los modos en que se despliega la realidad del escritor bilingüe son lo único que tiene a la mano para convertirse en sí mismo. Ya que no es posible llegar a una síntesis, dichos modos dan forma a una obra particular fundada en una escisión. Así, la circunstancia bilingüe se convierte en una condición problemática. El bilingüismo es la manifestación de un conflicto, y el poema, la superficie donde se libra.

Los Andes y Francia no suelen vincularse conceptualmente. El escritor bilingüe es un resultado aparentemente inesperado de esta relación: en la región andina no hubo una situación colonial francesa ni territorios conquistados, y la lengua francesa no es oficial. Tampoco ha habido grandes migraciones francesas o francófonas a esta región. Los lazos que unen a Francia con estas latitudes son de una naturaleza menos tangible, pero no menos definitiva.

Uno de los «resultados inesperados» de este cruce de mundos es Alfredo Gangotena. En él se concentran los aspectos hasta aquí señalados y su obra se presta para una indagación extendida de dichos puntos. En los capítulos que siguen, los problemas planteados como contexto y problemática general respecto a Huidobro, Du Rels y Moro derivan en la obra de Gangotena de manera más detallada.

Alfredo Gangotena sigue siendo un poeta inclasificable, pero una lectura atenta de su obra abre un universo complejo y revelador que merece ser explorado. El pensamiento contemporáneo, el lenguaje como problema filosófico, la condición del poeta americano moderno en relación con el mundo y con la realidad andina aparecen de manera directa e indirecta en esta poesía.

No sólo su bilingüismo, sino también otros factores marginaron al poeta de la literatura ecuatoriana, latinoamericana y francesa. Gangotena vivió en París durante siete años, entre 1921 y 1927, y volvió a Quito justo antes de publicar *Orogénie* (1928). Frecuentes apariciones de sus poemas en revistas francesas y belgas como *Philosophies*, *Intentions* o *La ligne de coeur* habían creado expectativas con relación a su obra y *Orogénie*, por su parte, contó con los comentarios entusiastas de Max Jacob, Jean Cocteau y Henri Michaux —quienes eran, además, amigos cercanos del poeta—. Ausentarse de la escena literaria parisina, sin embargo, le costó a Gangotena el lugar que se había hecho. Aun así, siguió contando en Francia con un reducido pero fiel número de lectores, entre los que se hallaban Antonin Artaud, Jules Supervielle y Georges Pillement, su único traductor conocido del español al francés. De esta manera, la figura de Alfredo Gangotena en París se convirtió en una suerte de espectro y fue poco a poco olvidado, después de que Jean Cocteau lo declarara en 1925 la primera naturaleza extraordinaria que veía en París después de Raymond Radiguet[2] (Castillo Berchenko 1992: 338).

En Ecuador, su pertenencia a una familia aristocrática y su distancia de los intelectuales comprometidos con la causa socialista creó un abismo frente a la mayoría de sus contemporáneos. La combinación de estos factores ha hecho de Alfredo Gangotena una figura a medias estudiada y con frecuencia incomprendida, pero con una obra que inquieta y que dispone múltiples entradas para abordarla.

Surgimiento de la circunstancia bilingüe

La figura del escritor bilingüe no es frecuente en la literatura andina. Por bilingüismo, lo que se espera es una doble expresión anclada en las lenguas indígenas. En ese ámbito no se puede ignorar, por ejemplo, la fundamental figura de Gamaliel Churata. Más adelante, en la década del sesenta, en *El Zorro de arriba y el zorro de*

---

[2] Raymond Radiguet nació en 1903. A los dieciocho años escribió *Le diable au corps*, y con esta novela Cocteau declaró a Radiguet como el sucesor de Rimbaud. En 1924, Jean Cocteau le expresó a Gangotena su admiración de esta manera: «Usted tiene genio. A veces es un daño, a veces maravilloso». La razón del entusiasmo de Cocteau era, por supuesto, el talento que reconocía en Gangotena, pero también se hallaba en pleno duelo por la muerte de Radiguet, que había fallecido en 1923. En una carta que Max Jacob le escribió a Gangotena en 1925, le decía: «Jean Cocteau me ha escrito a propósito de usted: "¡Gangotena! Es desde Radiguet la primera naturaleza que veo"». Después de comprender la importancia de la figura de Raymond Radiguet para Jean Cocteau, y una vez que el poeta lo declara como su maestro y renovador de la literatura francesa, leer esta afirmación nos conduce a pensar que, para Cocteau, Gangotena estaba destinado a ser uno de los portavoces de la generación de poetas franceses nacidos a principios de siglo.

abajo José María Arguedas llevaría su voluntad por la hibridación del español y el quichua a un acto de vida o muerte.

De manera paralela a estos bilingüismos de matriz indígena que merecen un estudio aparte y con los que estamos en deuda, existe, de hecho, una línea de poetas bilingües andinos afines a Alfredo Gangotena y cuya obra se construye sobre la experiencia parisina. Cabría también mirar las coincidencias de ambas matrices, la quichua, por ejemplo, y la francesa, para encontrar relaciones insospechadas frente a la literatura en español[3]. Du Rels, Huidobro, Moro, se apropiaron de la tradición de la poesía francesa, en donde encontraron posibilidades para sus necesidades expresivas, y crearon un lugar liminal en donde las tensiones entre el español y el francés terminaron por constituir un motor de producción textual.

La escritura en una segunda lengua supone una expresión no natural, un desplazamiento hacia aquello que no nos pertenece y sólo puede ser tomado de manera deliberada. El cambio de lengua en el escritor constituye una afirmación de su soberanía como tal en tanto forja un lugar complejo para la génesis del acto poético, dado por la convivencia de dos lenguas y dos mundos. Cruzados por relaciones de pertenencia entre lengua, nación y tradición, estos mundos son cuestionados en el acto mismo de la escritura, pues el poeta bilingüe rompe el pacto exclusivo de su nación con una lengua.

---

[3] En *La reterritorialización de lo humano* (2013), Marco Thomas Bosshard elabora una amplia teoría de las vanguardias en donde uno de sus fundamentos son las salidas desde el español a otras lenguas para emprender en distintos proyectos de experimentación formal. No aparecen Alfredo Gangotena ni César Moro, sino otros poetas situados en la línea de Churata. Ambas orientaciones se complementan de maneras particulares que obligan a desestabilizar las monolenguas nacionales como única aproximación posible al campo literario americano, con las obvias y profundas diferencias lingüísticas y políticas que hay entre las lenguas ancestrales y las lenguas de la modernidad americana, como el francés.

En el siglo XX, la lengua francesa se convirtió en la lingua franca de las vanguardias, y París, en la «ciudad-literatura», como la ha llamado Pascale Casanova en su controversial *La república mundial de las Letras* (2001: 40). Allí, por ejemplo, la autora confunde a Alfredo Gangotena y con sorprendente ligereza lo cita como un poeta uruguayo. Esta dificultad de situar al escritor ya alerta sobre el lugar límbico y poco reconocible que ocupa su poesía en las Américas, pero también perpetúa la idea genérica que los europeos tenían de los *américains* en el siglo pasado y que críticas como Casanova perpetúan en errores como éste. Sin embargo de ello, cabe considerar la ciudad-literatura de la que habla Casanova para nombrar esta intensidad que despierta en París al convertirse en un espacio de legitimación de ciertas ideas de lo literario.

Dicha intensidad hace del francés una lengua que experimenta un proceso de cosmopolitización y se convierte en la lengua de escritura de autores de numerosas latitudes de Occidente. París era el lugar de la experiencia y el lugar de la lengua, un destino y la posibilidad de reinvención del lenguaje poético. Como nunca antes, cierta clase de escritor va hacia el francés para apropiarse de él sin que medien necesariamente pertenencias nacionales, históricas u otros elementos de legitimación más que su pertenencia a la literatura. Sin embargo, la tradición del verso francés aún se asegurará de mantener vivos los dictados de la Pléiade y de Boileau, por lo tanto, dicha legitimación no se dará sin obstáculos cuando se trata de ciertos escritores que cambian de lengua y adoptan el francés para la escritura.

Dentro de la institución de la lengua francesa, los derechos de uso son desiguales. Los escritores americanos no se hallan en la misma situación que Henri Michaux, de origen belga flamenco, o Apollinaire, ítalo-polaco, por citar dos ejemplos. Los poetas andinos procedían de los «países de los indios», como era conocida la región andina a inicios del siglo XX. Su llegada a París y al francés era aún más osada, porque desafiaban no sólo la realidad de la lengua, sino el derecho a apropiarse de ella en su calidad de rastacueros. Como escribía Larbaud, de ellos se esperaba la poetización de la tierra y los altiplanos.

Antes de estos poetas, Rubén Darío ya había cargado con esta falsa tarea: «El lector le pedía pampas: en su lugar, él le daba los jardines de Le Nôtre, y se decepcionó por ello, o peor aún, permaneció indiferente» (Molloy 1972: 63). Sin duda, el origen de Darío dificultó su recepción en Francia, a causa de las expectativas que generaba una obra de expresión americana. Una vez que se realizaron las primeras traducciones de sus poemas, el lector francés sólo pudo ver una imitación: «una suerte de subproducto de Verlaine y del simbolismo» (Molloy 1972: 63).

Darío abrió un espacio para la poesía americana que en Francia no supo cómo leerse a causa de las generalizaciones que se hacían con demasiada prisa en torno a la literatura no europea. El mismo poeta ironizaba respecto de la condición de los escritores extranjeros en sus crónicas. Para asimilarse, había que practicar con mayor dedicación el «gusto francés»: «Por una manifestación de arte, o de sentimiento, un sinnúmero de bufonadas sin sal ni gracia. No faltan exóticos y rastacueros que aparentan gozar con todo lo que allí se ve y oye, dando por un hecho que, para ser parisiense, hay que gustar de ello» (1950: 735). El deseo de pertenecer a la cosmópolis producía estas caricaturas, y Darío, que se rehusaba a verse identificado con aquel exotismo ingenuo, era el primero en criticar los desmedidos esfuerzos de algunos extranjeros por introducirse a los dictados estéticos parisinos.

El cambio de lengua de los escritores bilingües andinos no eliminaba la percepción confusa de su origen ni el desconcierto que esto suscitaba. Apollinaire, Marinetti, podían cambiar de lengua sin mayores cuestionamientos. Para otros, al desafío que suponía una nueva expresión se sumaban la conciencia de los Andes, a veces autoimpuesta, o la sombra del exotismo.

De esta manera, la escritura se convertía en la manifestación de una exterioridad en donde se cristalizaba la existencia de una diferencia radical. La «perspectiva exterior» a partir de la cual Juan José Saer caracterizó la obra de Witold Gombrowicz, la construcción de un espacio[4] propio para interpretar el mundo sorteando el deber ser de la pertenencia, es fundamental para abordar la obra de estos poetas. El espacio en el que escriben es siempre exterior a su origen y a París. En el poema en francés insiste el pasado-presente del lugar de origen que subyace, a la vez, a la nueva circunstancia existencial francesa.

Estos escritores iban a enfrentarse de manera permanente a una realidad pendular que los llevó a escribir una obra marcada por una conciencia de la extranjería. Adolfo Costa Du Rels definió esta dualidad como un conflicto que se libra en la escritura misma:

> Cuando en un cerebro coexisten dos idiomas algo parecidos de expresión [...] hay que luchar para mantener la unidad en lo que se presta tanto a la diversidad. El estilógrafo se encabrita a menudo entre los dedos, porque de él suelen gotear a la vez dos palabras rivales, las cuales, en un arribismo sorprendente, quisieran salir con la suya. Se plantea algo así como un conflicto de orquestación mental [...] (Giusti y Costa du Rels 1941: 32)

Con ello, Du Rels afirma la naturaleza material y disyuntiva de la escritura, que se manifiesta de manera concreta en el momento mismo de la producción textual. En ella, no hay dominio en ninguno de los dos sentidos: ni territorio ni maestría.

El problema del bilingüismo en la literatura suele situarse en el orden de la pérdida, pues evidencia la carencia de unidad en el escritor

---

[4] Juan José Saer define así este espacio: «Podemos considerar lo que Gombrowicz llama su "propia perspectiva", como una perspectiva exterior, no solamente respecto de la sociedad polaca de esos años, sino también de Occidente [...]» (1997: 25).

que se divide en dos lenguas para alcanzar su expresión: no hay una monolengua ni síntesis posible de las lenguas que intervienen. Tztevan Todorov, Victor Segalen, Samuel Beckett han hablado del bilingüismo como «represión, escisión y exilio interior» (Amati-Mehler *et alia* 1993: 63).

En Gangotena y Moro, el hecho de continuar con la escritura en francés una vez que retornaron a sus países puede verse como una manifestación del exilio interior. La distancia que establecieron mediante la lengua acompañaba el aislamiento físico en el que se sumieron en Quito y en Lima, respectivamente. En un momento determinado, ambos volvieron a la escritura en español. Las razones de esta vuelta son preponderantemente poéticas, pero las motivaciones que la acompañan no pueden dilucidarse por completo.

En relación con esto último se halla, sin embargo, el aspecto social de la lengua extranjera. Callar de manera súbita en una lengua con la que se han creado lazos afectivos constituye una pérdida intangible pero muy significativa. El callar en francés, dejar de escribir en esa lengua, suspender la interlocución con ese sonido, esas resonancias, es una manera sutil y problemática de aproximarse al silencio. A un silencio. Inicios y finales otra vez, de lenguas, sonidos y voces.

La ilusión de que dos lenguas sean similares no mitiga el problema del bilingüismo en la escritura. Como lo afirma Du Rels, la aparente cercanía entre el francés y el español, por el contrario, agudiza la inestabilidad. El pasado común del latín hace más difícil el proceso de selección de vocablos dentro de la lengua en uso, ya sea el francés o el español. El escritor bilingüe está sumido permanentemente en los espejismos de la semejanza entre los mundos por los cuales se mueve. Paradójicamente, esta cercanía hace que su lenguaje se vuelva más personal, autorreflexivo y exhaustivamente retrabajado. «Las otras lenguas que el sujeto posee [...] habitan la que está siendo usada *en souffrance*, al permanecer en el fondo aun mientras guardan silencio, o ejerciendo presión sobre ella» (Amati-Mehler *et alia* 1993: 231). El francés y el español evolucionaron de maneras distintas, a pesar de su pasado común. El sistema de sonidos, la sintaxis, las desinencias verbales, las sonoridades que terminan habitando las voces, son sólo algunos de los rasgos que separan en las dos lenguas dos lógicas diferentes.

Como efecto de este conflicto, el escritor bilingüe termina por construir su propio lenguaje en un más allá de las lenguas. Ellas son el punto de partida para una expresión particular. «El escritor pertenece a un lenguaje que nadie habla, ni se dirige a nadie, que no tiene centro» (Blanchot 1955: 21). La orquestación mental a la que se refiere Du Rels, marcada por la oposición de las lenguas *en souffrance*, da lugar a la búsqueda exhaustiva de la expresión. El escritor va forjando una cifra personal destinada a ser el soporte de una búsqueda individual. El lenguaje único, «que nadie habla», es el fin último de la existencia. En «Piedra madre», poema de *Château de Grisou* (1939-1941), César Moro describe la situación en que se construye dicha cifra:

> De tanto haberte escrutado oh piedra
> Heme aquí en el exilio
> Hablando un lenguaje de piedra
> Al oído del viento (Moro 2002: 139)

El obstinado escrutamiento del mundo produce un lenguaje condenado a disiparse en la misma realidad que explora. Pero la distancia entre el poema y el mundo, el espacio marginal que ocupa, se afirma de manera vindicativa. La experiencia poética de estas características no es posible dentro del lenguaje de los otros. Moro hace claro este gesto en «Los anteojos de azufre»: «Donde terminan ustedes empieza la poesía» (2002: 312). Establece, así, un espacio privado para la creación poética. Mediante el «ustedes» Moro se distancia de la «lengua bruta» (Blanchot 2007: 140), que no ve las relaciones profundas del lenguaje y hace del lenguaje privado de la poesía una experiencia iniciática.

La creación de lenguajes individuales habita el espacio literario en tanto condición para la escritura. Lo que distingue al escritor bilingüe es el factor de la duda frente a algo que no es suyo por completo. La incertidumbre del cambio continuo entre lenguas, lógicas y distintas vibraciones de la palabra, en donde no hay síntesis sino alternancias y luchas interiores, lo lleva a escribir no propiamente en *su lengua*, sino en una lengua que es siempre más próxima que la otra que usa, más manejable, menos reacia. El vaivén entre lenguas y mundos le da un carácter particular al lenguaje de estos poetas, en donde aparecen asociaciones inesperadas, ecos inusitados, usos extraños que terminan por convertirse en algo *propio*.

Por otro lado, están las condiciones extratextuales del cambio de lengua que terminan por mostrarse en la obra. Los lazos con el francés coexisten con la lengua por ahora llamada materna, el español. En estas relaciones median el mundo de los afectos, las pasiones, los rechazos y las adopciones. Gustavo Pérez Firmat ha llamado «tongue ties» a los lazos fundados en la lengua: son a la vez los nudos de la expresión y los vínculos afectivos. «El verdadero bilingüe no es alguien que posee "competencia nativa" en dos lenguas, sino alguien que se halla igualmente vinculado, o desgarrado, entre dos lenguas en competencia», escribe (2003: 4). Cada vez que la lengua elegida establece un conjunto de vínculos, pone en suspenso otros. Si la posibilidad de nuevos lazos es una consecuencia enriquecedora del cambio de lengua, la vacilación interior es un conflicto irresoluble.

La monolengua

El «drama del escritor bilingüe», como lo llamó Du Rels, hace de esta condición algo particular y problemático frente a la otra, dominante y sostenida en la idea de unidad: la condición monolingüe. El escritor bilingüe encarna un conflicto dado por una vivencia escindida del mundo. Su experiencia es inseparable e indiferenciadamente poética, lingüística y vital, sin jerarquías. Por ello, su vida se halla destinada a la búsqueda de un lenguaje múltiple, reflejo de la oscilación a la que se ve sujeta su circunstancia existencial.

En la obra de estos cuatro escritores, el poema usualmente se halla escrito en una lengua. Aun así, bajo estos signos operan las relaciones entre las palabras y las cosas no sólo de la lengua de escritura, sino de la lengua suspendida. La indeterminación del texto y la imposibilidad de conocer las relaciones exactas entre pensamiento y escritura hacen del poema de esta naturaleza una superficie múltiple e indeterminada. Una manifestación evidente de dicha multiplicidad son, por ejemplo, los galicismos en español o el error en francés. Buscar en el texto marcas de no pertenencia del autor a la lengua de escritura puede establecer una línea de reflexión. Sin embargo, esto dice poco de la obra en progreso, pues inevitablemente se establece con el análisis un horizonte de corrección.

En el pasado, André Coyné y Américo Ferrari listaron estos rasgos en la poesía de César Moro. El análisis sirve, en este caso, para exponer la presencia de una lengua en otra a fin de demostrar la cualidad múltiple de la poesía de escritores bilingües:

> En esos poemas de Moro, según Coyné, son frecuentes las faltas de sintaxis y de léxico en las que incurre el poeta, por ejemplo, «Ne plus ouvrant» en vez de «N'ouvrant plus»; además, Coyné subraya que hay dos hispanismos léxicos muy evidentes en Ces poèmes: «inaverti» por «inaperçu» y «abonnent» por «repandent du fumier». Américo Ferrari afirma que, desde 1927-28, abundan los galicismos en la producción poética de Moro en español, por ejemplo, «pasantes» en vez de «transeúntes» y «foresta interdicta» por «selva perdida». (Fernández Cozman 2006: 233)

La noción de galicismo o error, que tiende a ser interpretada como un problema, es en realidad un elemento del lenguaje individual. Las mismas tendencias de «error» se repiten en los otros escritores bilingües, quizá con excepción de Du Rels, pero deben ser vistas como manifestaciones del proceso de apropiación del francés: los signos como lugares de paso que dejan al escritor bilingüe expuesto en sus vacilaciones y por tanto, expuesto también en la construcción «en vivo» de un lenguaje nuevo. El escritor bilingüe puede escribir en dos lenguas, pero esa posibilidad viene dada por una duda permanente frente a los dos universos en que se sucede, y esto es un rasgo manifiesto de su lenguaje individual.

Si la duda es un rasgo que se cristaliza en la superficie del poema en la forma de un «error», de un galicismo o de una traducción fallida, hay que pensar en sus implicaciones; una de ellas es la propiedad. La triada de una lengua para un sujeto bajo una nación se verá cuestionada por los bilingüismos que rebasan esa pertenencia unívoca que, justamente, no duda. El monolingüismo como problema y realidad imposible fue abordado por Jacques Derrida en *El monolingüismo del otro* (1996). Para él, judío argelino de origen sefardí (curiosamente, su familia procedía de Toledo, la ciudad de la «escuela» medieval de traductores), su lengua francesa es suya y no es suya: «1. Nunca se habla más que una sola lengua, o más bien un solo idioma. 2. Nunca se habla una sola lengua, o más bien no hay idioma puro» (1996: 18). La lengua, dice Derrida, está conformada por pliegues. El pliegue guarda ancestros, cruces de lenguas que se han seducido en el pasado y que se atraen mientras tiene lugar el hecho lingüístico. Por eso, hablamos en una sola lengua mientras hablamos en otras. He aquí la condición hospitalaria de la lengua: dejar pasar a otras. De ahí que el bilingüismo y sus reverberaciones tengan que dejar de verse como formas menos legítimas de la escritura. Por otro lado, si acogemos en toda su extensión la condición paradójica del hablar que propone Derrida, el bilingüismo es la forma flagrante y extremada de un monolingüismo que nunca puede ser tal porque su pureza no es posible sino en un sentido ideal.

Hélène Cixous va un paso más allá al hacer de las lenguas híbridas una posibilidad gozosa de construir otros sentidos a partir del contacto entre ellas como una forma de deseo y no como el error que se busca reprimir en nombre de la propiedad: «Y eso que hacen las palabras entre ellas, estos acoplamientos, estas hibridaciones, son genio. Un genio erótico y fértil. Una ley de vida presidida por sus cruces. Sólo las palabras que se aman seman. Una semántica clandestina» (2003: 96).

Sólo las palabras que se aman seman, producen sentido. Ese cruce cargado de Eros dice del lenguaje como una entidad viva cuyos rumores, que luchan por ser leídos, pronunciados, escuchados, producen a la misma lengua, y cuando la traducen, la obligan a desplegarse, a ir más allá de sus propios límites. Podemos decir entonces que los escritores bilingües jamás escriben más que en una sola lengua, y que jamás escriben en una sola lengua, y que ese es el signo vital de su escritura.

Pero esta no es la única manera en que escritor bilingüe enfrenta su condición. La hibridación gozosa se ve a menudo reprimida por el deseo de crear sentido, pues para ello se necesita confiar en una sintaxis y en un orden del mundo. Al hallarse dividido en dos lenguas, el escritor bilingüe nos recuerda también la angustia primigenia frente a la confusión originada en la Torre de Babel, que se sitúa en Occidente como un paradigma de la diversidad lingüística. La cultura occidental ha necesitado localizar un punto de origen monolingüe y unitario y para ello utilizó la torre. Frente a este «lenguaje puro», como lo llamó Walter Benjamin en «La tarea del traductor», la existencia simultánea de lenguas múltiples se convierte en una anomalía y una consecuencia desafortunada que termina en la fragmentación de los sonidos y de los sentidos con que antes, en el origen, nos entendíamos. El zigurat de Nimrod es sólo uno de los mitos que explican la pluralidad lingüística como un castigo. Es retomado en numerosas obras de la lingüística y la filosofía que reflexionan en torno a temas como la traducción, la dispersión y los problemas del lenguaje.

«Des tours de Babel» (1985), de Jacques Derrida y *The Babel of the Unconscious* (1993), obra citada más adelante, son sólo dos de los ejemplos en relación con este trabajo publicados en los últimos años. La autobiografía de Eugène Jolas, mencionado anteriormente, se titula *Man from Babel*, haciendo alusión a la situación plurilingüística que vivió en Nueva York y en París. Además de ello, la torre de Babel como imagen en la literatura –Borges, Joyce, Celan– es recurrente, y en el imaginario colectivo está muy presente como la representación de la confusión, del conflicto o de la dispersión.

Después de Babel (1975), de George Steiner, es una de estas obras, y contiene un recuento de las profusas historias que la humanidad se ha contado a sí misma a fin de comprender la división de las lenguas. Salvo el Pentecostés, en donde las lenguas son una bendición y que se aproximaría al semar gozoso descrito por Cixous, Steiner define el resto de esta narrativa mitológica y religiosa como el relato de una catástrofe. «La tradición oculta sostiene que una sola lengua fundamental, una Ur-Sprache, se encuentra detrás de nuestra presente discordia, detrás del tumulto abrupto de lenguas en guerra que siguieron la caída del zigurat de Nimrod» (1981: 60). La multiplicidad de lenguas es la expresión de la ruina, los fragmentos que se dispersan tras la caída de la torre.

La pervivencia de esta narrativa avanza hasta la modernidad y toma formas diversas: la monolengua, la unidad, la solidez de lo uno, es una de las bases con que la realidad del lenguaje se vinculará a otras dimensiones del mundo moderno como la política, la social y la cultural. Los imperios tienen *una* lengua: el latín, el español, el francés, fueron lenguas imperiales, símbolos de unión. La *Gramática castellana* de Antonio de Nebrija, en el caso del español, es un ejemplo: «Detrás de la difusión mundial del griego y del latín habían estado las figuras imponentes de Alejandro Magno y de Julio César. Sintiéndose honda y auténticamente en los comienzos de una era que contemplaría la difusión mundial del castellano, Nebrija piensa que Alejandro y César han reencarnado en los reyes de España» (Alatorre 2003: 241).

Un imperio conquista hablantes tanto como súbditos. Quien se pliega a un orden superior, se pliega a una lengua, así como sucedió como el mismo Imperio español, que conquistó a pueblos de «peregrinas lenguas», como se decía en el siglo xv (Alatorre 2003: 241). Entre Babel y Nebrija, hay una yuxtaposición entre el relato mitológico y el discurso histórico. El mito guarda relación con el orden moderno del mundo, que vuelve a buscar la idea de unidad, extraviada bajo la diseminación de los dialectos y las lenguas.

Mientras el mundo intenta reconstituir en las cohesiones políticas y lingüísticas la idea de unidad –una nación con una lengua y una identidad–, el escritor bilingüe permanece en la dispersión. Su gesto es así moderno, por cosmopolita, pero también arcaico, al revivir ese preciso momento en que las lenguas se dividieron. El poema escrito bajo la marca de lo bilingüe se produce a partir del desmoronamiento, un caos fundado en la incapacidad de reencontrarse en una palabra común. El escritor bilingüe viviría en falta, pues su obra se deriva de la estigmatización de lo múltiple como resto. Al mismo tiempo, se libera de la culpa al asumir dicha falta y pone en práctica el reordenamiento de los fragmentos, es decir, termina semando.

Cuando un joven Du Rels visita a Anatole France en 1922, éste le advierte de inmediato de los «peligros» del bilingüismo:

> Ud. seguramente viene a familiarizarse con nuestros grandes clásicos y penetrar su pensamiento en su propio texto, pero si me permitiera darle un consejo: no se deje seducir por la forma. Existe un antagonismo terrible entre el idioma francés y el idioma español. (Giusti & Costa du Rels 1941: 25)

France coloca a Du Rels contra su estigma. Hay límites entre el conocimiento y la apropiación. Al advertirle contra la tentación del bilingüismo, sitúa al escritor boliviano en un lugar imposible: «¡Hélas! Lo siento por usted, señor: un escritor bilingüe no podrá ser nunca un escritor» (Giusti y Costa du Rels 1941: 26). Du Rels acaba de publicar su primer poemario en francés. Con su afirmación, France deja caer sobre el poeta el peso monolítico de la lengua única, reservada a quienes les ha sido dado establecer con ella una relación de propiedad. Para France, un escritor está destinado a su lengua materna. Más aun, el bilingüismo constituye una traición y una impostura:

> No sé lo que podrá dar un espíritu que, sin saberlo, se traiciona a sí mismo. Porque a la postre un escritor bilingüe ya no sabe si lo que escribe es la traducción inconsciente de una obra concebida en otro idioma o una creación directa de su espíritu, la expresión inmediata de un pensamiento limpio de toda escoria [...] (Giusti y Costa du Rels 1941: 27)

En France subsisten los restos románticos del genio de las lenguas. Madame de Staël hablaba del «estilo nacional» del alemán, y Wilhelm von Humboldt se refería justamente a la esencia de las palabras y las lenguas que «actúa sobre el espíritu» (1991). De acuerdo con esta concepción, en primer lugar, habría un horizonte de verdad del espíritu, y ésta sólo podría ser expresada en la lengua materna.

Así, la escritura en una segunda lengua no sería capaz de hallar un camino hacia el espíritu, sería un acto en falso. Por tanto, la traducción, si fuera el camino que halla la escritura, estaría limitada a ser un calco de la expresión, pero no la expresión misma. La «traición» del escritor bilingüe hacia sí mismo, como la define France, anularía a dicho escritor por completo, pues sólo la lengua propia sería capaz de expresar la experiencia. Pero lo que France no ve es la riqueza en la escoria: es justamente la palabra múltiple, indeterminada y ambigua la que da forma a la escritura bilingüe. Esa escoria es la materia del poema.

El temor a la indeterminación no se halla sólo en Anatole France. En la correlación entre lengua y sujeto, la modernidad ha otorgado cada vez mayor valor al monolingüismo o, más precisamente, a la relación de pertenencia entre el individuo y la lengua adjudicada por la nación a la que pertenece. La lealtad como valor constituyente de la nación ya fue señalada por Hans Kohn en 1944, al problematizar la manera en que el nacionalismo se construye como la forma más conveniente de organizar el territorio, el Estado y a sus individuos: «El periodo moderno de la Historia, empezando con la Revolución Francesa, se caracteriza por el hecho de que en este periodo, y solo en éste, la nación demanda la suprema lealtad del hombre y de que todos los hombres, no sólo ciertos individuos o clases, sean conducidos a esta lealtad común [...]» (1944: 12).

Una ruptura con este pacto se torna problemática, pues altera la correspondencia a priori de lengua y territorio. El escritor bilingüe pone en crisis esta cuestión al buscar nuevos horizontes lingüísticos. Su realidad es compleja en tanto rompe con la ilusión de sentido pleno que da la lengua materna a un sujeto. En efecto, la presencia de la «ilusión narcisista de que el lenguaje propio es el mejor y el único capaz de expresar las complejidades de la vida y de reflejar la verdad» (Amati-Mehler *et alia* 1993: 47) es en definitiva lo que constituye al sujeto.

Si no hay propiedad en el lenguaje, no es posible construir un sentido, y sin sentido no es posible construir la sintaxis de lo que se vive. Sin embargo, el escritor bilingüe termina por desestabilizar dicho mandato al aventurarse en una existencia escindida, que es su condición constituyente. El genio fértil de las palabras y los sentidos que chocan y se cruzan termina haciendo su trabajo mientras aloja en sí la angustia por el espectro de la monolengua. La escritura bilingüe sucede. En ese acontecer, ella nos obliga a pensar que no podemos deconstruir el espectro de la monolengua sin revisar las relaciones entre el sujeto, la nación, su modernidad y la lengua que se le impone, lo cual, en el caso de los escritores bilingües de los Andes, los obliga a salir de un sistema cultural para poder escribir.

II.
Formas de una modernidad desfasada

> Ya viene la golondrina monotémpora
> Trae un acento antípoda de lejanías que se acercan
>
> Vicente Huidobro

Elevar lo bárbaro

En Francia, los escritores bilingües andinos habitan un espacio entre su *origen* y una ansiedad cosmopolita, tensión que sin duda presenta desfases. La conciencia de la diferencia va a hacerse efectiva por medio de un desplazamiento: la distancia como oportunidad. El viaje es la promesa de la ruptura con lo predecible y también se trata de un viaje en el tiempo, pues el futuro es la promesa de lo moderno. «Es preciso demostrar que esa ruptura enorme que hemos producido entre Ayer y Hoy tenía su razón de ser y estaba pletórica de gérmenes», escribe Huidobro en colectivo en el Manifiesto de *Creación y l'esprit nouveau* (1996: 85) cuando se ha instalado en París en 1920. Para hablar del hoy es necesario, justamente, haber puesto un pie el *hoy*, que en ese momento es el tiempo europeo.

En el viaje de América a Europa, hay una idea de ciudad y de cultura instalada en estos escritores que genera el deseo de poner el cuerpo en ellas, caminar en otras calles, hablar otra lengua, no sólo el francés, sino la lengua de la creación, que se desprende de él. Como la ha descrito Julio Ramos en *Desencuentros con la modernidad en América Latina*, para el siglo XIX, «la ciudad –emblema de esa modernidad deseada– era un lugar virtual, del porvenir» (1989: 118). La mirada del intelectual, afirma Ramos, y aquí nos referimos a la mirada del escritor bilingüe del siglo XX, está puesta en ese futuro; hablar desde América era «situarse en un pasado» cuyo futuro estaba en otro lado del Atlántico (1989: 118). La prometedora ciudad europea del siglo XIX atraviesa el siglo y llega a la década del veinte con la misma aura: hay que ir hacia ella. El deseo anticipatorio de estos escritores tiene que ver con la necesidad de vislumbrar nuevas posibilidades estéticas que no ven en sus ciudades andinas. Sin embargo, y ellos mismos no lo verán a su partida, ese desfase termina por impregnar sus respectivos proyectos literarios y hacer del bilingüismo una forma de alteridad que se cristaliza en el poema. El «lenguaje de piedra» de Moro, en apariencia estéril, constituye justamente la potencia de la escritura.

Por otro lado y en cuanto a su circunstancia, Alfredo Gangotena y Vicente Huidobro, ajenos a las culturas indígenas que los rodean, también llevan en la conciencia de los Andes la presencia de algo *otro* que los constituye, la sombra del «lenguaje de piedra»: «Me provocáis, envuelto en sombras, el efecto de acosarme, / De acosarme y de manteneros al Este, / Siempre al este terrible de mi pensamiento», escribe Gangotena en *Absence. 1928-1930*, en un poema dirigido a un señor inca. Al «Este del pensamiento» se abre un espacio literario que se inscribe, a su vez, en las contradicciones y fracasos de un proceso modernizador que abarca a todo el continente americano pero que se expresa de manera particular en la región andina.

En *Transculturación narrativa en América Latina* Ángel Rama había descrito el proceso de modernización de los Andes durante los inicios del siglo XX como una imposibilidad. Al no haber ruptura con la situación colonial, no sería viable reorganizar ni la nación ni la cultura: «[...] el área que queda bajo los gobiernos conservadores asentados en La Paz, Lima, Quito y Bogotá se ordena según los principios que la religan a la antigua Colonia a la cual prolonga, en flagrante discordancia con el proceso universal de la hora» (1984: 148). Esa discordancia con el movimiento mundial, escribe Rama, termina por erosionar también las posibilidades de crear en los Andes: «al no operarse la transformación de las bases del sistema económico que siguió respondiendo a formas atrasadas de explotación agropecuaria y a la extracción de la economía europea, se inmovilizó la creatividad y el progreso de la zona en torno a fórmulas prexistentes» (1984: 149). Hoy vemos que esta creatividad inmovilizada a la que se refiere Rama no lo fue tanto o, más bien, el «no estar con la hora mundial» fue la condición para que se produjera un campo literario que actualmente vemos como vital y dotado de potencia. El no estar a la hora fue, justamente, un estar de manera epigonal en el mundo de la cultura, pero es justamente un desfase el que sostiene una forma propia.

En *La reterritorialización de lo humano*, Marco Thomas Bosshard ha hecho de este desfase uno de los fundamentos para una renovada teoría de la vanguardia en América. Para ello, es necesaria una redefinición de la modernidad, sobre todo en los Andes: «resulta poco adecuado seguir percibiendo la modernidad latinoamericana como una especia de modernidad deficiente [...] hay que admitir la existencia de modernidades múltiples y alternativas, de modernidades muy diferentes de la modernidad occidental normativa» (2013: 11).

El desfase de los escritores bilingües andinos se convierte así en una potencia dual que se expresará por medio de una impregnación en el poema. «Acaso no soy yo el acróbata sobre las geodésicas y los meridianos», se pregunta Alfredo Gangotena en «Cuaresma», en donde ese movimiento acrobático se concibe como una fuerza extraña que «hace crujir los dientes». Ni Gangotena ni Vicente Huidobro responden a la figura del escritor transculturado en el sentido que le dio Rama. En absoluto se pueden considerar antecedentes de José María Arguedas, por ejemplo, y sin embargo cuestionaron como él la estabilidad de la tríada lengua, nación y cultura. Arguedas lo hizo más tarde desde el quichua, ellos, décadas antes, desde el francés. Esto dos poetas tampoco provienen del todo de lo que Beatriz Colombi ha llamado «la gesta del letrado», en referencia al mismo Rama y *La ciudad letrada* y por oposición a la «gesta del mestizo»[1].

Por su parte y desde Perú, César Moro cuestionó duramente el indigenismo y a los poetas «letrados» y cultos, incluyendo al mismo Huidobro –como lo hizo junto a Emilio Westphalen en su famosa polémica de *El obispo embotellado*–. En esta modernidad múltiple, donde Bosshard sitúa las vanguardias andinas, debe considerarse también la voluntad de varios poetas de expresarse fuera de las dualidades dominantes dentro de los mismos Andes, como lo hizo César Moro en sus ensayos, de entre los cuales es de particular interés «De la pintura en el Perú», de 1939. Allí Moro emprende una crítica categórica contra el indigenismo, advirtiendo que existe como representación exotizante del mundo indígena:

> O se es indigenista, o se es un farsante; o se pintan en la forma más primaria y más ajena a la pintura, con la mentalidad más atrasada, indios sin relleno, indios como figurones de feria, o se es el afrancesado más perdido que haya podido producir la 'suave patria' sumergida desde hace milenios en la opresión. (2002: 317)

---

[1] En la obra citada, Rama introduce la obra de José María Arguedas. La «gesta del mestizo», como caracterizó su trabajo, se puede situar como un reverso de los escritores bilingües, pero no del todo separada de ellos. Arguedas, que reconocía el quichua como su primera lengua, reflexionó sostenidamente frente a este hecho en relación con el español en *El zorro de arriba y el zorro de abajo*, publicado póstumamente en 1971. Allí pone en marcha un proyecto de traducción mediante el cual intenta socavar los cimientos del español por medio del quichua, signo doble de su propia escisión como sujeto. El texto es escenario para una coexistencia tensa e intensa entre lenguas, interpeladas, a su vez, por la presencia del inglés. *El zorro de arriba y el zorro de abajo* es signo de la continua pregunta por el sentido en los Andes en relación con el proceso modernizador. Publicado fuera del periodo que contempla esta reflexión, es relevante mencionarlo como lo que persevera de la pregunta por las lenguas en los Andes.

Moro opone la referencia fundamental de Francia a una supuesta superioridad moral del indigenismo sostenida en el hecho de que busca mirar el Perú hacia adentro desde adentro, no desde posturas extranjerizantes que nada tendrían que hacer en lo nacional. Por supuesto, en el medio hay una complejidad mayor, pero no sólo eso: hay sobre todo un problema de temporalidad. Para Moro, el indigenismo había estado anclado en una idea pretérita e inmovilizante del indio: «Los pintores indigenistas no creen en la actualidad del indio, porque la actualidad significa la pérdida de los colorines y el crepúsculo de lo pintoresco» (2002: 320). El poeta y pintor peruano se refiere de manera genérica a una tendencia que fue heterogénea y que no siempre correspondió a esta descripción, pero cabe considerar aquí la crítica a un modo inmovilizante de representación que pretendía congelar al indígena dentro de una falsa cromática que negaba la complejidad de su circunstancia. Esta es otra forma de relacionarse de manera múltiple con la modernidad: ir siempre hacia el espacio liminal de las formas imperantes, rechazar el indigenismo carnavalesco e ingenuo pero pensar en lo indígena, mirar a Francia pero apropiándose de sus estéticas, trabajar en las fisuras de los grandes relatos, incluido el del indigenismo.

Estas maneras de habitar la modernidad y la falta de ajuste a un solo tiempo o coherencia unívoca producen en el caso de los escritores bilingües transatlánticos una sensibilidad que se expresará de diversas formas. Fernando Nina ha caracterizado como «metaperiférica» la literatura que se opone en doble grado a la modernidad hegemónica: «La literatura latinoamericana se ha venido pensando siempre como un campo de disyunción y uno de conjunción. [...] Por un lado el centro europeo o norteamericano ha ocupado el espacio de la tradición y del canon, mientras que la periferia ha respondido a esa generación de una tradición a través de la provocación: con la ruptura» (2011: 20). La periferia de la literatura andina podría llamarse de segundo nivel, pues no es marginal sólo respecto al centro de Occidente sino también al de las ciudades más occidentales de América. Noé Jitrik ya había visto al Ecuador como una burbuja dentro de otra, a la manera de un juego de matrioshkas: «[…] un territorio marginal, el Ecuador, respecto de otra marginalidad mayor, como es la latinoamericana» (Jitrik 2000: 299), en donde la esfera más interior se ve rodeada por dos cinturones de sentido, no sólo de uno.

La metaperiferia se relaciona al mismo tiempo con la periferia y con el centro, según el esquema de Nina. Para dotar al concepto de una imagen, usa la línea ecuatorial: «nos servirá para encontrar un paralelismo con el campo de la metaperiferia, en el sentido en que esta nos ofrece otro tipo de ordenamiento espacial, un orden que se sustrae a estas dos divisiones dualistas que hemos presentado» (2011: 23). Aquí la línea no divide sino que, más bien, opera como la cuerda sobre la que transita el acróbata de las geodésicas y los meridianos del poema de Gangotena en una trayectoria liminal: «La literatura metaperiférica […] es ausencia de filiación que se exterioriza y se libera así como umbral que no limita, como liminalidad umbral» (2011: 25). Al tener que avanzar en tensión, el movimiento acrobático paradójicamente se libera, y su única posibilidad es desplegarse en ese espacio.

En el caso de las escrituras bilingües en cuestión, no se trata exactamente de «ausencia de filiación», como la describe Nina, sino más bien de un estado filial irresoluto y debilitado por la experiencia del viaje. Ni Gangotena ni Moro, ni Huidobro ni Costa du Rels se desprenden jamás de su conciencia de los Andes, de ahí la escisión a la que se ven precipitados y que se refleja en su escritura.

Como se ha sugerido hasta aquí, la diferencia en estas escrituras no se expresa a raíz de un viaje ni éste opera como elemento de causalidad, pues no genera por sí solo una escritura bilingüe como las que se han descrito. Fernando Nina recurre nuevamente a la metaforización de lo metaperiférico por medio de imágenes geodésicas, como en el poema de Alfredo Gangotena, en una descripción que también funciona para este grupo de escritores. Nina sitúa la literatura ecuatorial en su umbral de expresión, si se puede llamar así, en un cruce entre un movimiento de rotación y uno de traslación «que se expresa al mismo tiempo como reflexión sobre sí misma y como traslación alrededor de un otro (centro y periferia)» (2011: 25). Así es el viaje de estos escritores. Aunque hay una inquietud previa a sus procesos de desarraigo, escisión y cambio de lengua, ésta se irá desplegando paulatinamente en su doble movimiento de rotación y traslación hacia el bilingüismo que los convertirá en escritores de doble expresión. El español, la lengua que rota sobre su propio eje y alrededor de otra, el francés: doble movimiento lingüístico que creará nuevos lenguajes.

En estos movimientos, se adelanta la certidumbre de una extranjería previa al viaje: «el extranjero comienza cuando surge la conciencia de mi diferencia» (Kristeva 1989: 9). Por tanto, no es el viaje lo que hace al extranjero, sino su deseo de quebrar los pactos de pertenencia impuestos por la idea de nación a la que ha vivido sujeto; de ahí que su espacio literario sea liminal, como lo describe Nina. En París, se consolida la manifestación de dicha diferencia por medio del cambio de lengua y la aventura estética. El francés, la ebullición parisina, las primeras publicaciones, son el cumplimiento del cambio deseado, y juntos configuran un horizonte promisorio.

En París no sólo confluían artistas, sino también tendencias y novedades de todos lados. Coco Chanel revolucionaba la moda al tiempo que patrocinaba a Igor Stravinsky. Erik Satie visitaba la casa de Huidobro. Cocteau introducía a Gangotena a los bares de jazz con músicos venidos de Estados Unidos mientras Einstein preparaba su visita. No podía ser fácil volver de una ciudad que, como la inmortalizó Hemingway, era «una fiesta móvil», capaz de llevar su caravana al interior de todo aquél que hubiera pasado allí una época. Justamente, en la vuelta de Huidobro, Gangotena y Moro a los Andes, París persistió como un ritmo interior y un mundo insuperable, por eso la poesía de todos ellos tiende con frecuencia al lenguaje de la pérdida o el exilio interior.

En la vuelta hacia su origen, estos escritores, ahora convertidos en extranjeros, constatan su condición irreversible y el lugar exterior que habitarán en adelante. La salida de París es una segunda ruptura, ahora con el que ha sido el lugar de la reinvención biográfica que era, a la vez, un acto poético porque era un acto de creación. Esa transformación irreversible –como la de César Moro, que se cambió de nombre tras ser bautizado Alfredo Quíspez Asín– los enfrentó con sus Andes interiores, una dimensión ahora extraña que sin embargo los constituía. Huidobro supo sortear mejor los desfases, idas y vueltas. Años mayor, Du Rels, gracias a sus misiones diplomáticas, vivió entre América y Europa. Moro y Gangotena vivieron un difícil autoexilio. Si bien estos poetas experimentaron un conflicto interior, éste tuvo consecuencias que se desplegaron muy por fuera de ellos. En diferentes momentos, constataron en el orden de lo social su marginalidad en el choque que produjo la vuelta a los Andes, se vieron fuera de lugar y esa exterioridad fue la condición de creación de lo que siguió de su poesía.

Al volver a Ecuador en 1928, Gangotena enfrentó la incomprensión frente a su obra así como el frío recibimiento de sus contemporáneos. En Lima, Moro se refugió en los pocos amigos que le quedaban. Sobre Gangotena, afirma Berchenko que durante la década del «30 y 40 la crítica ecuatoriana ignora sistemáticamente a su autor», y lo tacha abiertamente de «descastado, extranjerizante, afrancesado» (1992: 267). La incidencia de la escritura en francés y la adhesión a ciertas estéticas tuvo consecuencias reales en la vida de estos autores. Las formas conflictivas que la modernidad iba tomando en relación con lo nacional chocaban con estos itinerarios más personales y se evidenciaban las incompatibilidades de éstos con las formas hegemónicas para mirar la literatura.

A las señas particulares de estos escritores se suma otra dimensión: se hallan situados en una geografía más bien marginada del centro de Occidente. Por otro lado, la vida que transcurre en los centros urbanos está marcada por la presencia ancestral de culturas indígenas y de mestizajes que han resistido históricamente el proyecto moderno y que lo han ido asimilando y simulando de distintas y muy diversas maneras. Lima, Quito, La Paz, viven dentro de estas tensiones el progreso que trae el siglo XX y se adaptan, dentro de sus propias condiciones, a los mandatos de Occidente. Al mismo tiempo, son ciudades de países constituidos mayoritariamente por sociedades campesinas que sostienen en gran parte sus respectivas economías. Dentro de los numerosos enfoques que se puede adoptar para abordar esta característica fundamental de las culturas andinas, está el pensamiento de Bolívar Echeverría y el ethos barroco como una crítica al capitalismo en tanto organizador de la vida. Los países andinos se han construido sobre mestizajes y asimilaciones, también sobre disimulaciones culturales estratégicas y resistencias más o menos conscientes respecto de la modernidad capitalista:

> De ella resultaba una civilización occidental europea retrabajada en el núcleo mismo de su código precisamente por los restos sobrevivientes de ese código civilizatorio indígena que esa civilización tenía que asimilar para poder ser revivida. Jugando a ser europeos, no copiando las cosas o los usos europeos, sino mimetizándose, simulando ser ellos mismos europeos, es decir, repitiendo o «poniendo en escena» lo europeo, los indios asimilados montaron una muy peculiar representación de lo europeo. Era una representación o imitación que en un momento dado, asombrosamente, había dejado de ser tal y pasado a ser una realidad o un original. (Echeverría 2008)

Esta mimetización emprendida por las culturas ancestrales y luego mestizadas se puede ver como un elemento del conjunto de las condiciones materiales de la vida en los Andes. Sus agentes serían «los indios que mestizan a los europeos mientras se mestizan a sí mismos», continúa Echeverría, en cuya afirmación se aprecia un cambio de perspectiva que se reflejará en la obra de Costa du Rels, Moro, Gangotena y Huidobro. «Al Este» de su pensamiento, como dice un poema de Gangotena que aparece más adelante, se sitúa este amestizamiento que impide que lo europeo sea lo único en dar sentido a la vida y a la escritura, lo cual es un elemento fundamental para comprender la riqueza de esta poesía.

El habitante moderno de las latitudes andinas vive una serie de contradicciones que definen su manera de entenderse a sí mismo en relación con su geografía y el grado de proximidad a Occidente. En el caso de las ciudades de los Andes –con excepción de Santiago, para este ejemplo–, junto con la supervivencia de lo indígena y la adaptación de sus culturas al tiempo moderno tiene lugar su crecimiento desordenado y contradictorio. Esto querría decir que el progreso no es la «forma natural» de las sociedades andinas, que es la tierra y no la ciudad el espacio que define a sus sujetos, y que subsiste un elemento ajeno a las manifestaciones modernas, pero la modernidad sucede. Los indígenas de la ciudad, escribe Bolívar Echeverría, y diríamos también los sujetos andinos, hacen de la sumersión en este mundo montado y barroco su modo de vida:

> [...] permanecen en él y se hunden en él, convirtiéndolo poco a poco en su mundo real. Se trata, por lo demás, de una representación dentro de la cual nacieron los «españoles criollos», con los «esplendores y las miserias» del mundo virreinal, manifiestos de manera tan rica, aguda y exquisita en su arte y su literatura, y dentro de la cual nosotros, los latinoamericanos de hoy, después de tantos siglos, parece que nos encontramos todavía. (Echeverría 2008)

Justamente, el mundo como representación barroca es el mundo que aparece en la poesía de César Moro y también en la poesía vanguardista de los años veinte, y no deja intocada la escritura de Alfredo Gangotena. Otras derivas estéticas corren paralelamente o en convergencias a veces insospechadas con la poesía de estos escritores bilingües andinos.

Lo que Mariátegui había definido como «el problema del indio», elemento integrante de las culturas andinas, trae en la década del veinte el surgimiento de una nueva conciencia indígena. En torno a la presencia del indio, los sectores dominantes habían construido relaciones de servidumbre y opresión desde la Colonia, y éstas prevalecen a medida que las repúblicas andinas de los siglos XIX y XX van ensayando su forma moderna. La persistencia de un sistema feudal y rezagado que preserva formas de labor arcaicas impide que fluyan los mandatos del progreso. Por eso la obra de Bolívar Echeverría apunta siempre al capitalismo como matriz de la vida material, matriz que influye en todos los ámbitos de la existencia concreta de los americanos. La poesía no deja de ser una respuesta frente a esta matriz, no literal, sino construida en un cruce complejo entre estética y política.

Economía y ortografía: Boletín Titikaka

Una de las respuestas más fascinantes a esta configuración del mundo se da fuera de las ciudades centrales. El *Boletín Titikaka* (1926-1930), revista del grupo Orkopata de vanguardia indigenista y animada por Gamaliel Churata, hace de la ciudad de Puno un centro de operaciones que enfrenta la modernidad descrita hasta aquí con una voluntad excepcional de mestizar formas, escrituras y lenguas. La publicación logra reflejar la diversidad de la vanguardia americana gracias a una dinámica intensa que invita a publicar a poetas de todo el continente, confronta estéticas, debate y se distribuye ampliamente. Los procesos de mestizaje a los que se refiere Echeverría hallan una expresión muy potente en el *Boletín*, y única por su diversidad. A este intenso intercambio, Mauro Mamani Macedo lo ha llamado «una especie de *tinkuy*», es decir, un encuentro que muestra la enorme vitalidad de una publicación de carácter viajero, como caracteriza Mamani al boletín (2016: xii).

Entre muchas otras cosas, y es lo que interesa rescatar en relación con los proyectos de Moro o Gangotena, el *Boletín Titikaka* se propone reflexionar sostenidamente sobre la lengua, no como mero tema, sino como un acto vital de escritura que descentra. La propuesta del boletín pretende renovar la ortografía, desplazar el uso de ciertas letras para reinscribir otras, impregnar la escritura en español de la sonoridad quechua y aymara, inscribir en el español los sentidos de las lenguas indígenas. No sólo eso, mientras se va formando la propuesta del indoamericano como lengua, el *Boletín* publica también poemas en francés y portugués «para dar cuenta del carácter cosmopolita de la publicación», continúa Mamani Macedo (2016: xiii).

La experimentación formal políglota y situada, profundamente política, viene de la mano de Francisco Chuquiwanka. El *Boletín* de diciembre de 1927 abre con su «Ortografía indoamericana» y propone tres reglas: «1. qada letra no rrepresenta mas qe un sonido elemental imbaryable qalqyera que sea la qombinasyon qe forme; 2. qada silaba no tyene mas de una boqal –las silabas de una palabra se qwentan por el numero de sus bocales; 3. qada palabra se escribe como se pronuncia» (2016: 65). Esta propuesta fonética busca desnaturalizar el uso del español para la literatura e incorporar la historia de las lenguas ancestrales de América para fusionarlas a todas en el indoamericano. Más adelante y por medio de estas reglas, Chuquiwanka propone el programa de escritura para lo que sería la literatura indoamericana:

> bien pwes –la editoryal titikaka bajo la direjsyon de jobenes de ideales ampliamente umanos qe son los mas grandes ideales de la epoca i quyo BOLETIN es ya una rebelasyon biene a rrealisar una funsyon necesaria para la sibilisasyon de los kollas-keswas i aymaras de la rrejyon –desde su desanalfabetisasyon qon la qartilla asta su qultura propya con el peryodiqo i el libro propyos.

Esta escritura an-alfabetizada, en términos de Chuquiwanka, trae consigo una desautomatización respecto del uso de la lengua que supone la activación de una memoria lingüística quizás velada por la norma ortográfica. La propuesta, dice Churata, «permite una mayor unidad expresiva tanto como acerca el castellano a los ricos idiomas nativos estableciendo leyes comunes que los rijan» (2016: 65). Una sola norma para varias lenguas vía una solución fonética que permita que se hibriden. Luego viene algo fundamental que cierra el argumento, que es el encuentro entre palabra e historia, entre estética y política: «el círculo trazado por la espada de los libertadores no se cierra si los indoamericanos no libran antes (entre otras) la batalla por su estética».

Churata y otros escritores afines al *Boletín* adoptan la ortografía indoamericana para la escritura: «De esta forma, Churata no concibe que la palabra, el lenguaje y la estética anden por canales separados; todo ello está involucrado formando el caudal de la vida social» (Mamani Macedo 2016: xiv). Esta propuesta de Chuquiwanka adoptada por el grupo Orkopata se ve respondida pronto. Mamani Macedo cita el artículo «Rinrrorranguismo indigenista», de Núñez Valdivia (2016: xiv), en donde aparece un reclamo por lo que él considera las verdaderas necesidades americanas: «Nuestra época, compañero Churata, demanda una reforma más de fondo, económica, y no meramente aparencial». Si bien es evidente la oposición entre la experimentación formal y la transformación social que preocupa a Núñez Valdivia al elegir colocar dichas tensiones en esos términos, resulta más interesante mirar la concepción de la forma que tienen Churata y los Orkopata. En dicha concepción, la forma no aparece como oposición a los sentidos que pueda construir a partir del poema, en este caso, o del texto, de manera más general. Las posibilidades formales que abren la hibridación de lenguas y una sola ortografía que funcione para todas, por inviable que esto pueda ser en la práctica, van hacia la incorporación desde la forma de todos los ámbitos de la realidad, justamente para nombrarla de otra manera. El gesto vanguardista por excelencia de crearlo todo, una nueva ortografía para una nueva organización de la realidad, hace de la forma una materialidad que incorpora lo político y, por tanto, va más allá de lo «aparencial», como concibe Núñez Valdivia lo formal, en sus límites y no en sus expansiones.

Frente a una modernidad americana que se ve a sí misma como monolingüe, aparece una publicación que reúne a la vanguardia latinoamericana con una diversidad excepcional y aun con una propuesta lingüística inaugural o, por lo menos, renovadora: interlengua siempre, una lengua hegemónica nunca. Esto «prueba que en los márgenes geográficos las renovaciones literarias no solo se experimentaron tan intensamente como en las grandes ciudades, sino que los cambios se llevaron a cabo de manera completamente distinta, combinándose con muchos otros elementos de su horizonte cultural inmediato» (Vich 2000: 15). Esos márgenes a los que se refiere Vich se sitúan en horizontes lingüísticos siempre mixturados y porosos, parte de ese horizonte cultural. Estar en el Titicaca, ya sea en Puno o en Copacabana, y abrir la escucha a esa materialidad acústica que hibrida el quichua, el aymara, el español, hoy el inglés, que cambia constantemente, es un eco contemporáneo de esa palabra *alter-ada* y siempre impura que funda el proyecto estético de los Orkopata y el *Boletín*. Si bien la producción textual allí es predominantemente en español, la presencia del quichua, el aymara, el inglés, dan cuenta del gesto desterritorializador de sus editores y de los autores que allí figuran.

Meritxell Hernando Marsal ha trabajado extensamente en la obra de Gamaliel Churata. En cuanto al *Boletín*, Marsal destaca su voluntad aglutinante y enormemente heterogénea, así como la confluencia permanente de lo estético y lo político:

> vanguardia estética y vanguardia política convergen en un mismo impulso renovador. Además del esfuerzo por ofrecer una articulación

continental de los diversos autores y grupos vanguardistas que transformaban la literatura latinoamericana, la revista se vincula sólidamente con las nuevas fuerzas políticas que se oponen al orden autoritario establecido. (2000: 51)

Churata buscó crear el lenguaje indio, es decir, no sólo ir más allá del indio como tema, sino hallar al mismo tiempo un lenguaje para Indoamérica. Por eso, las preocupaciones de Churata rebasan el orden temático e incorporan lo político en lo formal de manera indisociable.

Esto ilustra brevemente las complejidades de la modernidad estética americana, o indoamericana, como lo propondría Churata, en el periodo que llamamos vanguardista. Como bien dice Cynthia Vich, «Churata no necesitó estar en París, ni siquiera en Lima para que su actuar fuera efectivo» (2000: 22); todo lo contrario, la revista era una expresión de la «modernidad periférica gestada en (esta) etapa turbulenta» (Usandizaga 2012: 37). Dicha modernidad no se entiende, en el caso de Churata y del *Boletín*, sin una crítica que se hace desde allí por la literatura de América. Churata va a proponer que el indoamericano se convierta en lengua de la escritura en los Andes y que sea un medio para cultivar una forma que rebase la simple «fertilización» del español. Esta lengua híbrida y hecha de rupturas, dice Churata, ya está en «Jorge Icaza, José María Arguedas, Cardoza Aragón, de Ecuador, Perú y Guatemala, en quienes es notorio el latido de una naturaleza con raíz» (Churata 2012: 182).

Esta postura, que puede leerse desde cierta perspectiva como la contrafaz del proyecto francés de Alfredo Gangotena, de todas maneras apunta al español como una forma insuficiente, por única, para la escritura en América. En ninguno de los casos los autores se acogen al español como institución normadora ni como forma única: hay que permearlo, socavarlo, hibridarlo o situarlo junto a otras lenguas posibles y deseadas para la escritura. Desde el indoamericano tanto como desde el francés, con todas sus diferencias y desigualdades históricas, el español queda como *una* lengua para la escritura literaria en un mundo americano permeado por lo europeo, formado por lenguas y culturas ancestrales y por tanto altamente simbiótico. Por eso, Churata se refiere a la necesidad de mirar los grados de simbiosis entre el español y otras lenguas. En cuanto a los escritores a los que menciona como artífices del indoamericano, estos deben ser bárbaros, elevar lo bárbaro a recurso para crear la lengua futura, dice. Son deplorables desde un punto de vista hispano, escribe Churata, pero «no como posibilidades americanas» (2012: 182); allí cobran otro valor ganado al situarse a favor de la «barbarización» de la lengua española:

> […] en ellos es sobre el idioma que recae la violencia expresiva de una personalidad qe acabará por romper los tejidos idiomáticos, haciendo del romance una jerga cuasi bárbara, cuasi tan bárbara como la usada por Huaman Poma. No es necesario remarcar que autores como éstos elevan el barbarismo mestizo a categoría retórica, y que de proseguir en esa línea acabarán por animar el lenguaje indiomestizohispano. (Churata 2012: 182-183)

En este contexto, el «español hispano», cuando aparece como una de las posibilidades para la literatura americana, evidencia la relación no natural sino construida entre lengua y nación, y por tanto, entre literatura y nación. Icaza socavó el español con el quichua, Gangotena lo hizo con el francés: antípodas emancipatorias de la forma hispánica que dicen algo una de la otra, al igual que Huidobro cuando escribe sobre el «acento antípoda» en *Altazor*.

Dentro de esta heterogeneidad, la modernidad en los Andes se percibe de todas maneras como un algo acabado a medias, siempre diferido. Por ejemplo, a Quito la modernidad llega bien entrada la mitad del siglo xx, según la sitúa Eduardo Kingman tomando como referencia la consolidación de la vida urbana: «La sociedad quiteña asistió a partir de los años treinta (y hasta la década del sesenta), a un complejo proceso de transición de lo que denominamos una ciudad patriarcal, o señorial, a una ciudad moderna, o a lo que se entendía por moderno en las condiciones de nuestros países en esa época. Los años treinta constituyen el punto de partida o de despegue en ese tránsito» (2006: 290). Es precisamente esta modernidad barroca y multiforme lo que está por cristalizar en la poesía andina.

En cuanto al *Boletín*, ilustración de esta modernidad desfasada como potencia y no como obstáculo, Meritxell Hernando Marsal lo caracteriza de manera afín a lo que Echeverría constata como el carácter de lo americano:

> Se funda en una peculiar concepción del mestizaje que uniría a los diferentes pueblos americanos: sobre el estrato étnico indígena «se puebla el continente de individuos que representan fundidas en matriz aborigen todas las razas humanas» (*Boletín Titikaka*, no 22). La raza en Churata, y esto es importante para entender su concepción de lo indígena, tiene que ver con una raíz cultural compartida en toda América. El concepto de raza es vaciado por Churata de su esencialismo y se construye en el intercambio cultural entre diversas aportaciones. Lo que le interesa es destacar la preeminencia vitalizadora de lo indígena en una aleación que no rechaza sino que incorpora lo foráneo: «el fatalismo de América es mantenerse presto a captar el mensaje del mundo» (*Boletín Titikaka*, no 22). (2008: 51-52)

Y como Echeverría, también sitúa lo indígena como punto de referencia sobre la base de la poética de Churata: lo indígena como matriz. En el *Boletín* no hay esencialismo aunque se llegue a hablar de «andinismo»: hay, más bien, una identidad en movimiento y en continua reconfiguración. En línea con las vanguardias que rastrea Bosshard, la modernidad andina expresada en el campo de lo poético no es cerrada ni el indigenismo, su única deriva, se abre hacia posiciones contrarias, contradictorias, inesperadas. Esta es una voluntad que puede haberse visto eclipsada por discursos dominantes como el indigenismo, pero cuyas expresiones cabe incorporar a la comprensión de lo que llamamos andino, a fin de mirar en otras de sus aristas la heterogeneidad del campo escriturario que rodeó la poesía de Gangotena, Moro y Huidobro.

El *Boletín* aparece aquí como una manifestación decolonizadora, en términos de Hernando Marsal, porque no acepta la inmovilización del debate en torno a lo indígena, a lo andino ni a las vanguardias, y tampoco las reduce a un problema identitario sino que, por el contrario, lo sitúa en el problema de las lenguas y los lenguajes. Este gesto, afirmará Churata, «nos recuerda que el círculo trazado por la espada de los libertadores no se cierra si los indoamericanos no libran antes (entre otras) la batalla por su estética» (Churata en Hernando Marsal 2008: 53).

Desde el otro lado: Gangotena y Michaux

Cuando Alfredo Gangotena y su familia retornan a Quito a inicios de 1928 los acompaña un grupo de invitados, entre los que se halla el poeta francés de origen belga Henri Michaux. Producto de su estadía es su diario de viaje *Ecuador*, publicado en París en 1929 al cuidado de Jean Paulhan. Se trata, en primer lugar, del registro de un itinerario de escritura más que de un viaje físico. «Un hombre que no sabe viajar ni llevar un diario ha compuesto este diario de viaje», dice el prefacio. A partir de esto, el volumen no puede caber en otro espacio que el de la experimentación, tanto con el «cuerpo del extranjero», escribe Michaux, como con la escritura. «En efecto, la motivación que gobierna *Ecuador* se hace aparente muy pronto como una deconstrucción del género del diario de viaje, que a su vez cuestiona, como se esperaría de Michaux, el estatus de autenticidad del escritor de viajes en sí mismo», comenta David H. T. Scott (2004: 162) sobre Michaux en un amplio volumen sobre los signos y los viajes que registra los experimentos formales de escritores viajeros como André Gide o Victor Segalen, hermanados con Michaux en sus inquietudes y desplazamientos.

Una vez instalado con la familia Gangotena en su finca de Puembo, Michaux empieza a percibir una ansiedad permanente de los ecuatorianos por poner en escena una mímesis no muy renovadora, más bien obediente de los dictados civilizatorios europeos, y hace de ello un tema en el diario. La experimentación del diario no rompe del todo con su valor documental, pero estará siempre en tensión con la expresión de una angustia interior que hace de los Andes su escenario, el espacio disponible para poetizar esa angustia por medio de lo que se ve. El efecto, como se verá, es a la vez realista e irónico. Michaux halla en los burgueses quiteños una actitud provinciana y vehemente de exhibir su refinamiento a fin de disimular su retraso, participando justamente de ese montaje barroco por medio del cual Bolívar Echeverría describe la modernidad americana. La idea de Quito que aparece en el diario raya en la caricatura:

> ¡Pero Quito! La sofocación misma. [...] Y bueno, justamente, no hay calles en Quito, no hay más que salones, y ahí adentro uno se saluda: «Señorita, hijillo; mi queridísimo, buenas tardes, buenos días, mucho gusto de...» Se saludan a perpetuidad, sin esperanza de jamás terminar, y según la costumbre de aquí, se dan de palmadas, se lanzan en los brazos uno de otro, volcándose como toneles mal conducidos. (2008: 84)

En su descripción sarcástica de los rituales civilizatorios Michaux expresa la desconfianza de la mirada europea respecto a aquello en que se van convirtiendo las ciudades americanas. Como ha descrito David H. T. Scott, esto se traduce en una desconfianza de la palabra. Añadiremos que la desconfianza se acentúa porque Michaux habla muy poco español, así que la probabilidad del malentendido antecede cualquier situación. Al descubrir la palabra «sucre», por ejemplo, la moneda ecuatoriana en 1928, Michaux piensa primero en *sucre*, francés para «azúcar», «la palabra más golosa, más avariciosa que hay» (1968: 40). Esa ambigüedad va a definir toda su experiencia en Ecuador y, sobre todo, la experiencia de la escritura. Quien escribe el diario no confía en el mundo y no concibe otra mirada que no sea la irónica, consciente de que eso que ve esconde más que revela. No hay viajero deslumbrado aquí, sino observador atento.

La escena del saludo quiteño describe un desordenado intento de urbanidad. En general, esta descripción del país se puede leer como la de un desfase desde la mirada europea, pero también como un montaje mimético, aprendido con fines legitimadores. El ecuatoriano parece tener, según Michaux, una relación poco racional con su entorno: «El ecuatoriano de las mesetas tiene respecto a su país un sentimiento montenegrino, como si no existiera más que su pequeña franja de terreno. El resto es misterio y peligro» (1968: 88). El país, por su parte, es «conservador, obstinado, nada audaz. Por demás el menos americano de América [...]» (1968: 89), el menos moderno de los modernos.

El diario *Ecuador* refleja algo de lo que debió experimentar Gangotena, la misma sensación de encierro de alguien que se sentía exiliado en los Andes, lejano de ese entorno que tan bien había conocido antes. Aquí, la experimentación literaria, aunque toma distancia de las «impresiones de viaje», no deja de hablar de la realidad. «Tomando, como lo nota J. P. Martin, "una posición de avanzada" en el frente destructor que la literatura comienza a oponer a la noción de exotismo» (1994: 314), «Michaux se esfuerza por evitar el estilo de escritura de las "impresiones de viaje" que llama "un insoportable bazar en donde no hallamos nada que valga la pena"», continúa Scott (2004: 172). Esto no quiere decir, sin embargo, que no hable lo real. Justamente por eso el efecto de *Ecuador* es más potente, porque Michaux habla desde una angustia descarnada que halla reflejos en el paisaje, en las montañas, en el color oscuro de la tierra, en las tempestades: un sistema de correspondencias que hace de los Andes unos Hades orquestados para que aflore el desasosiego.

La mirada viajante de Michaux desnuda con énfasis subjetivo un modo de ser. Los poemas que alternan con la escritura por entradas fechadas se refieren a los colosales y tempestuosos Andes para hablar del paisaje interior del poeta, y por eso tanto los poemas como la prosa reflejan algo más potente que la mera descripción geográfica. «Nací agujereado», uno de los poemas más conocidos de Henri Michaux, es parte de este volumen y resultado de su experiencia en Ecuador: «Sopla un viento terrible. / No es sino un pequeño agujero en mi pecho» (1968: 94). Siempre habrá una experiencia de doble grado ante los Andes geográficos, que son, a la vez, referente de un estado interior.

En cuanto a Quito, la ciudad andina que ve Michaux se organiza en torno a la voluntad de inscribir en la cotidianidad una manera de ser cuidadosa que reprime aquello que no es moderno. Eso es lo que hacen los habitantes criollos de la ciudad: disimular, mimetizarse, idear estrategias para ser modernos.

En otro pasaje del diario, Michaux relata de su encuentro con el doctor Sabardandrade (1968: 54), hacendado, que se limita a un malentendido: Michaux le dice que prefiere la vista de los Alpes a los Andes y el doctor responde que sí, que en efecto los Andes son más hermosos que los Alpes. Al parecer, la conversación tiene lugar en francés, y Michaux insiste, sin éxito, pues el «torrente» de su interlocutor, como lo llama, no permite que se entiendan. Finalmente, el belga lamenta la ausencia de plantas bellas en Europa. Una vez más, el hacendado ecuatoriano escucha lo que quiere y responde: «Eso hay que reconocerlo, las más bellas plantas del mundo las tiene Francia. Es su gloria [...] es el país más civilizado, el país de las fresas, del trigo, de las razas normandas, el país de Napoleón...» (1968: 54). Antes, han estado hablando de las papas andinas. Sabardandrade encuentra en la alimentación y en los sembradíos franceses una naturaleza más civilizada que en América. Las fresas y el trigo anteceden a Napoleón. Lo que es un malentendido ridículo para Michaux no lo es para el hacendado, que tiene muy claro su parlamento civilizado, aunque nada tenga que ver con la conversación que le propone el poeta.

Otro de los personajes de la ciudad que conoce Michaux es el corredor de autos de carreras Loco Larrea (1968: 102). Es él quien proporciona al poeta la experiencia más cercana a lo que él conoce: la velocidad. Una noche, Michaux es copiloto en el Pearless de Larrea: suben por las veredas, derrapan, el pasajero belga pide mayor velocidad, el mismo ritmo veloz que anhela de Europa –de Ecuador, entre otras cosas, lo perturba lo difícil que es reconocer la manera en que pasa el tiempo.

Frente a esa velocidad que le da la sensación de estar en el mundo moderno, la mirada extranjera de Michaux expresa en cambio una inquietante incomprensión respecto del mundo indígena. A lo largo de su diario el poeta evita caer en el exotismo, no quiere dejar registrado gesto de deslumbramiento alguno respecto de los indios, eso es cierto, pero también es claro que no logra *verlos*. La renuencia a caer en el exotismo se acentúa a medida que los días se suceden en los Andes. En una de las entradas iniciales, una de las escasas imágenes visuales cromáticas del diario se cuela en la página del 20 de febrero de 1928: «El poncho de color brillante y oscuro es una alegría constante para mí. Es el triunfo espléndido sobre la tierra negra» (1968: 40). Ese tono alegre pronto desaparece y da paso a secuencias cromáticas menos cándidas. Cada vez más la tensión entre la experimentación, la mirada irónica y la incomprensión se hace manifiesta.

En la siguiente entrada Michaux usa el color para escribir un pasaje que llama la atención por su orientación racista, y tiene que ver con el cuerpo. La primera línea habla de la naturaleza: «Piedra caliza, barro, roca y hojas, colores de la naturaleza» (1968: 40). A continuación, va a establecer otra secuencia a partir de esa para hablar de la piel: «El blanco es desnudo porque es el único de su tipo. No entra en el sistema; y puesto en un cuadro, sale de él y hace la fortuna del pintor». Frente al blanco, los otros colores: «Hablamos del negro desnudo. El blanco es el único desnudo. El negro no está más desnudo que un escarabajo. Y cuando nos hemos acostado con una india, nos preguntamos si la hemos visto» (1968: 40). Los colores oscuros no se ven y esos cuerpos negros color de roca no aparecen. No se ve el cuerpo, no se mira a la mujer que lo habita. Al final de esta secuencia, sin embargo, aparecen los cuerpos indistintos: «Sólo entre dos sábanas blancas todas las razas están desnudas». Se necesita lo blanco para mirarse, para ver a la mujer indígena con la que se ha estado.

Si bien no se puede reducir *Ecuador* a su lectura literal, tampoco se puede ignorar en dónde se sitúa la mirada europea respecto del otro. Como aquí, por ejemplo, para clasificar cuerpos cuyos pigmentos sólo se dejan de ver como tal en el sexo. La tensión en el diario es compleja: Michaux expresa una angustia permanente, se siente enfermo y disociado, incapaz de habitar el mundo por el que viaja. Uno de los efectos de esa mirada no involucrada, que tiende a un lirismo distante, es lo que podemos juzgar como una percepción eurocéntrica. Este es uno de los pasajes que hace más fácil imaginar el desprecio de los ecuatorianos por *Ecuador* una vez que aparece en Francia, pero no puede limitar su lectura.

Al final de *Ecuador* Michaux incluye breves textos etnográficos independientes, que ya no están fechados. Uno de ellos se titula «La cabaña del indio en la cordillera de los Andes». Allí refiere la relación de los habitantes indígenas con el alcohol. En él no se buscan emociones, alegría ni agilidad, escribe Michaux, sino que el indio «se arroja a la bebida, la vigila, la empuja, la atropella, la derriba; con valor, sangre fría, abnegación y, sobre todo, con una actitud de firmeza que provoca admiración» (1968: 178). Ha decidido beber, continúa, y no se detendrá hasta caer con los brazos en cruz. «A todas las drogas les piden lo mismo», dice el observador. «Desean que la embriaguez se agrave y los tumbe, quieren ser vencidos». Ignorando la historia colonial y la introducción del alcohol a América, Michaux percibe de la embriaguez apenas sus efectos inmediatos, ahí su incomprensión, su no-pregunta ante lo que ve[2].

Si bien Michaux es un viajero que no ama ningún lugar y que no sabe viajar, como dice él mismo en su diario, donde deja narrado un viaje interior, salidas hacia la cultura como la anterior suelen ser imprecisas y por momentos hostiles en lo que se refiere al mundo indígena. Michaux no es capaz de relacionarse con los indígenas, su concepción de la etnografía parece problemática, pues hay un abismo entre él y esos otros andinos. Rechaza usarlos como tema, como lo harían la literatura americana o europea de corte exotizante, pero tampoco los llega a conocer. Es más, los rechaza vehementemente: «Ya había dicho que detesto a los indios. No, debo pretender que soy un viajero inteligente, amante del exotismo. ¡Allí tengo una mina! Pero detesto a los indios, digo» (1968: 98).

En lo que corresponde a Ecuador en este volumen (el viaje sigue a Brasil), en el diario aparecen tres esferas de experimentación: la mirada frente a los Andes, ante los burgueses y de cara a las culturas indígenas, todas, a su vez, signos de una exploración interna, como se ha dicho. La geografía es tenebrosa, pero potente, colosal; los indígenas, como se ha podido leer, aparecen como signo mudo, la imposibilidad de conocer al otro, que habita a un abismo de distancia aunque aparezca próximo; y en los burgueses, lo irónico, aquello que no puede ser sin exceso ni máscara.

---

[2] «Ya antes de la conquista española, las libaciones rituales con emborrachamiento total formaban parte integral del modo de vida de los indígenas y de su calendario de fiestas. Sin embargo, el cambio decisivo después de la conquista, y sobre todo a partir del siglo XIX, se encuentra en las bebidas en sí, en las relaciones de distribución del alcohol y, por consiguiente, en el contexto social en que se consume. La historia del consumo de alcohol por los indígenas es al mismo tiempo la historia de su intento por escapar de la dominación y de las imposiciones coloniales y postcoloniales; es también la historia de las estrategias de los terratenientes, comerciantes mestizos y prestamistas para controlar y explotar el consumo» (Lentz 1997: 200).

II. Formas de una modernidad desfasada

De los burgueses quiteños, Michaux describe sobre todo la hospitalidad. La generosidad combinada con la insistencia hace de ellos verdaderos charlatanes, dice. Uno de los pasajes más condenatorios de este hábito se refiere, justamente, a la familia Gangotena Fernández Salvador. La casa familiar se está ampliando y se le ofrece una habitación al huésped ilustre. Ante esto, que no se le ha consultado, éste reacciona con una furia aparentemente inexplicable: «¡Mi habitación! ¡Mi habitación! ¡Qué historia! ¡Construir mi habitación! ¡Ah, que me hospeden en cualquier lugar, en el suelo! ¡Mi habitación! Quieren que me quede toda mi vida en Quito» (1968: 85). Esto, por supuesto, es leído como una ofensa una vez que aparece el diario. Michaux cierra esta entrada refiriéndose a Gangotena como un traidor por querer retenerlo: «En verdad, es mi amigo tan atormentado y tan querido, ¡pero yo de él! ¿Se puede ser amigo de un traidor?» (1968: 86). La familia aristocrática, habituada a hacer uso de sus privilegios[3], quiere retener al extranjero como trofeo, parece decir Michaux.

Pasajes como éste y la constante ironía con que Michaux escribe sobre Ecuador le cuestan la censura de los ecuatorianos en Francia, una vez que aparece el volumen. Esa censura ofendida se extiende a Gangotena, visto como su cómplice en el desnudamiento de esas formas europeizantes y caricaturescas por medio de las cuales el escritor belga retrata a los burgueses ecuatorianos. El diario no se ha traducido en Ecuador hasta la fecha y ha sido objeto de rechazo

---

[3] Mientras vuelvo sobre esta sección, estoy sentada frente al jardín que cultivaron juntos Gangotena y Michaux en Puembo, o lo que queda de él, hoy transformado en una hostería. Quedan, por fortuna, los árboles antiguos que, me dicen, datan de la época de la hacienda Gangotena. Los rodean las casas de huéspedes. Imagino a Michaux caminando por esos jardines, intentando comprenderse como extranjero entre andinos, y a Gangotena mandándole a construir una habitación con una biblioteca en señal de afecto. La hospitalidad también puede abrir un abismo.

permanente⁴, sobre todo porque es un retrato descarnado de ese deseo moderno que tienen los habitantes de la pequeña ciudad de Quito de 1928. «Toda comarca extranjera parece un poco una mascarada», escribe Michaux a su llegada a Quito (1968: 38).

El «desfase» hasta aquí descrito en su anverso y reverso lleva a ciertos escritores a plantearse posiciones disidentes respecto a su realidad, que no concuerdan con las interpretaciones dominantes del medio intelectual. Es decir, hay que desnudar esa incapacidad de habitar totalmente el presente o de habitarlo de manera moderna, sin brechas. Michaux, incapaz de mirar ciertas cosas y observador tenaz al mismo tiempo, revela la mirada severa del europeo y también denuncia los «excesos miméticos» de la alta burguesía ecuatoriana. Su diario evidencia choques de sentido permanentes en el mundo andino. En Perú y Chile, César Moro y Vicente Huidobro escriben en contra de los discursos dominantes, a contracorriente, igual que el Gangotena de *Ausencia. 1928-1930*, como se verá en los capítulos que siguen. Mirados por un europeo, los Andes son tenebrosos porque no son únicamente naturaleza o paisaje: el mundo habitado es telúrico y citadino, moderno y arcaico.

Alfredo Gangotena, César Moro, Vicente Huidobro, expresan su desconcierto ante este mundo, su inarmonía, la salida de cauce de una mirada que se asume unívoca y que quiere para la literatura una tendencia: miran un poco como Michaux pero, sobre todo, como

---

⁴ Está, por ejemplo, la novela *Ecuador: el velo se levanta* (2007), de Rocío Durán Barba (Quito: El Conejo). La narradora crea un museo en donde Michaux todavía vive. Va a verlo para ajustar cuentas, pues el diario le ha quitado el sueño por años, ha comprado todos los ejemplares que ha encontrado para retirarlo de las librerías (el retorno de la censura ofendida) y ha decidido responder al escritor. Esta novela es la respuesta ingenua de una lectura literal y patriota a *Ecuador*. Valga para señalar cómo ha persistido la lectura moralizante del diario hasta el día de hoy. En un momento inicial del relato, la narradora tiene la inquietante fantasía de ver a Michaux descuartizado como Eloy Alfaro en 1912.

ellos mismos: poetas desfasados pero inmersos en los Andes. Esto, que se ha mirado como una excepción en las literaturas americanas, no lo es tanto si se leen estos proyectos poéticos desde un lugar distinto al que preservan los imaginarios nacionales. Es posible recalibrar nuestra mirada ante el «desfase» para observar un funcionamiento propio de la poesía andina en la gran época del indigenismo y la vanguardia. Europa nos mira mientras la miramos, y en ese cruce, aun en su desequilibrio histórico, hay un hacer propio en los Andes que abre un espacio particular.

El anacronismo como suelo: modernidad y vanguardia

En los países con una presencia indígena imponente y que ha resistido siglos de iniquidad, el indigenismo en la literatura y en la pintura se impone paulatinamente como clave de interpretación de la realidad y discurso vindicativo: «la literatura funcionaba como una de las formas de cumplir deberes políticos, de identificarse con los grupos militantes que estudiaban la realidad» (Oviedo 1972: 425). De manera muy general, la ideología de izquierdas y la narrativa confluyen en la novela y en la pintura indigenistas para consolidar una forma de representación del mundo indígena, y se convierten en un poderoso instrumento político de restitución. Al decir de Oviedo:

> El género pasaba por su hora de amargura colectiva y de patetismo social, que debía conducir a la fe ideológica. Hacia los años treinta, con *El tungsteno* (1931) de César Vallejo y *Huasipungo* (1934) de Jorge Icaza, esta tendencia hallaría su más vehemente expresión: la novela indigenista y antiimperialista concebida como un instrumento directo para la lucha política de nuestros pueblos. (1972: 425)

En sus *Siete ensayos de interpretación de la realidad peruana*, José Carlos Mariátegui describe el escenario nacional en función de los cambios profundos en sus relaciones: «Si el indio ocupa el primer plano en la literatura y el arte peruanos no será, seguramente, por su interés literario o plástico, sino porque las fuerzas nuevas y el impulso vital de la nación tienden a reivindicarlo» (Mariátegui 2010: 45). Las fuerzas nuevas querrán ser una respuesta a la opresión permanente de las oligarquías sobre los pueblos; por eso en el indigenismo no se podrá hablar de un objeto estético limitado a sí mismo, sino más bien de un sujeto colectivo representado en la literatura y, con menos frecuencia, de un sujeto autorrepresentado. La representación del mundo indígena y su vindicación establecen una corriente de pensamiento, creación y acción llamada a interpretar la realidad americana de una forma renovada respecto de la pregunta por lo americano. Esa representación absorbe de este universo su densidad política, su configuración étnica y la situación de iniquidad que domina los países andinos para construir una voz, una imagen y una complejidad.

Este contexto es innegable y aunque hoy esté por demás decir que la vanguardia no se le opone, es necesario recordar que, además de ser una estética y un discurso, el indigenismo funciona como elemento legitimador de la actividad literaria e intelectual en los países andinos, en tanto consolida sus respectivas literaturas nacionales y, como efecto de ello, se crea o al menos parece abrirse un *afuera* de dichas literaturas. El indigenismo se vuelve un parámetro y, dentro de su esquema de valoración, ciertas formas de experimentación se convierten en marginales: de ahí la aparente oposición entre indigenismo y vanguardia, que se disuelve al considerarla fuera de la institucionalidad en que pareció haber caído el primero durante el siglo xx.

Hay que notar, también, que la narrativa es el ámbito privilegiado del indigenismo, lo que añade a este esquema una falsa jerarquía de los géneros literarios que merecería otra discusión. Cabe tomar un ejemplo paradigmático para el esquema hasta aquí descrito, y viene precisamente de la novela. *Huasipungo* aparece en 1934. Como se ha argumentado en la crítica sobre la vanguardia en América, la vanguardia social, política, estética, no se sostiene sobre una división sino sobre una multiplicidad en la experimentación formal. Habría que mirar en la novela de Jorge Icaza esa multiplicidad para alejarla definitivamente de lo que Yanna Hadatty Mora ha llamado «el indigenismo idílico»[5]. De todas maneras, *Huasipungo* aparece como un parámetro para la literatura llamada de compromiso, y aunque la novela es un documento histórico y lingüístico, no se agota en el cumplimiento de un deber intelectual ni en lo que Gamaliel Churata llamó «indiofilia».

HUASIPUNGO: PUNTO DE NO REFERENCIA

Cuando se refiere a *Huasipungo*, Humberto Robles inscribe la novela en una atmósfera grotesca, signo de la experimentación vanguardista que emprende Icaza: «Se intensifica lo sucio y patológico, lo horripilante y esperpéntico. Se expande ese símbolo que es Cuchitambo, albergue de cerdos, hasta incluir toda la nación. [...] Se borra una geografía específica. [...] El espacio resulta más asfixiante» (2010: 26). Hadatty Mora, por su parte, revela algunas estrategias vanguardistas en la novela, lo cual la sitúa cerca de la experimentación formal de la poesía vanguardista al difuminar las exigencias de la narrativa realista.

En efecto, hay en *Huasipungo* una poética de la putrefacción, una construcción que huye de la observancia ideológica del realismo

---

[5] Para las relaciones entre indigenismo, vanguardia y realismo véase Hadatty Mora 2010. El volumen donde aparece su artículo está dedicado en su integridad a problematizar la acumulación crítica que ha dividido vanguardia e indigenismo, sobre todo en Ecuador.

social[6]. Como hizo Pablo Palacio, *Huasipungo* también invita al asco por la realidad para que experimentemos en ella sus olores, el hambre, la pobreza que oprime los cuerpos y los va aplastando cuando es comandada por la Iglesia, el terrateniente y las complicidades que sellan entre ellos. Es por eso, y gracias a su viscosidad, que *Huasipungo* no se ha petrificado. De modo que cabe aún explorar vectores de realidad presentes en ella desde una sensorialidad que Icaza dispone para nosotros. Uno de ellos se halla bajo nuestras narices: «El ambiente vende vómitos con carácter de urgencia [...]; las ventanas de la nariz, en vez de contraerse de repulsión, se abren palpitando de placer» (Icaza 2006: 91). Este pasaje proviene de la escena en la que los huasipungueros, hambreados, recuperan una res muerta que antes les han obligado a enterrar. Esas ventanas del cuerpo son las que debemos abrir para mirar cómo Icaza recurre al grotesco y a la sensación para exponer la realidad de la novela. Esa res muerta es el signo de la opresión, que nos lleva del hambre colectiva a la tragedia desencadenada en la novela por la muerte de la Cunshi por envenenamiento. La opresión envena, y esto tiene un valor literal.

Huasipungo cuenta con un enorme corpus crítico dividido, de manera muy general, entre la interpretación desde el indigenismo,

---

[6] No siempre ha resultado fácil introducir el cuerpo como paradigma para la lectura de obras canónicas como *Huasipungo*, como me lo mostró una discusión en torno a este trabajo, presentado en LASA Ecuatorianistas 2013 en la ciudad de Cuenca, Ecuador, en donde recibí críticas relevantes pero resistentes a este enfoque. Comentarios valiosos de Karina Marín me llevaron a retomar esta reflexión en torno a la novela de Icaza. Su trabajo *El cuerpo exhumado: desfiguraciones de la nación en la literatura ecuatoriana*, resultado de su investigación doctoral y que propone una metodología de la exhumación para construir una ética de la mirada, dialoga muy de cerca con esta lectura que propongo (Karina Marín, disertación doctoral, Universidad de los Andes, Bogotá, mayo de 2017). Agradezco a Marín haberme incorporado en su tribunal de tesis en calidad de lectora, lo que nos ha permitido tener diálogos productivos y extensos sobre estas revisiones al canon literario ecuatoriano.

su inscripción en el realismo social y sus relecturas como una obra del vanguardismo. Por supuesto, el indigenismo también ha sido revisado, y es necesario mirar que en su contexto propio ya fue cuestionado por los contemporáneos de Icaza. El peruano Gamaliel Churata incluso calificó el indigenismo como una «moda», y llegó a ironizarlo como una «indiofilia» (1930). César Moro, por su parte, se declaró abiertamente anti-indigenista en rechazo de la representación reductora de las culturas indígenas por parte de la intelectualidad peruana. Moro, de nombre Alfredo Quíspez, se resistía a ser parte de ese paisaje que algunos indigenistas, decía él, pintaban para acallar su conciencia. El tono provocador de Moro en su ensayo «A propósito de la pintura en el Perú», publicado en 1939 en su revista de un solo número *El uso de la palabra*, revelaba una resistencia contra cierto indigenismo que quedó sepultada en el cuerpo crítico de esa escuela. «Guay, del que en mi país se atreva a mirar el mundo con ojos que no sean los de un denodado pintor indigenista a los del escritor folklórico: inmediatamente es tratado de extranjerizante, afrancesado y enemigo acérrimo del indio» (2002: 316). Para Moro, el indigenismo era nada menos que «la piedra de toque», y podía llegar a definir la legitimidad de la producción literaria.

Dicho esto, despojar a *Huasipungo* de su identidad fundamental como narrativa de compromiso social es un despropósito, pero sí es necesario abrir una veta más indiferenciada entre su identidad y una cualidad patente en ella capaz de rebasar dicha identidad para inscribirse como trabajo de lo poético en otros terrenos de la creación de realidades. Concretamente, en lo que el absurdo, el feísmo, lo grotesco ofrecen como impresiones para percibir lo real.

Este intento por llevar a *Huasipungo* hacia otras poéticas se apoya en esfuerzos ya hechos por parte de la crítica literaria ecuatoriana de los años 2000. La revisión del realismo social y su deriva indigenista específica, así como interpretaciones que han creado acercamientos entre indigenismo y vanguardia, ya han estado a cargo de Alejandro

Moreano, Humberto Robles, Yanna Hadatty Mora, entre otros, quienes han trabajado sobre esta brecha a fin de atenuar las dificultades que esta oposición ha presentado como marco de la literatura ecuatoriana del siglo XX.

En cuanto a la lectura esperpéntica de Humberto Robles ya mencionada, la imagen que elige de Cuchitambo como un albergue de cerdos es lo que Icaza construye como realidad, en donde entramos nosotros también con nuestra propia animalidad. No se trata sólo de una novela de denuncia, sino de una idea de realidad que se emparenta con lo animal y con cierta cualidad de los Andes que muy poco tiene que ver con lo que Yanna Hadatty ha llamado «indigenismo idílico». Es tan brutal la descripción de la opresión y el maltrato contra los indios que esas imágenes tempestuosas y lodosas de los Andes nos tragan a todos para sumergirnos en la violencia instalada en Cuchitambo bajo la administración de la virilidad sin límites del hacendado, el sacerdote y el capataz.

Para proponer esta idea de realidad siempre cruzada por la violencia del patriarca, sus subordinados y el «falo terrateniente» como instrumento de poder, Icaza no se limita a las estrategias realistas; en todo caso, su construcción de la realidad de Cuchitambo extiende la noción de realismo social. Ese realismo se centra en el cuerpo, en lo más material, que es lo que nos aplasta. Aquí un ejemplo: «Los que han llegado a la edad de sentarse, juegan aplastando sus excrementos con las manos [...] Abre la exhibición un niño de seis años acurrucado bajo el poncho en actitud de empollar la mejor sorpresa [...] Queda la señal de su asiento: una mancha sanguinolenta de disentería. Se refugia entre las hierbas [...] con el culo sangrante como un botón rojo que mira al cielo» (2006: 25). Esta es la humanidad de una criatura a la deriva de la tierra. De la realidad, Icaza muestra aquello que ataca nuestras entrañas al exhibirse ante nuestros sentidos. El orificio del niño, «botón rojo que mira al cielo», ventana inversa e incómoda, es la difícil perspectiva que nos ofrece el narrador. Esta comarca de los Andes amalgama con el barro las heces mezcladas de animales y personas, no diferencia tierra de excreción, y resulta una buena imagen de esta continuidad viscosa que son tanto la novela como la violencia que muestra.

Es en estas estrategias de Icaza donde Yanna Hadatty puede emparentar *Huasipungo* con el vanguardismo. Hay que añadir que se trata de un vanguardismo desplegado como una forma de revelar la vida que es profundamente política. «En su predilección por los personajes marginados, la paleta ocre, en la construcción de anécdotas en momento límite», dice Hadatty, hay «simultaneísmo cubista, libre asociación del surrealismo». Y continúa: «En ambos casos, la incursión en la vanguardia se ciñe a momentos de pérdida justificada de la coherencia, debido a la exacerbación de los sentidos a partir del consumo de alcohol o del estado onírico» (2010: 39).

En efecto, los esperpentos de Cuchitambo se hallan siempre al borde de la vida «cuando hay una pérdida de la coherencia», al decir de Hadatty. En el niño con disentería se revela lo más violento de la vida de estas sierras, y al mismo tiempo hay un exceso que descoloca: la crueldad del absurdo como la concibiera Antonin Artaud. En su texto «Para acabar con el juicio de Dios», en donde aparece su poema sobre el cuerpo sin órganos, Artaud, como Icaza, expone su poética de la realidad desde un cuerpo infectado. El poema dice: «El hombre está enfermo porque está mal construido. / Hay que decidirse a desnudarlo para rascarle ese animálculo que lo devora mortalmente, dios»[7]. Los animálculos a los que se refiere Artaud, seres

---

[7] «Para terminar con el juicio de dios» fue escrito por Artaud a petición de Fernand Pouey para la radio francesa. El texto se grabó en 1947, un año antes de la muerte de Artaud. La emisión del texto, que se planeaba para inicios de 1948, fue vetada. Fue necesario que Pouey formara un comité para que se pudiera emitir lo que tenían planeado, y aunque el «fallo» en favor de Artaud fue positivo, la emisión no se llevó a cabo. La grabación puede encontrarse en línea: <http://biblioteca.cefyl.net/node/18925>.

microscópicos, son los que constituyen el cuerpo. Cada célula, dice en su texto «El ombligo de los limbos», está habitada por un germen que nos daña. Aunque se han establecido más líneas de parentesco entre Pablo Palacio y Antonin Artaud que con Jorge Icaza, *Huasipungo* se muestra también como una potente escritura del cuerpo en la misma atmósfera en que lo ponen a circular Palacio, Artaud y lo que podemos llamar vanguardia corpórea de la literatura. Icaza se acerca a Artaud en su trabajo con lo poético al situar el cuerpo como un espacio de denuncia; no sólo el cuerpo colectivo, sino el cuerpo del niño, de la Cunshi, el cuerpo de la res. Eso abre una deriva que permite acercar a *Huasipungo* a cierta idea de la poesía que desdibuja también las fronteras entre la narrativa social y la poesía del mismo periodo, lo cual no indiferencia los géneros pero sí relativiza hasta cierto punto sus respectivas inscripciones en corrientes consideradas incompatibles.

En la novela, los animales, los piojos, las excreciones, la tierra, el agua, constituyen un continuo de materia en la que los bordes de los cuerpos se descontornan, pierden la definición del perfil que los separa de otros cuerpos. En cuanto estrategia para mostrarnos qué es la realidad, la creación de esta continuidad material en *Huasipungo* expande también los bordes del realismo. No se trata sólo de la vida de los indígenas, ni esta lectura es un distanciamiento para tomar como excusa estética la miseria de las comunidades de Cuchitambo. El cuerpo del teniente, el del cura, forman un *continuum* con la podredumbre: son ellos las que la generan, quienes se sitúan por encima de los otros cuerpos para violentarlos y violarlos, pero no pueden separarse, como no puede disociarse el poder disperso y conjunto que representan: tierra, Estado, Iglesia. Ese lazo es el que produce el lodo de la pobreza.

En un pasaje de la novela en que los huasipungueros caminan hacia una de las mingas que se realizan en la hacienda, se ven como una continuidad de agua y tierra: «Se diría ser un reducto desprendido del mundo: gentes confundidas en la neblina, en el lodo, en los zarzales, bajo una monotonía de goteras que arrulla el cansancio» (Icaza 2006: 29). Ese enorme cuerpo colectivo que se mueve será el cuerpo que se rebele contra la opresión del terrateniente. Ahí, en esa mímesis con los Andes, está una de sus fuerzas: la fuerza de la tierra, pero no de una tierra idílica, sino concreta, húmeda, oscura, lodosa.

El lodo es también el elemento de la tragedia de la Cunshi, mujer de Andrés Chiliquinga. Cuando ella cocina la carne de la res robada, las larvas ya están alimentándose de esa carne. El festín que se dan pareciera venir de alguna página de la literatura sadomasoquista. En ese pasaje hay resonancias de los pasajes más carnívoros del *Matadero* de Esteban Echeverría o, aun más cercana, de *La carne de René* (1952), de Virgilio Piñera. Se lee en *Huasipungo*:

> Hay fuego de satisfacción en los ojos de los que devoran. Fétida está la carne; eso parece condimentar el apetito porque las caras de los miembros de la familia han sacado a relucir sus fauces de satisfacción. Las queresas –larvas– se han mezclado con el jugo que ha hecho sudar el fuego, ya no se las distingue, y aun cuando se las distinguiera eso hace bulto para llenar la panza. (2006: 94)

No se distingue larva de jugo, no se distingue la tierra del lodazal, no nos distinguimos nosotros de ese cuerpo continuo hecho de otros cuerpos que se construye en la novela. La sensación de hambre, el cuerpo infectado, la agonía más concreta de la Cunshi son una dimensión de la denuncia que no hemos visto lo suficiente.

Estos cuerpos viven al ras del suelo. Es un mundo bajo sujeto, además, a la tempestad:

> [...] el hombre se arrincona calladito en el pliegue más insignificante de la naturaleza, pero es sorprendido por la tempestad que desbarata todo refugio. [...] Son millones de látigos helados que levantan un lodo espeso, que anegan los refugios, que todo lo vuelve acuoso, húmedo, desesperante. [...] La tempestad sigue mascando a los hombres. (2006: 54)

En la novela, los oprimidos están siempre a la intemperie –las mujeres violadas, los trabajadores castigados, los niños–, pero será esa misma tempestad las que los llevará a levantarse en medio del frío y el látigo.

Es curioso que Henri Michaux, quien en su diario de viaje *Ecuador* esbozara imágenes muy similares a las de Icaza de sus Andes infernales, en los que estuvo en 1928, fuera censurado por sus impresiones, mientras que esas mismas postales malditas en Icaza forman parte de nuestro canon. Hay que temerle a la tempestad que todo lo destruye, hasta el pensamiento, escribía Michaux en *Ecuador*. Aquí una llamativa cercanía entre Icaza y Michaux nos permite afirmar la continuidad entre vanguardia, perspectiva exterior y experimentación sin recurrir a oposiciones binarias.

Esta materia continua formada por los cuerpos, los sentidos, el agua, el lodazal, es al mismo tiempo escenario y personaje. La continuidad entre el ser humano y la naturaleza, lejos de mostrar armonía, amasa fluidos y abyecciones que sumen a estos habitantes del Hades andino en la enfermedad y la descomposición. Cuando Andrés se hiere el pie de un hachazo para poder volver a su choza y estar cerca de la Cunshi, el curandero manda a tratarlo con lodo, pero eso provoca una infección que él resuelve, una vez más, volviéndose cuerpo con este cuerpo, conectado como ventosas por la boca: «coge la pierna herida, le abre la venda y, con los labios en ventosa, se aproxima al pie mutilado que chorrea pus y gusanos; besa en plena llaga, con beso absorbente que le llena la boca de materias viscosas». Cuerpo con cuerpo, el beso del curandero que dura sobre el cuerpo de Andrés sella un lazo entre estos hombres. Ese mismo beso, que ha pasado desapercibido en la crítica que no ha querido ver estos cuerpos en la novela, habrá sido una de las señales de la revuelta. Qué mayor solidaridad que el sanador llevándose en su beso la muerte del cuerpo de Andrés, que encabezará la rebelión.

II. Formas de una modernidad desfasada

La realidad en *Huasipungo* se halla desacreditada de antemano. No hay lugar a idilio con la naturaleza, que contribuye a producir fluidos de toda clase para sumir a sus habitantes en la continua humedad de su mundo. Al abrir nuestras narices a este universo sobreviene la conciencia de que ese es el mundo, ese «albergue de cerdos» al que se refiere Robles. En este marco cabe pensar qué significa el grito «Ñucanchic huasipungo» que cierra la novela. Ese cuerpo colectivo, oprimido pero fuerte, se levanta por sobre su propio infierno y alza la voz en un grito que sale de cada uno de esos cuerpos que se van levantando del lodo que hace movediza la tierra. Cada caja de resonancia ha sido enmudecida por el alcohol, la violencia y la tortura, pero de allí sale el grito: de un cuerpo que se suma con otros cuerpos y que articula un grito colectivo.

> Dos actitudes, pues, existen para mí en el escritor: la del encauzador, la del conductor y reformador –no en el sentido acomodaticio y oportunista– y la del expositor simplemente, y este último punto de vista es el que me corresponde: el descrédito de las realidades presentes, descrédito que Gallegos mismo encuentra a medias admirativo, a medias repelente, porque esto es justamente lo que quería: invitar al asco de nuestra verdad actual. (Palacio 1964: 77-78)

Esta, que pareciera ser una premisa de la poética presente en *Huasipungo*, no es una afirmación de Icaza sino de Pablo Palacio, a raíz de su polémica con Joaquín Gallegos Lara y que plasma en una carta de 1933 a Manuel Espinosa. Pero bien podría ser un principio para la construcción del universo de *Huasipungo*. Allí el cuerpo en descomposición, untado por heces, llagado por gusanos, es sobre todo el cuerpo social, y esto constituye la creación de una realidad que rebasa la mímesis demandada por el realismo, porque nos muestra un exceso, una capa menos de piel y una capa más de fluidos amalgamados con el lodazal. Ese cuerpo colectivo abierto, con una capa menos de piel, hará de su vulnerabilidad su fuerza.

Es justamente el cuerpo lo que posibilita una aproximación vanguardista a *Huasipungo*: hay una materialidad a lo largo de la novela que hace del cuerpo el signo por excelencia para nombrar la crueldad. El mundo de la novela es un mundo bajo pegado al fango y sujeto a la tempestad, lo que hace de la denuncia algo que rebasa lo social para interpelar a la vida misma, la vida desnuda.

Esta lectura busca posibilitar la revisión del campo de la vanguardia americana dentro del clima indigenista, en donde el indigenismo es una forma para la literatura y no sólo un parámetro. En ese contexto, Moro, Gangotena, dejan de ser «raros». Nelson Osorio se ha referido a este problema para evitar en la literatura de América Latina la categoría de «nacional» como matriz de definiciones, periodizaciones y análisis. Las visiones de conjunto, escribe Osorio, tienden enfáticamente hacia lo historiográfico y esto «lleva a considerar la literatura hispanoamericana no como una síntesis diferenciable, como un *espacio* propio, sino como una sumatoria mecánica de literaturas nacionales, cada una de las cuales obedece a un principio evolutivo inmanente o, a lo más, a impulsos de índole estrictamente local» (1980: 247). Asociar a Michaux con Icaza, por ejemplo, permite abordar lo literario fuera de esa suma, examinando una sensibilidad contemporánea que no se conforma con obedecer los regímenes de la representación y que busca decir otra cosa sobre la vida y sobre la resistencia, como es el caso de *Huasipungo*.

Al tomar una novela paradigmática como esta, y volver a mirarla en un lugar más allá del deber intelectual de la literatura nacional, se podría examinar también cómo esa reconsideración cambia lo que podemos ver en la poesía de los Andes, y en este caso, una poesía dislocada como la de Moro y Gangotena. Esto, por otro lado, no elude lo que esa literatura dice de la realidad de los países andinos, pero no lo hace siguiendo un eje ideológico autoritario. «Para superar este esquema ideológico es necesario considerar que en la medida en que los hechos económicos, sociales y políticos van unificando la condición histórica, se internacionalizan también sus manifestaciones superestructurales y la literatura, que es una de ellas, funciona también como fenómeno supranacional», continúa Osorio (1981: 247). Justamente, la vanguardia se refiere a lo real desde una multiplicidad de aspectos que, aunque no lo ignoren, no se limitan a lo ideológico. La forma poética, en ese contexto, permite y exige ir hacia otras posibilidades interpretativas no menos políticas, por cierto.

De Huasipungo a la poesía

Al ser un fenómeno supranacional, la vanguardia americana responde, además, a inquietudes en íntima relación con lo europeo. «Desde la perspectiva que proponemos, las tendencias de la vanguardia en Hispanoamérica deben ser comprendidas dentro de un proceso más amplio de renovación que se generaliza a partir del término de la Primera Guerra Mundial en el continente» (Osorio 1981: 254). En el caso de la poesía bilingüe de Alfredo Gangotena y César Moro, por ejemplo, la perspectiva de Nelson Osorio y una preocupación transatlántica iluminan lo que se expresa como un descentramiento en estos poetas bilingües andinos que escribieron su obra en francés y en español.

De manera más amplia, esta revisión de Osorio de lo que hemos entendido como vanguardia permite pensarla como un *espacio* con funcionamiento propio: «Se trataría, en último término, de un diseño teórico del "espacio intelectual" configurado por la vanguardia, concebido como el sistema de relaciones en que están imbricadas cada una de sus realizaciones concretas» (Osorio 1981: 246). Este espacio intelectual es un espacio poético en donde se revelan, además, las fuentes múltiples de las que beben escrituras como las de los poetas en estudio. Tanto en la poesía de Gangotena como en la de Moro subyacen tanto el simbolismo y el surrealismo como el posmodernismo, la poesía modernista americana –los primeros poemas de un Gangotena muy joven son plenamente modernistas y se publican en revistas modernistas ecuatorianas– y la cuestión de los Andes. Esto tiene una relación fundamental con una temporalidad múltiple, dada por la potencia del desfase ya descrito.

A fin de atender otros aspectos de la poesía del siglo XX en Europa que no sean preponderantemente vanguardistas según los ha construido el acumulado historiográfico, William Marx ha pensado en la noción de «retaguardia» (2004). No todo se mantiene en primera fila en la poesía para dibujar una idea del futuro, escribe Marx respecto de los vanguardistas europeos, sobre todo franceses. Hay una característica en la retaguardia, dice, que no busca su fundamento en la novedad sino en el pasado, sin ser por ello reaccionaria. El siglo XX, continúa, llamado «de las vanguardias», recurre a ese concepto en un intento por comprender un problema con el tiempo: hay que ser vanguardista para comprender un cambio de siglo que conduce a una pérdida del sentido. El silencio de Rimbaud y el de Hoffmansthal, escribe Marx, son un signo de ese desconcierto. Frente al problema del sentido la vanguardia parecería darle coherencia a algo que parece ser una confianza en el futuro que nace de la fuerza del presente: la experimentación, la máquina, la renovación, serían manifestaciones de esa fuerza. Sin embargo, esa temporalidad no hace sino enmascarar la condición fundamental de la literatura desde el siglo XIX: el anacronismo.

> Desde fines del siglo XIX, pues, la literatura ha estado viviendo bajo el signo del anacronismo: ya no se siente sincronizada, tampoco lo está con la sociedad, y ya no se siente capaz de colmar sus expectativas –o destino, lo que es peor– consigo misma ni con los ideales que le había prestado el romanticismo. […] la literatura en el siglo XX existió en un estado general de retaguardismo y con la sensación general de una demora de la cual, paradójicamente, la existencia de la vanguardia es el indicador más flagrante. (Marx 2009: 70)

Este anacronismo se haría extensivo a la vanguardia hispanoamericana en general, cuyo desfase no correspondería únicamente a su relación con la modernidad europea ni a su lugar periférico respecto de Europa, sobre todo el de los países andinos: el viaje transatlántico de esas estéticas habría transportado un problema de temporalidad. Si inscribimos la lectura de William Marx en el contexto hispanoamericano, las vanguardias se habrían apropiado del signo anacrónico de la literatura europea al reterritorializarla, retomando el planteamiento de Bosshard. Esto explicaría, por ejemplo, que la poesía de Alfredo Gangotena aparezca como neosimbolista, cercana a Albert Samain, y que al mismo tiempo se perciba en ella en ciertos momentos una relación con el onirismo surrealista. Lejos de la incoherencia, proyectos literarios como éste no sólo interpelan la periodización con la que se ha estudiado las vanguardias, sino que proponen una reorganización de sus categorías para comprenderla, además, en relación con un concepto frágil de vanguardia europea que es más un artificio que un movimiento natural de una historia literaria lineal y consecuente consigo misma:

> En el siglo XX la literatura perdió sus marcadores temporales y tuvo que crear otros artificiales para remediar la pérdida. La invención de la tensión vanguardista, una tensión que era política y estética, no tenía otra función real que imponer una orientación poderosa –aunque ficticia, en parte– sobre una historia que parecía carecer de sentido. La vanguardia forja un camino hacia el futuro: busca una manera de salir de la crisis moviéndose hacia adelante o, simplemente, abandonando la Historia. (Marx 2009: 70-71)

Revelado el artificio que sostiene el concepto europeo de vanguardia, que hace del avance su movimiento privilegiado, su problema se convierte en un problema de sentido y sus búsquedas tienen que ver con una manera de comprender el tiempo y de habitar el espacio que pueda sobrellevar la pérdida del ritmo interior de la vida, que el movimiento de avance va resquebrajando. Ese desconcierto antecede, a su vez, a la vanguardia andina, surgida dentro de la modernidad desfasada descrita anteriormente, que bajo la perspectiva de la retaguardia podría ser vista como de doble grado.

La vanguardia andina, aun en sus rupturas más presentistas y modernas, acumularía así una idea de la literatura que en Europa abarca el Romanticismo, el desconcierto finisecular y las vanguardias de las primeras décadas del siglo XX en una apropiación que, en sus propias condiciones, le permitiría hacer del desfase, el anacronismo y de los movimientos de reterritorialización su suelo de escritura. Esta no es sólo una condición transatlántica para la escritura, sino también un modo «no nacional» de escribir, como señala Nelson Osorio[8], para repensar cartográficamente las vanguardias americanas:

> El dilucidar el concierto implícito que surge de esta proliferación crea una perspectiva que permite el estudio de los brotes aislados ya no como «islas» sino como parte de un verdadero «archipiélago» continental, como habitantes de un *espacio* propio y supranacional en el que entran en relación, dialogan y se jerarquizan. En los hechos, los mismos escritores de la vanguardia sentían su quehacer funcionando en un espacio distinto al nacional, ya que si bien a ese nivel eran expresión de un proyecto minoritario no lo eran tanto en función de un impulso continental del que se sentían partícipes. (Osorio 1981: 247-248)

---

[8] En su artículo, Osorio menciona en una nota a Zsigmond Remenyik, escritor húngaro que vivió en Chile y en Perú en la década del veinte y que publicó en español –*El lamparero alucinado. Obras en español de Zsigmond Remenyik* se tradujo en 2009 (Madrid: Iberoamericana)–. Este es otro caso de bilingüismo que dialoga con estas escrituras no nacionales y llega hasta Witold Gombrowicz, que no escribió en español pero quien tradujo su propia obra junto a Virgilio Piñera y los jóvenes del Café Rex en ese famoso encuentro en Buenos Aires (véase Gasparini 2007). Estas islas del campo escriturario dicen algo del archipiélago vanguardista que no se puede enunciar desde lo nacional.

En este quehacer internacional hay una conciencia de que la literatura y los proyectos nacionales no se pertenecen aunque se hayan organizado como una asociación más o menos estricta en América. La vanguardia delata la fragilidad de ese vínculo, no sólo en ese espacio no nacional que buscan sus poetas, sino también cuando permea novelas canónicas como *Huasipungo*, que terminan dialogando, por ejemplo, con Valle Inclán o con Michaux. Bajo esa mirada, la poesía de Alfredo Gangotena o la de César Moro dejan de ser marginales o disidentes: ya no es una matriz nacional lo que las legitima o no, sino que se vuelven expresiones de particular intensidad y tendencia dentro del archipiélago vanguardista, que provocan una reorganización del diálogo en su interior cuando la literatura nacional se evidencia como una limitante.

El desavenir. La lengua francesa como punto de fuga

Una dimensión importante de la modernidad de la región andina es el establecimiento de la educación bajo los modelos europeos, como el liceo, la escuela normal o el politécnico. En Ecuador predominó el modelo francés a partir de la importación de profesores y órdenes religiosas por parte de Gabriel García Moreno, hacia fines del siglo XIX. La educación de matriz francesa que formó a las clases acomodadas de estos países condujo al desarrollo de una élite intelectual responsable de varios factores, desde la puesta al día en el gusto hasta una incidencia de gran magnitud en el desarrollo nacional. Artistas, políticos, científicos e intelectuales pasaron por estos establecimientos educativos. Este fue uno de los factores en contribuir a la aparición de escritores bilingües. Aunque todo ello no sea suficiente para crear itinerarios tan particulares como los de estos escritores, la educación en la lengua y en la cultura francesa sentó, sin embargo, bases de cambio en la burguesía.

Para que un escritor se convierta en escritor bilingüe debe haber una predisposición dada por cuestionamientos, viajes intelectuales y físicos y cierto deseo de conversión. Este sujeto debe poner en suspenso una parte de sí mismo, empezando por su lengua materna, para emprender un camino de exploración en otra. Si para muchos Francia es una patria simbólica, para él será una apropiación, y la convertirá en el lugar de su experiencia vital. En dicha apropiación y en la impugnación a su propio medio el escritor bilingüe muestra otra cara de la modernidad de esta época, imperceptible por hallarse a la sombra de los discursos dominantes. Él constituye en sí mismo un cuestionamiento a los límites que la cultura nacional impone según el discurso del poder, y mientras más afianza su gesto, más desestabiliza la idea de pertenencia a su lengua y a su cultura.

Du Rels, Huidobro, Moro y Gangotena confirman una problemática común que busca legitimar tanto el acto de escritura como la existencia en sí desde fuera de los márgenes nacionales. Estos poetas buscan dotar de sentido su experiencia vital apostando por el viaje a París y la adopción más o menos definitiva del francés como lengua de expresión. El suyo es, precisamente, un viaje hacia el sentido entendido como un triple desplazamiento: de lugar, de lengua y de estética, elementos indisociables que avanzan simultáneamente en busca de la afirmación del autor y del texto. La obra de estos poetas se funda en el cuestionamiento y la distancia de la identidad asignada por su nacionalidad. Esta reconfiguración deliberada de la existencia es lo que Georges Bataille llama experiencia:

> [...] un viaje al cabo de lo posible del hombre. No todos pueden hacerlo, pero si lo hacen, esto supone que han sido negadas las autoridades, los valores existentes que limitan lo posible. De tal manera que es negación de otros valores, de otras autoridades; la experiencia que tiene existencia positiva se convierte ella misma positivamente en el valor y la autoridad. (1978: 19)

El viaje es sobre todo interior, o mejor dicho, para que constituya realmente una experiencia, el viaje físico debe responder a la apertura consciente o inconsciente a una conmoción. Desencadena una travesía interior sin condicionamientos, la cual dará paso, a su vez, a un bilingüismo interno compuesto por varios pares: lenguas, culturas, desfases y, sobre todo, una escisión interior que antecede a las otras simultaneidades. La existencia positiva –en términos de Bataille–, el viaje hacia el bilingüismo, no es casual. Es el resultado de un largo proceso de diferenciación de lo que se puede ver como un factor de disidencia presente en estos poetas. Para que se afirme lo positivo debe tener lugar una ruptura: «A menudo es difícil determinar en qué medida la «migración lingüística» es puramente casual y provocada por circunstancias externas, si es guiada por necesidades inconscientes más profundas o –aún más precisamente– si las circunstancias externas se han puesto al servicio de necesidades defensivas internas» (Amati-Mehler 1993: 171).

Para que acontezca el cambio de lengua en la escritura el poeta bilingüe debe haber negado con anterioridad, en mayor o menor medida, la lengua y la cultura que le habían sido asignadas. La «necesidad defensiva» en este horizonte bien puede ser la vivencia de la modernidad conflictiva descrita anteriormente, una tensión permanente que ve en el francés una oportunidad de síntesis, o por lo menos de desvío temporal de dicha tensión.

En factores como el cambio de nombre en Moro y crítica del indigenismo, el hallazgo de una nueva vida como poeta para Gangotena, la exportación del creacionismo en Huidobro o la orfandad en Du Rels, la «migración lingüística» (González 2007) responde a una realidad interiorizada como conflicto más allá de la circunstancia exterior. El poeta bilingüe se ve obligado a emprender una tentativa para su experiencia vital que le permita dotarla de una coherencia renovada. Por ende, el poema escrito en una segunda lengua constituye en sí mismo un valor, pues es lo que legitima la existencia del poeta.

Moro, Gangotena, Du Rels, Huidobro, experimentan una marginalidad particular al emprender su itinerario, pues se apartan de su medio por vía de una diferencia riesgosa. La escritura en francés y el vínculo con Francia suponen una postura extranjerizante que hace de los afrancesados sujetos marginados por su medio. Quien practica el afrancesamiento, a los ojos de su cultura, es demonizado por el deseo de la experiencia de otra cultura. Hay algo de impúdico en la pasión hacia la otra lengua, deseada, no natural, y tomada en detrimento de la propia.

La existencia de estos poetas sitúa coordenadas alternativas para la literatura. Ellos visibilizan una zona que también habla de lo nacional, pero desde la disidencia. Los hechos biográficos del desarraigo, el bilingüismo y la disidencia aparecen a partir de su cuestionamiento a la estética dominante y al deseo de sustituir los accidentes de nacimiento por una existencia literaria imaginada en París. Por esa razón, el viaje físico no es necesariamente el primer desencadenante del estado de apartamiento, sino algo que promete una forma coherente y un sentido legítimo a dicho estado, ya latente en el interior. El exilio es «una condición mental más que material», como la define Paul Ilie respecto del escritor expatriado: «La pregunta que planteo es si las estructuras internas del exilio no son las fundamentales, siendo la locación geográfica de importancia secundaria. [...] el exilio es un estado mental cuyas emociones y valores responden a la separación y ruptura como condiciones en sí mismas» (1980: 2).

La definición de Ilie confirma la interpretación de «migración lingüística» expuesta anteriormente. En el escritor bilingüe la necesidad de exilio es tan marcada que se convierte en el único recurso posible a fin de «salvaguardar tanto su capacidad de expresión creativa como su propia supervivencia psíquica» (Amati-Mehler 1993: 178). Si bien París es el centro de la experiencia, también es de cierta forma un signo de posibilidad pura, más allá de su dimensión concreta. La ciudad se convierte en algo interior, como la fiesta móvil de la que hablaba Hemingway, pero con otras cualidades. París es el viaje a lo posible. De esta manera, hay dos aspectos de la expatriación. El primero, hacia lo desconocido, es potenciador, mientras la vuelta al origen, un confinamiento, se llega a vivir como una pérdida. También en relación con el exilio el escritor ocupa un lugar conflictivo, ya sea en París o en los Andes.

Sin duda, la etapa parisina de cada uno de estos autores es decisiva en cuanto transforma de manera definitiva su percepción del mundo. La cotidianidad, las publicaciones y la dinámica cultural en la ciudad enriquecen su presente en una convergencia entre el deseo, la vida y la escritura: un sentido. Esa situación, que alterna entre el deslumbramiento, la posibilidad de vivir el francés y el deseo de convertirse en poetas de expresión francesa, termina por constituir un domicilio. La configuración de su circunstancia parisina los dota de una existencia aparentemente plena, sobre todo cuando la lengua se muestra hospitalaria. Pero siguen siendo extraterritoriales. Kristeva describe la fantasía de la extranjería sin dejar duda de la naturaleza precaria de su condición:

> Milagro de la carne y del pensamiento, el banquete de la hospitalidad es la utopía de los extranjeros: cosmopolitismo de un momento, fraternidad de los comensales que apaciguan y obligan sus diferencias, el banquete está fuera del tiempo. Se imagina eterno en la embriaguez de aquellos que ignoran, sin embargo, su fragilidad provisoria. (2004: 23)

Kristeva narra el vértigo de la vida parisina que deslumbró a muchos poetas a lo largo del siglo XX. Pero muchos de ellos jamás se convirtieron en franceses, ni se quedaron en la fantasía parisina. Al relatar su ruptura con Gertrude Stein en *A Moveable Feast*, Hemingway se hace eco de los adioses de muchos escritores que dejaron la ciudad a finales de los veinte. La depresión económica acabó, en parte, con el sueño de París, y confirmó lo ilusorio de la situación única e intensamente fructífera de esa década. Hay, ciertamente, una transformación real de estos escritores en poetas de expresión francesa, pero la acompaña una condición conflictiva. La lengua francesa como subterfugio para la reinvención de la circunstancia personal destinada a la creación de una obra poética no puede evadir el conflicto de una identidad escindida.

Esta escisión se produce en las búsquedas formales bilingües y biculturales, es decir, la escisión interior se manifiesta exteriormente en un constante fuera-de-lugar. En el caso de César Moro, por ejemplo, esa biculturalidad más aparente viene antecedida por una posición ya problemática dentro de Perú. El primer gesto que llama la atención en este poeta es su cambio de nombre: «[...] César Moro fue bautizado como Alfredo Quíspez Asín, que cambiaría en las actas legales en 1923. Su rebautizo fue tan radical que el nuevo nombre fue impuesto no sólo a sus amigos, sino también a su familia» (Favaron 2003: 12). El cambio de nombre de Moro no se debe al rechazo de lo indígena, sino a una reinvención de sí mismo que en parte proviene, sí, de una crítica a la representación indigenista, como se ha mencionado en relación con la modernidad.

La crítica de Moro hacia la reducción del indigenismo a un problema de representación lo colocaba en una posición complicada. En varias publicaciones se manifestó contra el indigenismo como forma dominante del arte americano y criticó su esfuerzo «desmedido» por diferenciarse de Europa: «Toda la gama de intelectuales en el Perú quiere levantar las nuevas murallas chinas que nos aíslen de Europa sin reflexionar un instante que si Europa es decadente, nosotros, intelectualmente, no somos sino un pobre reflejo de esa decadencia» (Moro 2002: 3). Esa crítica contra la idealización de Europa y contra la idealización del indígena al mismo tiempo abre un lugar liminal en la poética de Moro y confirma el estar fuera de lugar como el único sitio posible para su proyecto poético.

Por otro lado, al tener raíces indígenas, el poeta se negaba a convertirse en objeto de una representación desvirtuada y pintoresca, que era, según él, lo que hacía el indigenismo. Moro criticaba los intentos del indigenismo de retratar la miseria del indio, que se volvía patética pues no mostraba sino ese aspecto. Además, el poeta reconocía la imposibilidad de pensar un arte íntegramente ajeno a los dictados occidentales: el intento de romper con Europa sólo empujaba al arte americano a una incoherencia estética. Sus ataques tuvieron consecuencias similares a las que vivió Gangotena en Ecuador. El estigma del afrancesamiento cayó también sobre él: «¡Guay! Del que en mi país se atreva a mirar el mundo con ojos que no sean de un denodado pintor indigenista o los del escritor folklórico, inmediatamente es tratado de extranjerizante, afrancesado y enemigo acérrimo del indio» (Moro 2002: 3).

En cuanto a Vicente Huidobro, aparece como contrapunto de sus pares ecuatoriano y peruano. Su bilingüismo no representa un conflicto de escisión. Tradujo sus poemas al francés a fin de integrarse al panorama literario europeo, y mantuvo con la lengua francesa una «relación mimética de una suerte de travestimiento más o menos feliz: sus poemas por ahora saben decir en francés lo que ya saben decir en castellano» (Rojas 2005: 49). El bilingüismo en Huidobro fue una estrategia traductora para atribuirse el creacionismo, que se disputó con Pierre Reverdy[9]. Eso sólo podía hacerlo en francés. Su *Horizon carré* (1917) circuló en Francia con poemas anteriores traducidos al francés, y con otros estéticamente «actualizados». Sobre esto, escribe Oscar Hahn:

> Resulta evidente que en ese momento el francés es para Huidobro el idioma de la poesía internacional y un vehículo para alcanzar el alto sitial que ambicionaba en el arte contemporáneo. [...] Entre 1917 y 1925

---

[9] Véase al respecto Hahn 1998.

publica *Horizon Carré, Tour Eiffel, Hallali, Saisons choisies, Automne régulier* y *Tout à coup*. Sin embargo, Huidobro abandona ese «galicismo mental» y se reincorpora plenamente a la literatura en lengua española. (1998: 6)

La búsqueda de Huidobro es menos desgarrada y es motivada, más bien, por la reivindicación de un origen para su estética. Él también fue visto como un «poeta francés nacido en Santiago de Chile» (Rojas 2005: 73), testimonio de su salida hacia la experimentación estética en París. Como se puede esperar, su proyecto de llevar el creacionismo a Francia y girar temporalmente hacia el francés le ganó la acusación de afrancesado, como relata él mismo en 1924: «Allá [en Chile] se me acusa de antipatriota, porque aparezco en las antologías francesas como poeta francés» (Goic 1974: 75). Pero esto no le impidió incorporarse al medio intelectual chileno y convertirse en una figura pública. Huidobro combatió desde el francés y el español, desde el comunismo y la imagen de antipatriota, con la misma actitud iconoclasta de muchos vanguardistas en París.

Huidobro, de hecho, desarrolló una actividad política importante e incluso llegó a ser candidato a la presidencia de Chile, al punto de que su pensamiento ha sido concebido como un «creacionismo político» (Binns 2002: 113), postura que manifiesta la voluntad de Huidobro de renovar Chile en todos los ámbitos: «Quiero ir a Chile para hacer la revolución. [...] Si me dejaran veinte años con mi querido Chile en mis solas manos, ya vería usted qué bello poema yo haría» (en Binns 2002: 113). Convertir una nación en poema, llevar lo poético a lo político, eran las virtudes del creacionismo según Huidobro. Estas radicaban, ante todo, en su capacidad de ruptura y reconstrucción, en su facultad demoledora como demostración de poder de invención. Para él, la fuerza hacedora de la vanguardia debía expandirse a todos los ámbitos.

En «El creacionismo», Huidobro se defendió contra las respuestas que recibió en Europa acerca de la inviabilidad de su estética. Su proyecto consistía en la conquista de todos los reinos del Universo por parte del escritor para crear uno propio y absoluto, que no guardara ninguna relación referencial con la realidad: «Si el hombre ha sometido para sí a los tres reinos de la naturaleza, el reino mineral, el vegetal y el animal, ¿por qué razón no podrá agregar a los reinos del universo su propio reino, el reino de sus creaciones?» (1997: 732). En términos políticos y creacionistas, esto suponía la primacía del artista sobre todo un mundo como, por ejemplo, la nación-poema chilena.

Por otro lado, la obra francesa de Huidobro y su reflexión frente a lo americano, chileno y universal halla puntos de contacto con el anhelo de Moro de internacionalizar la poesía peruana por medio del surrealismo y de rechazar expresiones locales como el indigenismo. El creacionismo constituye una voluntad categórica de renovación que no se limita a lo poético sino que se extiende a lo artístico, lo social, lo político. El viaje hacia el sentido en términos creacionistas implica un acto inaugural y de irrupción en los órdenes instaurados —la tradición literaria, la cultura, el orden político chileno—.

Huidobro, a diferencia de Moro, no renegó del español, pero sí de Chile. Su problema no eran los límites de la lengua sino los límites de la cultura. En estas distintas versiones del poeta bilingüe en relación con su contexto se puede percibir cuán retirado permaneció Gangotena de las controversias de su tiempo. Si Moro y Huidobro cuestionaban y hacían explícita su crítica, Gangotena no tenía otra plataforma que el poema, pues no se conocen de él pronunciamientos sociales ni políticos (la única excepción es su trabajo como vocero en Ecuador de la Resistencia francesa durante la II Guerra Mundial). Como Du Rels, Gangotena sirvió en breves misiones diplomáticas. A diferencia del boliviano, no las utilizó para desempeñarse como figura pública.

La preocupación en Gangotena es individual, no social, y ese repliegue hacia el interior es considerado un gesto decadente, no sólo en Ecuador sino en América. «El drama humano tiene hoy, como en las tragedias griegas, un coro multitudinario», dice Mariátegui en 1930, y añade que el personaje principal de esa literatura debe ser «la muchedumbre» (2010: 29), no la voz interior del poeta. Mientras Mariátegui e Icaza apuestan por el personaje colectivo en la narrativa, Gangotena se desvía por otros derroteros en la poesía. Su búsqueda de sentido inquiere, más bien, en la circunstancia del hombre solitario, escindido entre el mandato de modernidad y la fibra telúrica de los Andes en un tercer espacio que es el que da forma a su poesía.

Matricial. El escritor bilingüe y la nación

La escritura producida a partir del desarraigo impugna el proyecto nacional como proveedor de una identidad preconcebida a través de una lengua garante de un sentimiento de pertenencia. Con ello, dicha escritura pone en entredicho valores considerados naturales y no históricos. Uno de los fundamentos de la idea de nación es la lengua: «No fue sino hasta el surgimiento de los Estados nación modernos cuando las lenguas nativas se convirtieron en lenguas nacionales, y por ende una posesión cultural privilegiada» (Pérez Firmat 2003: 1). Al hablar de escritores bilingües, se impone un contraste geográfico y político: el español y el francés ponen de manifiesto los cambios efectivos que implica el viaje de los Andes a Francia.

La impugnación por parte del escritor bilingüe, por tanto, se extiende a lo nacional, no por vía temática, sino en el gesto mismo de la escritura que se aparta de la lengua adjudicada como un valor en sí: «La lealtad a la lengua puede ser definida, pues, como un principio [...] en nombre del cual la gente se congrega a sí misma y con sus co-hablantes consciente y explícitamente para resistir cambios» (Weinreich 1974: 99). El escritor bilingüe rompe con la congregación y pone de manifiesto la fragilidad de una comunidad lingüística que se piensa estable.

En reacción a la idea cohesiva de nación y nacionalidad se crean espacios liminales de no pertenencia o de pertenencia conflictiva a la identidad impuesta a cada sujeto con su nacimiento. La nacionalidad como noción cohesiva es la matriz desde la cual parte la cultura para crear un espacio limítrofe, el mismo que para el autor bilingüe constituye un lugar de impugnación, pero que, al mismo tiempo, le impide romper con todos los lazos preexistentes. ¿Qué hacer con la primera lengua y con la infancia? Quien cuestiona dichos factores se coloca en un borde, y ese desplazamiento evidencia los límites de ese perímetro dado. Al mismo tiempo, se ve ante la imposibilidad de elegir uno de sus lados. Por tanto, el acto del bilingüismo se transforma en una acrobacia.

Los antecedentes de estos vínculos se remontan al nacimiento mismo de las naciones americanas. A medida que se desarrollan los proyectos republicanos en el siglo XIX tiene lugar de manera paralela el inicio de un correlato literario. El desarrollo de la nación se extiende, sobre todo, a la narrativa, y ésta emprende un camino exegético y representativo a fin de explicar las coordenadas históricas de su tiempo y su geografía.

A su llegada, el modernismo rompe con el deber apologético y explicativo de la escritura y se vuelca hacia la dimensión de lo individual. De esta manera el poeta moderno americano va encontrando su lugar, no sin llevar a cabo su lucha en una sociedad en formación, en un intento firme por separarse de la palabra «recompensada y protegida por el Estado», como la define Gottfried Benn (1999: 27) respecto al sujeto moderno europeo. Las repúblicas americanas no han cumplido cien años cuando sus poetas nacidos hacia el último cuarto de siglo van forjando un lugar de autonomía en donde pueda tener lugar la escritura poética. La manida imagen de la «torre de marfil», defensa tenaz del espacio interior, toma numerosas formas que con frecuencia intentan escapar de las obligaciones literarias impuestas por el medio oficial. Dicho proceso le impone al artista la tarea de repensarse en el espacio de la realidad finisecular americana; nada de esto, por cierto, puede hacerse desde una torre. «Tras todo ello se oculta el dilema más difícil: la grandeza artística ¿puede ser efectiva en la historia?, ¿interviene en el proceso del devenir?» (Benn 1999: 46). Esta, en realidad una pregunta profundamente política, lo es aun cuando algunas derivas poéticas no tematizan el mundo exterior o parecen huirle. Para huir del mundo tenemos que estar en él. La experiencia interior, más que una evasiva, cristaliza en poemas que siempre dicen algo del mundo.

En el contexto americano la idea del intelectual orgánico en la creación y desarrollo de la nación encarna en la figura de Andrés Bello o José Martí, en quienes confluyen una preocupación nacional y una conciencia individual. Por otro lado, una sensibilidad transformada y preocupada por el orden cultural internacional hará que surjan figuras como la de Rubén Darío– «brillante trasvasador al español de los valores [...] de otras culturas, en particular la francesa», como lo define Ángel Rama (1984: 12). Darío no sólo abre el espacio del artista moderno, sino que además pone de manifiesto las afinidades entre lo americano, lo francés y lo español, y defiende el derecho de nutrirse de varias fuentes y definirse a sí mismo como poeta. Bello, Martí, Darío, configuran de cierta manera un relato de la sensibilidad del escritor americano. Son momentos que pueden ordenarse como una sucesión, en los cuales la práctica de la escritura y la autonomía respecto a lo nacional describen una trayectoria hacia la interioridad del poeta.

Esquemática como suena esta línea, marca los cambios del escritor en su relación con el mundo, aunque dicho cambio esté dado por retrocesos, desvíos y tensiones. Aunque es parte del movimiento del progreso y sus nuevas manifestaciones contribuyen en gran medida a la formación de su sensibilidad, en determinado momento el artista debe separarse de lo colectivo y afirmar su valor desde una exterioridad. Gottfried Benn marca dicha actitud como elemento fundamental en la constitución de este yo:

Que la tarea y la vocación del gran hombre, del poeta, no puede consistir jamás en prestar servicios a su tiempo o en preparar su camino; que su grandeza estriba más bien en no adaptarse a sus condiciones sociales, que existe un abismo, que él representa el abismo bajo el asfalto de la civilización […] que se deja abismar más profundamente en una suerte de fiebre recurrente y parto precipitado hacia el interior, hacia estratos inferiores. (Benn 1999: 49)

En el siglo xx el espacio para el artista moderno, que el modernismo había preparado, habría de contribuir a la aparición de escritores más o menos distantes de lo nacional que, más bien, van a conformar el archipiélago vanguardista al que se refiere Nelson Osorio. En lo que concierne a los escritores bilingües mencionados aquí, el viaje hacia el sentido buscando los estratos inferiores a los que se refiere Benn se extremará al punto del autoexilio, como ya se ha comentado. La vocación del artista moderno que describe Benn coincide con la situación vanguardista, de la cual se nutren tanto Gangotena como Moro y Huidobro.

Tanto en el modernismo como en sus yuxtaposiciones con las vanguardias posteriores estos escritores reconocieron la presencia de una tradición central en la formación de su gusto. Las libertades que se habían tomado al separarse de su contexto los llevaban a crear nuevas filiaciones. Ya en el movimiento modernista Ángel Rama veía que, de entre las estéticas disponibles, la francesa era la que contribuía mayormente a la formación de la subjetividad de los escritores americanos: «Darío se disculpa porque al escribir los textos de *Azul* no estaba "à la page" y aún desconocía el movimiento simbolista, que era la ley europea de esos años» (Rama 1984: 36).

En cuanto a Darío, su figura añade un tercer elemento a la relación transatlántica entre América y París. Su obra llevó a cuestionar la pertenencia de la literatura americana a los cánones de la literatura española. Con él se abría un espacio autónomo para los escritores americanos, y eso condujo a ciertos autores españoles a reflexionar en torno a las relaciones literarias entre América y España.

Con ocasión de la aparición de *Azul*, Juan Valera le escribió a Darío la carta en la que lo definió por su «galicismo mental». Valera veía en los cuentos de Darío mayor afrancesamiento que en su poesía, y le dijo en dos ocasiones que esos relatos parecían «escritos en París», mientras que sus poemas eran más españoles, aunque «no recuerdan a ningún poeta español, ni antiguo, ni de nuestros días» (Valera 1889: 225). En cuanto a *Azul* como totalidad, Valera reconoció el valor de la matriz francesa, pero no dejó de reclamar para las letras españolas y europeas el reconocimiento por parte de la literatura americana de una posibilidad estética:

> Con el galicismo mental de usted no he sido sólo indulgente, sino que le he aplaudido por lo perfecto. Con todo, yo aplaudiría muchísimo más si con esa ilustración francesa que en usted hay, se combinasen la inglesa, la alemana, la italiana, ¿y por qué no la española también? Al cabo, el árbol de nuestra ciencia no ha envejecido tanto que aún no pueda prestar jugo, ni sus ramas son tan cortas ni están tan secas que no puedan retoñar como mugrones del otro lado del Atlántico. (Valera 1889: 236)

Ante la yuxtaposición de matrices presentes en *Azul*, la española y la francesa, Valera emprendió una vindicación de las letras españolas y defendió su capacidad de mantener una continuidad con la producción textual del continente americano, aunque seguía concibiendo los elementos de esta relación como de origen y derivación. Darío no sólo renovó las letras americanas sino que además puso en crisis a la literatura española al interrumpir esta relación de matriz y reproducción. Su poesía se nutrió de la tradición francesa y luego volvió a América. A pesar de la filiación de Darío con la poesía española y con el Siglo de Oro, Valera veía en su galicismo mental una ruptura profunda; probablemente vislumbraba el gesto socavador de Darío de lo que había sido la poesía en español en ese momento.

No es casual que años más tarde, en 1908, Miguel de Unamuno defienda el lugar de las letras españolas y muestre, además, su preocupación por el «afrancesamiento» en España y en América: «La influencia francesa no ha pasado aquí nunca de la epidermis y apenas ha tenido acción en lo íntimo del carácter nacional. Ha sido y es una influencia mucho más superficial y pasajera de lo que se cree. Nuestros escritores afrancesados no son populares» (1974: 152).

En su voluntad de relativizar la injerencia de la cultura francesa en la literatura española se puede percibir la preocupación de Unamuno por el lugar de España en la producción textual en español en relación con Francia. Es Julio Saavedra quien lo lleva a estas reflexiones al afirmar en una conferencia que «"por la literatura y no por la fuerza de las armas, Francia ha impreso su sello en América, en España misma y en el mundo entero", añadiendo que "la civilización de Chile fue casi exclusivamente francesa en el siglo XIX"» (Unamuno 1974: 152). Unamuno responde restando importancia a Francia en el mundo hispánico, atribuyéndole un influjo superficial: «No, lo francés no ha sido aquí nunca popular, ni puede serlo. Y no puede serlo por la radical y profunda divergencia, y hasta contradicción, que hay entre el genio francés y el español» (Unamuno 1974: 153).

Lo hispanoamericano *es*, a pesar o como consecuencia de la presencia de la matriz francesa. La preocupación de Unamuno por desplazar a Francia del panorama español y americano viene a ser, justamente, una medida del alcance de esta influencia. Según sus palabras, la literatura americana logra consolidarse *a pesar* del factor francés:

> Y algún día he de escribir sobre el supuesto afrancesamiento de las literaturas hispanoamericanas, y cómo los que ahí perduran y siguen leyéndose tienen poco de afrancesados y en lo que de ello tengan se les lee, no por eso, sino a pesar de eso. Sarmiento, profeso hispanófobo y

no menos profeso francófilo, era radicalmente español y nada francés de espíritu. (Unamuno 1974: 153)

La afirmación de Saavedra da cuenta del antiespañolismo presente en un continente americano de identidad inestable. Aun en el siglo XX España es juzgada por sus acciones durante la situación colonial, pero la presencia de Francia no es parte de una mera operación de sustitución, sino que resulta en una salida, un punto de fuga a algo ya constituido como las «letras hispanoamericanas» en lengua española.

En las reflexiones de Saavedra y Unamuno puede verse que Francia y la constante reflexión en torno a su influencia ocupan un lugar central en el contexto americano y español. Ya sea el antiespañolismo americano que busca un nuevo referente, la francofilia inspirada por 1789 o la preocupación frente a la influencia en la cultura, Francia está siempre presente en el horizonte del pensamiento y la literatura en lengua española. El triángulo Francia-España-América y la cuestión de la influencia dejan ver otro aspecto de la francofilia y el bilingüismo: la preocupación por la presencia de la literatura española en la americana le da una dimensión transatlántica al problema del escritor bilingüe. No se trata ya solamente de conflictos a escala nacional, sino de un cambio de orden.

Los otros afrancesados

Si bien el archipiélago vanguardista tal como lo describe Nelson Osorio se configura por sobre lo nacional, el encuentro de América Latina con Francia y la presencia de España conllevan algunas preguntas por otros derroteros menos vanguardistas y más conservadores del orden armónico nacional en los países americanos amparado en su pasado colonial.

La obra de Gonzalo Zaldumbide constituye un ejemplo de ese deseo de armonía. El diplomático y escritor, iniciador de Alfredo Gangotena en los círculos sociales de París, empezó a escribir su novela *Égloga trágica* en 1909 y la publicó en 1956. Su representación de los Andes y del indígena es aún más romántica y bucólica que la *Cumandá* de Juan León Mera, que pertenece a la narrativa decimonónica americana. En general, la visión de Zaldumbide niega la realidad americana, de la que poco conoce a juzgar por su obra en general. En 1927, afirma en una entrevista:

> El americanismo literario tiene algo de ridículo. Se quiere a todo trance vestirnos de plumas y taparrabos, queriendo con eso hacernos parecer más originales. [...] Dígase lo que se quiera, nosotros tenemos más de europeos que de los indios. [...] Todo lo que somos, malo o bueno, lo hemos recibido de Europa, estamos atados a nuestros orígenes europeos por mil lazos indestructibles. (en Robles 2006: 149)

El nosotros de Zaldumbide, como enfatiza Humberto Robles (2006: 148), resulta marcadamente problemático en tanto su visión se reduce a la de un pequeño resto criollo de la situación colonial que prefería vivir en su fantasía europeizante. En los años cincuenta, al hacer un recuento de la literatura escapista, como se la llamaba, Alfredo Pareja Diezcanseco caracterizaba irónicamente a escritores como Zaldumbide:

> ¿Por qué no hablaron estos poetas de su tierra? Pues porque no veían en ella consistencia nacional, disimulaban el amor materno en el deseo de huir a otros mundos de mágico atractivo y llegaron así al país de la muerte. Aquí no había elegancia. Los señores hacían sembrar papas o cosechaban cacao, olían en el viento las lluvias para las siembras, y se marchaban con los sacos llenos a vivir en París. (Cueva 1978: 41)

En 1922, año en que Gangotena está empezando su vida literaria en París –había llegado en 1921–, Zaldumbide escribe un ensayo para la

Revue de l'Amérique latine que titula «Las letras hispanoamericanas»[10]. Allí, el embajador plenipotenciario de Ecuador en París afirma la imposibilidad de que la literatura americana exista como forma de lo ancestral. Esto es evidente y parecería dialogar con la vocación internacional de la vanguardia, pero la argumentación de Zaldumbide parte de una consideración distinta: sólo una cultura verdaderamente originaria y sedimentada puede proponerse la tarea de fundar su propia literatura. El «alma americana», por el contrario, joven e inexperta, no puede sino situarse a sí misma como continuidad de Europa para afirmar la existencia de sus letras. La modernidad, afirma Zaldumbide, es una fatalidad. Esta constatación dialoga de cierta manera con las formas con que se ha intentado describir hasta aquí la «situación andina»: el desfase o el anacronismo. Zaldumbide, sin embargo, no ve ninguna fuerza en esta circunstancia. Por el contrario, esta fatalidad marca un ritmo para la literatura hispanoamericana que debe adaptarse a lo universal:

> Como si pudiera seguir otro ritmo que aquél de su evolución general, por no decir el de nuestra fatalidad o, mejor dicho, el de la universal fatalidad moderna. El mundo actual no es sino un sistema de vasos comunicantes. Una literatura personal u original a tal punto no le es posible, sin duda, sino a los pueblos creadores de su propia civilización, que tienen un alma sin mezcla, como su sangre, una manera de ver el mundo y al hombre, un sentido de la vida y de la muerte que sólo les pertenecen a ellos hace milenios. (1922: 58)

Desde esta perspectiva, sólo Europa puede ser creadora de su propia idea de cultura y tener una visión legítima del mundo y del ser humano. Los vasos comunicantes a los que se refiere Zaldumbide son, de hecho, una red ineludible y deseable para la literatura del

---

[10] Véase Zaldumbide 1922. No he localizado una versión al español, es probable que este texto permanezca en francés.

siglo XX, pero de esas redes él logra ver sólo un lado. Esta «pasión americana» es demasiado reciente para producir obra, continúa (1922: 58). La necesidad de pensar los Andes en ese momento, dentro de esa fatalidad moderna, es una tarea que se le escapa dentro de su visión europeizante, que, por otro lado, reconoce de la literatura futura sólo aquello que será escrito en español. El potente sustrato indígena en los Andes es, para Zaldumbide, una marca pretérita, lo cual vuelve a señalar el problema de la temporalidad en la literatura americana de inicios del siglo XX: «Pero el indio pronto fue embrutecido por el sometimiento, su alma extinguida desde los primeros días de la conquista. El indio no es sino la elegía muda del fin de una raza en extinción de la tierra que fue suya y que ya no lo reconoce» (1922: 59).

Ya no hay alma indígena, dice Zaldumbide, y el alma americana es demasiado joven, por lo cual es necesario insuflar un espíritu en las letras hispanoamericanas, y este puede venir sólo de Europa. Con ello, en su visión, quedan silenciadas las voces ancestrales de los Andes: la voz del indígena es apenas la «elegía muda» de algo que ya no será. Zaldumbide publica su texto el mismo año que Gamaliel Churata empieza a publicar los *Anales de Puno*, conjunto de crónicas sobre la cultura puneña; apenas años más tarde, en 1926, José Carlos Mariátegui funda *Amauta*, parte de cuyo programa es una respuesta al arielismo y en donde el indigenismo será particularmente promovido. La persistencia de un «mito» latino le permite a Zaldumbide ampararse en una tradición europea dentro de la cual él ve la única forma posible para la literatura americana en el cosmopolitismo. Marcos Eymar se refiere así al mito de la latinidad:

> Si el escritor hispanoamericano de esta época es «un europeo exiliado», según la expresión del ensayista ecuatoriano Gonzalo Zaldumbide, el mito de la latinidad le permite compensar su situación periférica mediante el reconocimiento de su condición de heredero de una vasta comunidad transcontinental y transhistórica que abarca dos

milenios de civilización occidental y una improbable extensión geográfica, desde Rumanía hasta la Tierra de Fuego. (Eymar 2015: 208)

Los Andes son periféricos cultural y geográficamente, pero el espíritu europeo manifiesto en sus letras permite acortar esta distancia de manera simbólica al cobijarlas y, por tanto, legitimarlas. Si la respuesta parcial al hispanismo es la galofilia, desde la perspectiva de Zaldumbide esto supondría mantener la lengua española como herencia y reemplazar la autonomía política de España con la filiación espiritual con Francia; de esta manera sería posible mantener lazos civilizatorios que le aseguren un futuro legítimo a las letras en los Andes. Continúa Eymar:

> Hay que hacer notar, sin embargo, lo engañoso de semejante diversidad. [...] Si el interés de los latino-americanos por la cultura portuguesa, rumana o incluso italiana es testimonial, la fascinación que sienten por Francia adquiere proporciones hegemónicas en todos los ámbitos de la cultura, desde la literatura y el pensamiento hasta el urbanismo, la moda o el derecho. (2015: 208)

Este desplazamiento de matriz hacia lo francés es defendido por Zaldumbide desde su temor por la potencia del «alma americana», que podría ocasionar lo que en palabras de Churata es justamente la «elevación de lo bárbaro». La ansiedad de Zaldumbide revela que en América y en particular en los Andes hay una fuerza que puede provocar una salida de cauce; de lo contrario, su defensa del espíritu europeo no sería tan marcada. Y en efecto, cuando publica su *Égloga trágica* en los años cincuenta, aún con estilo modernista, esa defensa bastante tardía aún se percibe.

El afrancesamiento de Zaldumbide no es el mismo de Alfredo Gangotena, aunque la salida en sociedad de éste en París haya sido de la mano del primero y esto le haya significado a Gangotena una filiación equivocada que lo coloca del lado conservador de la literatura ecuatoriana. La relación de Gangotena con Zaldumbide se debe, más bien, a una alianza de clase y a su coincidencia en el mundo de las letras. Sin embargo, al retorno a Gangotena a Quito en 1928, el peso de su alianza junto con el poemario *Absence. 1928-1930*, publicado en 1932, contribuyen a la incomprensión de su obra hasta entonces publicada. Hay un fragmento de *Absence* en particular que abre un abismo entre la poesía de Alfredo Gangotena y la literatura ecuatoriana.

En general, *Absence. 1928-1930* es testimonio de la profunda turbación de Gangotena a su retorno a Ecuador. El poema pone de manifiesto un conflicto en relación con una *nueva* realidad, y la manera violenta con que lo expresaba pone en guardia a sus contemporáneos, quienes prefieren guardar silencio frente a la obra. De hecho, afirma Berchenko que «*Orogénie* (1928) es la única obra de Gangotena que posee un corpus de textos críticos. Los tres otros volúmenes, como ya se ha señalado, aparecieron en la más total indiferencia» (1992: 178).

En este fragmento de *Absence. 1928-1930*, el mundo andino se presenta como una dimensión hostil, incomprensible y remota. Frente al indigenismo, el problema de la nación, la vanguardia internacional y el desfase, este poema aparece a todas luces como una provocación. No lo es. Gangotena plasma su angustia frente a una realidad impenetrable y denuncia la falsa armonía de un proyecto que no marcha. En el poema, la voz poética y el personaje a quien interpela hablan dos lenguas distintas. El segundo acosa a esta voz, que no puede sino expresar el abismo entre ambos. No se trata de cualquier personaje, sino de un señor inca:

> ¿Pero quién golpea con violencia a mi puerta?
> ¿Sois vos de nuevo, engalanado de plumas y de palmas,
> Señor Inca Túpac Yupanqui?
> ¿Qué tenéis que revelarnos con tanta premura?
> Me provocáis, envuelto en sombras, el efecto de acosarme,

> De acosarme y de manteneros al este,
> Siempre al este terrible de mi pensamiento.
> ....
> ¿Y vos, Señor Inca, venís a interrumpir y balbucir vuestro lenguaje
> / abstruso,
> y a dirigírmelo como una cosa hecha sólo de sonidos? (II 136)

La realidad de los Andes se manifiesta a través de la imagen del inca y confronta al poeta con un mundo abrumador. Esta presencia exuberante se impone en los márgenes de su pensamiento como un delirio, y lo fuerza a escuchar la realidad que ahora habita.

Los balbuceos del inca son ruidos que se interponen entre él y la escritura, pero se han convertido en materia del poema. Este fragmento se halla escrito en francés, lo cual extrema el efecto de la imagen de los ruidos abstrusos, como si el poeta buscara huir de ellos al volcar su pesadilla en una lengua desconocida para el inca. Aquí, donde sólo hay acoso y no encuentro, la escucha se iguala a la sordera: hay una materia acústica que sale, una lengua, pero quien escucha no logra hallar sus sentidos. Este desencuentro se vuelve violento cuando se enmarca en un modo nacional de leer, modo que busca una representación menos abismal de las fuerzas y subjetividades que intervienen en una historia común. Cabe traer de vuelta el argumento de Osorio que se refiere a la necesidad de superar un esquema ideológico para leer la literatura americana de vanguardia. Una lectura de otra naturaleza permitiría volver sobre *Absence. 1928-1930*, por ejemplo.

De vuelta al fragmento, la revelación del inca queda en suspenso. No sabemos qué viene a decir, y en cualquier caso lo dice en una lengua que no se puede comprender. ¿Qué venía a decir este hombre engalanado de plumas, por qué su visita? Al rechazar a este príncipe inca el poeta lo crea en su poema dándole sustancia, como si aceptara su inmersión en el Hades, que es una inmersión, a su vez, en una pérdida de sentido. Este descenso a lo que podemos considerar como la voz quichua del inca es una constatación brutal y, por eso, conflictiva. Algo que se manifiesta como pura sonoridad sume a quien escribe en una angustia que viene dada por la pérdida del sentido. Tal vez se trate de un desnudamiento: la armonía entre las lenguas y las subjetividades organizadas en torno a una entidad nacional no sólo no existe, sino que es violenta en tanto se muestra impostada, y de ahí la violencia de ese pasaje.

Accidentes del afrancesamiento

El origen definido en función del nacimiento y la nacionalidad se vuelve insuficiente porque no alcanza un sentido pleno; por ende, es necesario construirse uno propio. En su viaje hacia el sentido, Du Rels, Huidobro, Gangotena y Moro experimentaron lo que Gilles Deleuze define como la coexistencia de una dimensión pasada y una por venir, sin presente posible: «Identidad infinita de dos sentidos a la vez, del futuro y del pasado, de la víspera y del día siguiente» (Deleuze 2005: 9). De su pasado, estos escritores desmontan aquello concebido como inamovible, vuelven sobre sí y sobre su circunstancia para revisarla. Se muestra disponible como vía alterna otra manera de habitar el mundo y de reorganizar la existencia: el viaje a la cultura francesa. Ante el viaje, la densidad del pasado se vuelve menos sólida y se deja permear. Haber aprendido el francés aunque fuera de manera incipiente, haber leído el parnasianismo, haber soñado con Lutecia: todas estas acciones que parecían consumadas en el pasado ahora se vuelven potencia porque la experiencia vital modelada por ellas ofrece una posibilidad de escritura en francés, que es la posibilidad de pertenencia a otro mundo de sentido.

Esta identidad infinita siempre en movimiento entre el futuro y el pasado en que avanza la existencia se da por vía de una disrupción en la biografía. Los escritores bilingües desterritorializan la relación entre el francés y la poesía, socavan la idea del derecho exclusivo a escribir en esa lengua y se introducen en una tradición que aún en el siglo XX sigue viéndose como monolítica, como la veía Anatole France.

Esta práctica de usurpación, escritura imperfecta y apropiación de linajes de la literatura francesa que ponen en marcha los escritores bilingües andinos se aproxima a lo que Deleuze y Guattari definieron como literatura menor respecto a la escritura en alemán de Franz Kafka: «no es la literatura de un idioma menor, sino la literatura que una minoría hace dentro de una lengua mayor» (1978: 28). Mediante la práctica de dicha literatura menor los poetas bilingües americanos ponen en evidencia un uso extranjero de la lengua. Se abren a la escritura en francés al tiempo que se ven limitados por las deficiencias de sus destrezas lingüísticas y se hacen corregir y traducir con frecuencia. Juan Gris corrige las versiones de Huidobro, aunque ninguno de los dos tenga conocimientos «avanzados» del francés en ese momento. La escritura se ve enrarecida por la convivencia asimétrica y desbalanceada de dos lenguas en el poeta. Esta es justamente la práctica del bilingüismo como literatura menor, que no se apoya en la noción de corrección, sino en el deseo de pertenencia a un contexto y en el acto de apropiación de ese deseo.

El poema producido por el escritor bilingüe está escrito en una sola lengua. Hay una tensión entre ambos sistemas expresivos, al tiempo que una potencia. Aunque adopte la forma del francés o del español y se materialice en una sola lengua, el poema se halla poblado por presencias siempre dobles. De allí sale un signo desdoblado en significados, sonidos y ecos. En este contexto, el signo múltiple explota no sólo en los experimentos vanguardistas sino en la escritura de los extranjeros en general. La lengua francesa es llevada a sus límites y, de cierta manera, liberada de su propia forma: «[...] el lenguaje comprensible es atravesado por una línea de fuga, para liberar una materia viva expresiva que habla por sí misma y ya no tiene necesidad de estar formada» (Deleuze & Guattari 1978: 35).

La materia viva del francés se presta a experimentos poéticos, asociaciones y ritmos nuevos producidos por autores que entran en ella como forasteros. El poeta de condición bilingüe trae a su expresión en francés una sensibilidad formada en otra lengua, y con ello afirma que es posible escribir en ella incorporando la imperfección y la apropiación.

Al reconfigurarse, la obra bilingüe se crea antecedentes inesperados, influencias improbables y reinventa una historia que, de haber tenido lugar en la lengua materna, habría sido narrada de otra manera. El escritor que cambia de lengua altera el trazo de su constelación. En «Kafka y sus precursores», Borges relata algo que podría ser la historia de Moro o de Gangotena: «En cada uno de esos textos está la idiosincrasia de Kafka, en grado mayor o menor, pero si Kafka no hubiera escrito, no la percibiríamos; vale decir, no existiría» (1996: 88). En la tradición de la poesía francesa se halla en potencia la obra de estos poetas, el germen de su literatura menor. Gangotena alteró la obra de Mallarmé y de Rimbaud, Moro transformó el surrealismo que le sucedería y Huidobro alteró el futuro de la vanguardia erigiéndose como «el creador del creacionismo» en Europa. «El hecho es que cada escritor crea sus precursores» (Borges 1996: 89), y estos poetas también trazaron su propia genealogía invirtiendo pasados y futuros. De ahí que se pueda rastrear lo gangoteneano en Mallarmé, por ejemplo.

Como en el caso de Kafka y la coexistencia del checo y alemán, para poner en práctica la literatura menor es necesario que exista un camino de apertura hacia la posibilidad de crearse una nueva ascendencia. En el caso de América Latina[11] se hallan algunos hechos que

---

[11] En su esbozo de la historia de la pedagogía en América Latina a partir de la fundación de las repúblicas americanas, Araceli de Tezanos enfatiza que los

pueden haber contribuido a la creación de esta correspondencia entre el poeta americano, el francés y París y que datan de unos siglos atrás, desde la Revolución francesa[12] hasta el americanismo como disciplina académica de importancia en Francia en el siglo XX. Los caminos trazados por la historia suelen abrir caminos a la literatura y viceversa. Para el caso de la literatura menor, cabe considerar estos hechos en su

---

modelos educativos americanos provienen principalmente de Francia, Alemania, Inglaterra e Italia. Sin embargo, el nacimiento de las Ciencias de la Educación en la Sorbona en 1883 y la obra de Emile Durkheim, entre otros, son factores que sitúan a Francia como modelo preponderante. «A modo de hipótesis, se podría considerar que en este traslado de las ciencias de la educación a América Latina influye la aceptación, por los círculos intelectuales, de las posturas positivista de matriz francesa» (2010: 37). Por otro lado, las ideas sobre la creación de institutos como la Escuela Normal (aunque de origen alemán) y el liceo «están presentes en la mayoría de las comunidades académicas de América Latina y son herederas directas de la historia que tanto el concepto pedagogía como la pedagogía misma han tenido en Francia» (2010: 39). En el caso de Ecuador, Gabriel García Moreno generalmente optó por importar órdenes religiosas francesas como las Hermanas del Buen Pastor para la educación femenina. Él mismo formado en Francia, quiso continuar con esa influencia también en la creación de la Escuela Politécnica Nacional, por ejemplo.

[12] El ascenso de los Borbón al trono español en 1700 marca la inserción de la cultura francesa en España por medio de la sucesión monárquica. Más adelante, el pensamiento de Montesquieu y el de Rousseau recorrieron el continente a gran velocidad. La importancia del romanticismo hasta bien avanzado el siglo XIX hizo de Lamartine y Hugo referentes principales: no sólo ejercieron influencia literaria, sino que también sus ideas sirvieron como catalizadoras en procesos políticos. Uno de los hechos con que América se explica la expansión de Francia en su cultura es también la entrada de Napoleón III a México, una declaración de intereses sobre América. El término «latinidad» y el nombre de Amérique latine, se dice, fueron acuñados por él como estrategia imperialista de expansión, un medio para crear una prolongación de Francia bajo el signo del panlatinismo, aprovechado a su vez en América para mantener el vínculo espiritual con Europa: «Francia salvó a Iberoamérica. Los pueblos de América han vivido a la francesa y han podido conservarse latinos» (Rolland 2002: 2).

asimetría. Mientras los escritores bilingües americanos se dedicaban a cultivar sus lazos con París, Francia los conocía a medias.

La mencionada *Revue de l'Amérique latine* (1922-1932) recogió gran parte de la producción de los escritores americanos en París, ya fuera por medio de la traducción o, como en el caso de Gangotena y Moro, en sus versiones originales en francés. El fundador de la revista, Ernest Martinenche, había creado el americanismo como un campo autónomo de estudios. También estaba la revista *Annales* (1928), a cargo de Lucien Febvre y Marc Bloch, que estableció «un programa de investigaciones en el que América Latina aparece como un "campo privilegiado de estudios"» (Fell 1990: 310). Estos son buenos ejemplos del interés por América y, en la literatura, por la producción de los americanos.

Sin embargo, y a pesar de estos procesos, América Latina siguió siendo para Europa un continente telúrico y primitivo, y también exótico y paradisíaco. En la percepción general se trataba de una geografía más que de un mundo. Si por un lado existía interés por lo americano, por otro persistía la idea eurocentrista de la América hegeliana. En *La razón en la historia*, al afirmar la determinación de la geografía en el espíritu de los pueblos, Hegel hacía de América un lugar no apto para el desarrollo del pensamiento. Según afirmaba, «en los lugares en que la naturaleza es demasiado poderosa, es más difícil liberarse. [...] Chile y Perú son estrechas bandas costeras, no tienen civilización» (Hegel 1998: 271). América era el nuevo «laboratorio», en palabras de Lucien Febvre, pero también era una remota selva.

Un siglo más tarde, Michaux expresó el mismo desconcierto que Hegel. Hasta ese extremo persistía la imagen perturbadora de América, que se extendía a sus habitantes. En su diario de viaje *Ecuador*, como ya vimos, el autor describía el país y la cultura por medio de fragmentos: tierra, tempestad, indios, montañas, no llegaban a componer un mundo y sin embargo había cultura: era eso lo que tanto desconcertaba a Michaux. En apariencia, esta percepción era compartida por Gangotena, él mismo ecuatoriano. Ambos veían en las fuerzas del mundo natural la imposibilidad de un mundo cultural boyante. Las tempestades, las montañas y la exuberancia de Ecuador impedían escribir y pensar, como Michaux relató en varias cartas a su editor, Jean Paulhan, quien esperaba los avances del diario en París.

Otro viajero, este ilustre y no condenado, al contrario de Michaux, recorrió la región andina entre 1799 y 1804. En *Viaje a las regiones equinocciales del nuevo continente* Alexander von Humboldt hizo precisiones acerca de la cultura y del habitante de las sierras andinas que bien podrían haber sido una entrada más en el diario de Michaux de 1928:

> No conozco ninguna raza de hombres que al parecer tengan menos imaginación. Cuando un indio llega a un cierto grado de cultura, manifiesta una grande facilidad para aprender [...] pero no manifiesta esta vivacidad de imaginación, este colorido de pasión, este arte de crear y producir que caracteriza a los pueblos del mediodía de Europa y a diversas tribus de negros africanos. (1991: 149)

La pasividad que Humboldt veía en los habitantes de los Andes y que repite en varias de sus obras es algo similar a aquello que Michaux percibe en el mundo indígena. En *Ecuador* persiste una idea de lo americano que aún se emparenta con Hegel y Humboldt. Michaux hace de esa incomprensión un lugar de exploración de la angustia que rebasa lo andino, pero en pasajes como estos aparece, de hecho, una visión europea de lo americano que choca en el siglo XX con la voluntad más transatlántica de Martinenche, por ejemplo, que busca equilibrar por medio de la literatura el intercambio cultural entre Francia y América.

Al otro lado del espejo, los mismos intelectuales que como Gangotena se sentían como europeos desterrados en los Andes eran percibidos en Europa según esas mismas concepciones decimonónicas de América. Los intelectuales hispanoamericanos debían luchar con frecuencia contra la imagen de *rastaquouères*. Su proveniencia creaba desconcierto y alimentaba la relación ya conflictiva con sus orígenes, que mantenían a la sombra de su voluntad cosmopolita. «Los hispanoamericanos que visitaban París en el fin de siglo estaban dominados por el "complejo parisino" y expuestos a la imputación de rastacueros [...]» (Colombi 2006: 23). La práctica de la literatura menor venía acompañada por la sombra del origen americano aún en el siglo XX. La defensa de la escritura en francés y la percepción a la que estos escritores estaban sujetos hacía más impetuoso su gesto de desterritorialización de la lengua y la literatura francesas.

Sin embargo, dentro de la situación siempre escindida de estos escritores, al crearse un espacio en Francia otro desaparecía en América. Francia se presentaba como escenario de la reinvención de sí mismos, y del deseo declarado por el francés surgía la anomalía del afrancesamiento. Esta inclinación era problemática en tanto dejaba en segundo plano la cultura propia: así se lo recordaban su familia, sus contemporáneos literarios, sus padres culturales. Los escritores reconocidos como afrancesados en sus países a menudo eran considerados antiamericanos y burgueses.

En Ecuador, Benjamín Carrión, eminencia gris de la cultura ecuatoriana, desterró del espacio literario a autores que consideraba decadentes. En su *Índice de la poesía ecuatoriana contemporánea* (1936) ignoró deliberadamente a Alfredo Gangotena. Para Carrión, el amor por Francia no tenía sustancia, se limitaba al deseo de París, «a la que llaman Lutecia [...], poetas salidos de una aristocracia criolla cuya imitación irreflexiva es refinada. Una aristocracia criolla, acomodada, que hoy como ayer es solamente capaz de apreciar en sus viajes a Europa la última creación de los modistos, la última novedad en los dancings, y el último vicio elegante» (Castillo Berchenko 1992: 128).

Intelectuales como Gonzalo Zaldumbide habían contribuido a alimentar la asociación de los «afrancesados» con la decadencia. En la *Revue de l'Amérique latine*, Zaldumbide le daba a Carrión las razones perfectas para abismar la brecha entre unos y otros: «Nosotros somos europeos exilados, aunque sin añoranzas del corazón, con el espíritu constantemente dirigido hacia las riberas de Europa. [...] nuestra vida intelectual se halla siempre en espera de los galeones» (1922: 62). La visión europeizante de Zaldumbide, como se ha reiterado, limitó las posibilidades de comprender a Gangotena en Ecuador: se los consideraba iguales. Por fortuna, Gangotena fue alejándose paulatinamente de los círculos consulares para encontrar sus propias afinidades.

En su significado, «afrancesamiento» denota un proceso de transformación fallida. El querer-ser del afrancesado constituye una falta de pudor, un simulacro y una impostura. Como una máscara, el afrancesado exhibe lo que no es. Lo delatan la elección de la literatura menor, la percepción de rastacuero y el exotismo. El escritor bilingüe se apropia activamente de esa imputación y la incorpora en sí, de ahí su marginalidad tanto en Lutecia como en los Andes, sus antípodas. La máscara y el rostro se transforman en una sola entidad, inseparable e irreconciliable: es la forma que toman los accidentes del afrancesamiento.

Afinidades electivas

El viaje hacia Europa es «una experiencia iniciática, una conmoción existencial» (Castillo Berchenko 1992: 21), que coloca al escritor entre dos espacios. Sin embargo, parece posible distraer este conflicto de simultaneidad con la ilusión de la vida en Francia. En un primer momento, en que el futuro aparece bajo la forma de París, el pasado que quieren dejar atrás estos poetas no deja de insistir, en la lengua, en la memoria y en la falta de naturalidad de la escritura. Los hispanismos cometidos en la escritura en francés son un ejemplo de la resistencia de la memoria, en donde el error es la presencia espectral del pasado que se manifiesta en el texto.

De vuelta a los Andes, ese futuro que era Francia cobra forma de pasado, y el futuro se convierte en la pregunta permanente del cómo volver a reconstituirse en el lugar de origen que ahora resulta ajeno. Aquí, en cambio, los galicismos presentes en la escritura en español, en el segundo cambio de lengua, representan la nostalgia de la experiencia pasada.

Como se mencionó respecto de la apropiación lingüística, en los galicismos y en los hispanismos coexisten dos lenguas. Estos vocablos mixtos son simultaneidades de la memoria, dislocaciones que no conciben mundos separados y crean, por tanto, un término comprensible, descifrable, pero rechazado tanto por el español como por el francés. Estas intervenciones del bilingüismo del escritor en el texto son su devenir, en términos de Gilles Deleuze:

> Tal es la simultaneidad de un devenir cuya propiedad es esquivar el presente. En la medida en que esquiva el presente, el devenir no soporta la separación ni la distinción entre el antes y el después, entre el pasado y el futuro. Avanzar pertenece a la esencia del devenir, tirar en los dos sentidos a la vez [...] (2005: 27)

El avatar de estos escritores es el movimiento infinito de las identidades en juego. Su devenir, marcado por la imposibilidad de instalarse en el presente, se mueve de forma maquinal. La identidad infinita es la única manera en que puede avanzar la travesía. De esta manera, el galicismo y el hispanismo son la expresión material del devenir, en donde el español y el francés, como organizaciones del sentido, tiran en dos direcciones a la vez.

La coexistencia del pasado y el presente aparece bajo la forma de las palabras híbridas y falsas, delatoras del conflicto. Ese es el devenir de un texto y de un escritor bilingües: la escisión. El espacio inestable y desgarrado que habitan se convierte en lugar de producción, en donde el poema se convierte en vía de una búsqueda interior al constituir una indagación en el lenguaje:

Si el lenguaje es un instrumento de cognición, el acto de escribir un poema se convierte en un acto de exploración, de conocimiento. Esta es en gran medida la función que los escritores del siglo XX atribuyen a su arte. El arte quiere asumir «la función del conocimiento», según Hermann Broch. (Waldrop 1971: 11)

El escritor bilingüe se introduce en el francés dentro de una permanente «rivalidad interior», como define Adolfo Costa Du Rels la escritura en *El drama del escritor bilingüe* (Querejazu 1982: 45). Es necesario sobrellevar la coexistencia de dos lenguas a partir de las cuales se ha creado una falsa propiedad. La búsqueda de conocimiento es también un intento permanente por producir sentido, no sólo en la escritura.

El bilingüismo afecta todos los ámbitos de la existencia y crea, por lo tanto, una hiperconciencia del error, la duda y la dualidad como factores de la circunstancia de producción del texto. Cada uno de ellos se manifiesta en la angustia del escritor bilingüe, marcado por su dualidad: «Adolfo [Costa du Rels], antes de escribir en francés, deletreaba cada palabra mentalmente. Era una plegaria, una plegaria constante para no volver a caer en errores. Sería por eso que, más tarde, en su obra literaria, escribir para él fue una forma de orar» (Querejazu 1982: 45).

El uso del francés supone una expectativa, la espera de un cambio. La plegaria de la lengua lleva al hablante del lugar original de su existencia al lugar extranjero de expectativa. Como Du Rels, los escritores bilingües se reinventan en el francés, mediante el cual establecen una nueva sintaxis de su vida, aun si en casos como el suyo esto no es una decisión estética sino una circunstancia de la niñez. En su propia lengua, el poeta puede escribir en apariencia evocando algo cercano a la plenitud del sentido, pero algo lo lleva, a la vez, a identificar una insuficiencia o generar un deseo distinto al de la familiaridad que supone escribir en la lengua de la infancia. La lengua que se posee no siempre es el vehículo de la búsqueda. La escritura en francés, en cambio, poblada de reminiscencias de la propia biografía y del español, se convierte en un acto de fe a pesar de la presencia del error. El francés seduce, y la vida se ve configurada en un nuevo ensamblaje: el hecho estético, que migra hacia un contexto vanguardista internacional, el hecho lingüístico, ahora signado por una simultaneidad problemática, y el hecho físico, que lo ha desplazado de un lugar de pertenencia hacia uno de ajenidad.

Los escritores bilingües alteran su biografía provocando interrupciones en su flujo vital, giros inesperados y pequeñas demoliciones de sí mismos: acto de creación extremado. Esta realidad configurada a fuerza de voluntad y elecciones permanentes es lo que Julia Kristeva entiende como acontecimiento: «el extranjero tiene tendencia a creer que él es el único en tener una biografía, es decir, una vida hecha de pruebas –ni catástrofes ni aventuras– [...] una vida en donde los actos son acontecimientos, porque implican elecciones, sorpresas, rupturas, adaptaciones o ardides, menos rutina o reposo» (1989: 17). La construcción biográfica es disruptiva y está marcada por la peripecia, que toma las formas de la acrobacia y el enmascaramiento. La única biografía posible parece ser la que supone pruebas, reinvenciones de sí, ausencia de homeostasis porque el desequilibrio es la prueba de que se está apostando por la búsqueda de una nueva forma, en la vida vivida y en la escritura, indiferenciadas.

La producción de sentido, que se cristaliza en el poema, se hace en un espacio de inestabilidad. En la superficie fija del texto se agitan lenguas, mundos y dudas. Esto resulta paradójico, pues la escritura no es una garantía de certeza. No hay un límite nítido entre pasado y futuro, español y francés, el yo y en quien se convierte. La materia fija del texto está dada, a la vez, por movimientos interiores que esquivan un sentido unívoco. Esta indeterminación, afirma Deleuze, es propia del acontecimiento:

Pues la incertidumbre personal no es una duda exterior a aquello que sucede, sino una estructura objetiva del acontecimiento en sí mismo, en tanto siempre va en dos sentidos a la vez, y divide al sujeto siguiendo esta doble dirección. La paradoja es primero aquello que destruye el buen sentido como sentido único, pero que enseguida destruye el sentido común como asignación de identidades fijas. (Deleuze 2005: 10)

El acontecer mismo genera este permanente desplazamiento en el ser del poeta bilingüe: se halla determinado por una duda que lo antecede y lo constituye. Por ello, se crea la ilusión del arribo al francés como una realidad permanente y efectiva, la tregua prometida con la que aparentemente finaliza la incertidumbre al llegar a una ciudad cargada de sentido, «acabada». Sin embargo, ese arribo es en realidad una llegada al fin del sentido como garantía de una identidad fija, en términos de Deleuze: derribadas dichas identidades, la incertidumbre es la única condición que resulta posible para la escritura y a la vez la única que la posibilita, por eso es una estructura en sí misma, es *aquello que escinde*.

La existencia y la escritura del poema en un francés cada vez más interiorizado fijan un nuevo orden y a la vez pasan a formar parte de un orden mayor previamente instaurado: el de la lengua francesa. Esto permite percibir una coherencia estable y cierta, según sostiene Deleuze: «El sentido es como la esfera en donde ya estoy instalado para operar las designaciones posibles, y aun pensar en las condiciones. El sentido está siempre presupuesto desde que yo comienzo a hablar; no podría comenzar sin esta presuposición» (2005: 42). En el acto de escritura, el poeta bilingüe hace su llegada al sistema ya organizado de la literatura francesa, de modo que sus estrategias poéticas y su producción textual, al adaptarse a dicho sistema, ven confirmado su valor. Al mismo tiempo, mediante el acto de escribir, el escritor subvierte ese orden y lo obliga a reconfigurarse. Entre la incertidumbre y esta esfera de sentido que llama a las designaciones posibles por medio de la palabra, otra dimensión de la tensión acrobática del poeta bilingüe.

La presuposición de que hay un sentido cuya penetración es posible desata una escritura en francés que se recrea todo el tiempo y que busca remontarse a sí misma. La ilusión del sentido permite que el poema suceda. Sin embargo, del otro lado se halla la duda frente a la lengua extranjera. Si al escribir se recurre de manera resuelta a las «designaciones posibles» presentes en el sistema literario francés, por otro lado la duda en el uso de la lengua extranjera socava su escritura.

El problema se agudiza cuando el español, que había permanecido al margen, se presenta de nuevo como posibilidad de escritura y se constata que no hay vuelta posible. Ambas lenguas se hallan ahora atravesadas por los silencios, los desusos y las pausas. Al escuchar la sentencia de Anatole France, Du Rels se ve enfrentado a preguntas sobre sus lenguas de escritura que lo colocan en un limbo:

> Muy luego me encontré frente a este problema: cuando un escritor, o el que se cree tal, por circunstancias excepcionales, ha vivido desde niño en el extranjero, adoptando como medio de expresión literaria un idioma que no es el de su país, pero que corresponde a la formación intelectual, este escritor, digo, ¿qué debe hacer al regresar a su patria? ¿Quemar lo que adoró? ¿Volver a su origen, oteando el horizonte natal con ojos casi extraños, sometiéndose a la dura prueba de una readaptación veloz a las exigencias del idioma que sin serlo es, al fin y al cabo, su idioma? (1941: 28)

Hasta el final de su vida, Du Rels escribía su primer manuscrito en francés y luego lo traducía al español. No volvió a confiar en su primera lengua y el francés, que había aprendido en Córcega para borrar su origen «exótico», le ofrecía en cambio la seguridad de haberlo aprendido formalmente. Su pregunta por la vuelta al español es reveladora de la indeterminación en que se ve inmerso el escritor bilingüe. El retorno a la lengua materna no supone la solución del conflicto, toda Ítaca queda borrada.

De vuelta. Exilio y nuevas confluencias

En algunas ocasiones, la vuelta de los poetas bilingües a sus países de origen no constituye un retorno, sino una partida. Los lugares de salida y de llegada se invierten una vez que la vida ha cobrado sentido pleno. En París, por ejemplo. Alfredo Gangotena ve Ecuador como un viaje al exilio y escribe: «Hombres felices de otras partes, ¡cómo añoro la frescura de vuestras sombras! No sabréis nunca a qué distancia os encontráis de esta comarca de infierno y de esta sombría y desigual arcilla» (II 118). Esa distancia tan grande que no puede medirse no es sólo física sino, sobre todo, interior.

En el caso de Gangotena, su filiación a Francia y la certidumbre de haberse convertido en un poeta de expresión francesa provocan un fuerte quiebre a su vuelta, originado por el hecho de haber generado un sentido de pertenencia en otro lugar. En Ecuador, Gangotena sigue escribiendo en francés. Asimismo su correspondencia, sus ediciones y sus acciones están dirigidas a París. La única ocasión en que el poeta actúa públicamente es cuando se convierte en vocero del comité ecuatoriano de apoyo a la Resistencia Francesa, una vez que se desata la Segunda Guerra Mundial en 1939. Cuando fallece es enterrado con la cruz de Lorena, que el Gobierno francés le concede por sus servicios como portavoz. Gangotena militaba por la Francia ocupada, pero su lucha también era la defensa del paraíso perdido.

Un exilio interior sume al poeta en una existencia diferida, en espera de un nuevo viaje al ahora pasado ideal. Una vez más, la identidad infinita opera en dos sentidos: la biografía parisina y su amor por Francia le impiden a Gangotena ver el Ecuador como un lugar habitable. Allí, se dedica al ejercicio de la melancolía. «El paraíso perdido es un espejismo del pasado que él no sabrá reencontrar jamás. Lo sabe con un saber desolado» (Kristeva 1989: 20). Difícilmente sabemos cuándo dejaremos de hablar una lengua, o cuál es la última vez que escuchamos nuestra propia voz adoptando un idioma que habíamos aceptado como forma de nuestra identidad. En Gangotena el silencio del francés es una dimensión terriblemente imperceptible de su tragedia.

En otro contexto, cuando Elias Canetti se instala en Inglaterra y decide seguir escribiendo en alemán, se da cuenta de que está cultivando una lengua solitaria, casi secreta e inútil. Este aferrarse a una lengua privada, fuera del uso comunitario, describe una situación muy similar a la que vivió Gangotena a su vuelta a Ecuador:

> [...] el hombre que se aferró al lenguaje en que había escrito antes, sin prospecto alguno de alcanzar alguna meta exterior, debe haberse visto a sí mismo abdicando, en términos del público. No competía con nadie, estaba solo, también era un poco ridículo. Se hallaba en un aprieto, parecía desesperanzado. La gente que era testigo de su destino quizá lo consideraba un tonto, y la gente en el país de acogida, entre quienes tenía que vivir, lo vio por largo tiempo como un don nadie. (Canetti 1979: 141)

Paradójicamente, escribir en una lengua distinta del lugar donde se vive y que quizás nadie lea implica poner en marcha una acción que se desdice, el «abdicar». A la luz de Canetti, es inevitable pensar en Witold Gombrowicz en Argentina, escritor sin lengua, o con una lengua privada. Estos «don Nadie» con escritura pero sin lectores escriben sin comunidad posible. Mientras el pacto entre el escritor y su comunidad lingüística se mantiene hay una continuidad que parece natural entre escritura y lectura. Ante la ruptura de dicho pacto aparece como efecto una dislocación, que pone en cuestión la relación que la obra establece o deja de establecer con el exterior, más allá de sí misma. Ese efecto de dislocación es el efecto del Don

Nadie, de quien escribe sin proximidad. La aparición de ese espacio nos llevaría, por ejemplo, a la pregunta por la traducción, pero, ¿por qué traducir a un escritor de nuestra propia lengua, cómo abrir un camino de vuelta? También se podría pensar en el gesto de abdicar como un distanciamiento deliberado: una ruptura. En ese caso, esa escritura es simplemente ignorada en el espacio literario. Pero cabe pensarlo fuera de estas respuestas pragmáticas. ¿Qué escribe quien escribe en una lengua de ruptura con su circunstancia?

Desde Quito, Gangotena siguió escribiendo en francés su poesía y su correspondencia. Esta es otra de las razones por las cuales *Orogénie* y *Absence.1928-1930* fueron recibidos con indiferencia cuando circularon en la ciudad. La escritura en francés era lo que quedaba de Francia, y su gradual pérdida sumía al poeta en la desesperanza a la que se refiere Canetti cuando habla de la lengua secreta. Así lo ve Gangotena en el décimo fragmento de *Absence*:

> No tengo recurso ni derecho a las vivificantes formas de la palabra.
> Mi corazón se apaga y mi voz se estremece con un sonido de muerte,
> Esta voz perdida (II 128)

Gangotena también abdica, también es «considerado un tonto» al mantener el francés como lengua de su escritura. ¿Cómo escribir lo que se ha estado escribiendo en ese mismo lenguaje cuando se ha atravesado un océano que aparece como las antípodas no sólo de la vida, sino también de la escritura? Ese largo proceso de construcción del universo poético de Alfredo Gangotena ahora se vería interpelado por el lugar de origen. Sin renunciar por completo al francés, el poeta empezó a incorporar a su obra ambas lenguas al mismo tiempo. Es decir, desde esta lengua cuyo «corazón se apaga», el poeta emprende un camino ya siempre hibridado hacia un lenguaje personal que, en un momento dado, se sostendrá en el español y ya no en el francés como sistema, pero que será siempre individual, con algo que lo fundamenta más allá del monolingüismo.

La segunda edición de *Absence. 1928-1930* ya no sólo comprendía los quince fragmentos iniciales en francés, sino también dos finales en español. En el acto concreto y material de cerrar con estos dos textos el poemario en francés la escritura abre una deriva que, en este caso, aparece como la forma de una continuidad. La puerta abierta por la escritura en español que cierra una obra iniciada en francés da cuenta de la doble expresión del poeta que va más allá de la alternancia de ambas lenguas: se establece allí el escenario híbrido e indisociable para la construcción de un lenguaje.

Tras haber vivido en París y en México, César Moro, por su parte, volvió a Lima pesar de las «advertencias» de sus amigos. En una carta le escribía, aún un tanto incrédulo, a Emilio Westphalen: «¿Es en realidad tan horrible, tan abrumadora Lima? Sé que es un páramo, que lo cursi, lo mediocre, lo falso imperan sin recurso. Pero, ¿y los seres humanos? ¿O no hay un solo ser humano, no existe un solo rostro que valga el exilio?» (en Favaron 2003: 57). Por medio de ese lenguaje trágico sobre el exilio Moro termina por preguntarse por los otros. La soledad anticipada es la soledad de quien se sabe insalvablemente distante de los otros y que por ello concibe el viaje como exilio.

El poeta volvió a pesar de su propia pregunta y empezó a enseñar francés en el colegio militar Leoncio Prado[13]. La realidad se presentaba como un desfase, algo irreal, como lo afirma en su «Biografía peruana»: «Yo te saludo fuerza desaparecida de la que tomo la sombra por la realidad. Y acribillo la proa por la sombra. Yo no saludo sino a ti, gran sombra extranjera al país que me vio nacer» (Moro 2002: 338). Tomar la sombra para habitar la realidad: gesto que tiene que ver también con la lengua que nadie habla. Tomar la sombra para escribir en otra lengua, en otro lenguaje.

---

[13] Mario Vargas Llosa lo relata en *La ciudad y los perros*, en donde convierte a César Moro justamente en el personaje del profesor de francés.

Al volver a Quito y a Lima, respectivamente, Gangotena y Moro se consideraron desterrados. Volvían «como un cadáver», como en el poema de Gangotena. La vuelta supone una pérdida de sentido porque desorganiza los elementos que se habían sumado para reinventarse: la lengua francesa, la ciudad de París, el arte. Pero persiste el poema. Ambos continúan con su obra, ahora marcada aún más que antes por la presencia de los Andes, lo cual se convierte en un fundamento de estos universos poéticos. El lenguaje del exilio se ve afectado por la «hiperconciencia» de los Andes, y esa combinación, expresada por medio de una escritura de doble expresión, se convierte en una fuerza notable.

Huidobro y Du Rels también hicieron de sus relaciones problemáticas con Chile y Bolivia un espacio de producción, no sólo poética, sino también narrativa y ensayística. La ira, el destierro, los distintos modos de la extranjería, se convertían en una potencia capaz de seguir produciendo sentidos en la escritura. Al tomar la forma de un pequeño Hades, la geografía americana empieza a funcionar como una poderosa imagen en estos autores. «De vuelta de los sueños», como escribe Gangotena en *Absence 1928-1930*, el despertar los sitúa ante la colosal fuerza telúrica de los Andes, la hondura de las minas y un milenario reino mineral. Desde allí, estos poetas emprenden en una nueva búsqueda de sentido, esta vez marcada por un signo órfico.

III.
Particiones siempre asimétricas del bilingüismo

> Todo se divide en sí mismo.
>
> Samuel Beckett

En el bilingüismo coexisten diferentes posibilidades y conflictos que se manifiestan de manera inmediata en las relaciones entre las dos lenguas que cohabitan en la persona «bihablante», bilingüe. Esta realidad fáctica y comprobable conlleva, sin embargo, derivaciones menos tangibles que determinan fracciones de diferente naturaleza además de la lingüística. El bilingüismo implica rupturas y decisiones que suelen tomarse «a pesar de». El escritor bilingüe se hace contra algo o alguien, ya sea la lengua, la nacionalidad, la herencia o todo ello, como en el caso de Alfredo Gangotena. Este contramovimiento termina por configurar, como se ha mencionado, un espacio de producción textual en donde alternan dos expresiones:

> Si las lenguas no existen sino en su extrapolación y su división –pura distancia, puro espaciamiento–, la reflexión no puede evitar la cicatriz interior de una memoria herida por la lengua del Otro. Pero este sufrimiento es un gozne, evidencia un espacio en donde el bilingüismo, el plurilingüismo, permiten a la lengua exiliada volver a cobrar actualidad. (Bennani 1985: 103)

Eliana Formentelli describe el bilingüismo con imágenes espaciales. En efecto, se trata de un problema de profundidad, por las fisuras que produce en el interior del sujeto. El espaciamiento, por su parte, debe entenderse como coexistencia, aun si se habla o se escribe en una lengua a la vez. El espaciamiento entre lenguas no se puede comprender sino allí donde chirría el gozne sobre el que ellas giran. El bilingüismo es una simultaneidad, no una alternancia. La lengua en uso y la lengua en suspenso, «la lengua exiliada», jamás están aisladas por completo aunque el hecho de alternar entre ambas cree una apariencia de inconexión. Su línea demarcatoria es difusa. La presencia velada del error, la probable sensación de extrañeza ante la escritura, ya sea en la sintaxis, el uso del léxico, en los modos generales de la lengua, es la manifestación del trazo borroso de dicha línea. Paradójicamente, cuando un escritor se vuelve bilingüe el bilingüismo deja de ser una opción y pasa a ser su condición ineludible. Si bien se multiplican las opciones de la expresión, éstas se ven marcadas por una dualidad que les da su sustancia.

El escritor bilingüe muchas veces es también, decíamos, «bihablante» para marcar su cotidianidad cuando ésta se halla marcada por más de una lengua: el acento, esa «lengua fantasma», como la ha denominado Alain Fleischer (2005), surge con el cuerpo, en el cuerpo del extranjero. Para hablar una lengua «hay que haber aprendido a hablarla, a decirla, a pronunciarla, a articular *ex nihilo* enunciados en todas las situaciones de la vida cotidiana, a fin de establecer relaciones entre la palabra y los sujetos, los objetos de lo real y su experiencia» (Fleischer 2005: 48). En los bihablantes esa experiencia no siempre es de la infancia, como es el caso de Gangotena. En los sonidos del cuerpo, en la voz, el acento de quien se hace con otra lengua se convierte en un «camino entre dos lenguas», escribe Fleischer, «en la espuma de su encuentro» (2005: 81).

En Gangotena el gozne entre el español y el francés se forma a partir de su viaje a París en 1921, cuando el francés se sale del espacio de aprendizaje formal y se convierte en una lengua cotidiana y de escritura. Hacia 1923 el poeta se convierte en un escritor de expresión francesa, y hacia 1940 retorna al español, pocos años antes de su muerte en 1944. La condición de Gangotena como poeta de doble expresión se funda en un bilingüismo vivido como una realidad ineludible más que como una opción que tenga que ver con una conciencia estética, por ejemplo, o la adhesión a un movimiento particular dentro de la poesía. El poeta adquiere conciencia de esta duplicidad ya en los inicios de su obra: «Creedme: debo soportar muchas palabras y climas / los múltiples alientos del alma desamparada» (II 106).

El bilingüismo no consiste, por tanto, en la opción por una lengua, sino en sobrellevar la convivencia compleja de dos o más de ellas en un solo sujeto, asumiendo su aglomeración. «¿Se puede salir de una lengua, sobre todo de la lengua propia, como se puede salir de un territorio, de un territorio propio, sea íntimo o nacional?» (Bennani 1985: 145). Se puede abandonar un lugar, pero no se puede abandonar del todo una lengua que habita un interior que, aunque en desplazamiento, la lleva en sí de manera ineludible. Aunque prevalezca la pregunta por el abandono de una lengua a fin de ir en pos de otra, la condición bilingüe tiene, en realidad, forma bífida. Gangotena lo sabe cuando retorna al español. Como escribe en «Vigilia adentro», poema producido en sus años finales, el poeta se entrega «a la reverberación de las esperas» (2004a: 231), dice, a la agitación de lo múltiple. Un factor fundamental del bilingüismo es la simultaneidad: sólo desde esta perspectiva es posible pensar en las particiones del bilingüismo en Alfredo Gangotena. El gozne, es decir, la zona de coexistencia, es tan importante como los momentos más o menos nítidos de alternancia.

Las consideraciones sucesivas parten de esta definición del bilingüismo. Desplazar el ángulo de análisis de la alternancia a la simultaneidad tiene como objetivo debilitar la jerarquía de las lenguas en coexistencia en esta obra, en donde la lengua materna y la segunda lengua se ven subvertidas o, por lo menos, desestabilizadas en sus posiciones. Dicha subversión desterritorializa la zona ocupada por cada lengua en relación con su tiempo y espacio. El español y el francés dejan de ser una oposición y pasan a ser, en conjunto, materia para la creación de un lenguaje personal más allá de ambos. Es el primer punto por tratar en este capítulo.

Formentelli habla de gozne, Pérez Firmat recurre a la imagen del nudo/lazo y Deleuze y Guattari nos abrieron a la desterritorialización y reterritorialización, todas ellas imágenes espaciales. La lengua y el sujeto pueden verse, en efecto, como *zonas* maleables y susceptibles de transformaciones. De esta manera, en el bilingüismo se impone la pregunta por el dónde. En el siguiente apartado a esta interrogante se suma otra de tiempo, pues constituyen dimensiones indisociables.

En la poesía de Alfredo Gangotena, la cesura es una dimensión espacio-temporal. Su bilingüismo se juega en los momentos de reposo del verso y en sus espacios en blanco. El bilingüismo tiene lugar en un espacio liminal y en las pausas de la respiración, para luego materializarse en el lenguaje personal de Gangotena, construido sobre la coexistencia del francés y del español pero que usa una sola de estas lenguas a la vez en la escritura.

En la construcción de este lenguaje poético intervienen diferentes presencias, ideas e imágenes. Su carácter, además de múltiple, es filosófico y científico. Gangotena estableció no sólo su propia línea de antecesores franceses, sino también de sus afinidades en el pensamiento y en la ciencia. Tras situar las características del bilingüismo, es necesario explorar la constelación que el poeta trazó para su obra.

El punto final de este capítulo es un factor que antecede a los mencionados hasta aquí. Alfredo Gangotena estuvo enfermo gran parte de su vida. La hemofilia es un diagnóstico hipotético no confirmado. Sin embargo, es un hecho que padeció una enfermedad crónica. Gangotena incorporó su condición como un elemento constituyente en la construcción de su universo poético. Sin ella, no es posible entender su proyecto estético.

En esta poesía, la enfermedad opera como un prisma de percepción de la realidad que conduce a la creación de una obra poética como salida estética al padecimiento físico. Esta obra, fundada en una aguda conciencia de la enfermedad, es una indagación permanente por la condición humana, por lo cual recurre a la filosofía y a la ciencia. Su lenguaje se materializa sobre la base del francés y del español, y por tanto, es múltiple. La enfermedad, el poema como vía de conocimiento del ser y el bilingüismo conforman así los fundamentos de la obra de Alfredo Gangotena.

Una realidad bilingüe en donde confluyen estos elementos y que cristaliza en la escritura nos sitúa en el problema primordial, fundado en el lenguaje. En Gangotena, la división entre el español y el francés no es, como podría suponerse, simétrica ni estable, sino una continua medición de fuerzas conscientes e inconscientes. La llegada a París es fortuita, una decisión familiar y de clase, resultado de un conjunto de privilegios que suponen para él un conflicto, pero la adopción del francés para su poesía se convierte, de cierta manera, en una decisión. Su experiencia parisina alcanzó tal plenitud que fue casi «natural» el vuelco hacia esa inesperada refundación de sí mismo. Así se invirtieron en el poeta la primera y la segunda lenguas. El francés se convirtió en su lengua «materna» en tanto le dio una nueva biografía[1].

En determinado momento de esta realidad pendular, la lengua materna deja de ser la primera lengua. Este segundo aspecto del bilingüismo conduce a una desestabilización del escritor, pues cesan en él las identidades y lenguas fijas. Extendido este desequilibrio al acto poético, el texto se convierte en un objeto subversivo en tanto cuestiona las lenguas como sistemas determinantes en la asignación de una identidad. El escritor bilingüe altera el orden de algunos factores

---

[1] Este trabajo se ha beneficiado de las ideas de Gustavo Pérez Firmat en *Tongue Ties* en torno a la desestabilización de la lengua materna en relación con el afecto y otros vínculos no siempre considerados como factores de análisis en el bilingüismo. Un verdadero bilingüe, afirma Pérez Firmat, es alguien dividido entre sus afectos (2003: 4).

impuestos con el nacimiento, y por tanto, se debilita la correspondencia identitaria entre lengua y herencia, escritura y pertenencia, entre escritura y literatura nacional: se escribe para destruir la identidad.

Durante los años de Gangotena en Francia, París era el verdadero centro del mundo. El poeta vivió la extranjería como un cosmopolitismo afortunado que sentó las bases de su experiencia literaria. A su retorno a Ecuador, los Andes fueron el signo de un descenso a un estado de turbación. Costa du Rels lo enuncia así: «He descendido al fondo de las minas, donde los minerales vuelven locos a los hombres» (Querejazu 1982: 145). La profundidad de las minas, el oscurecimiento paulatino, la desaparición de la luz, el polvo que flota, la falta de oxígeno, la transformación en un topo de sentidos alterados: allí el viaje órfico del escritor bilingüe.

De vuelta a Gangotena, de un lado se halla el espejismo de la pertenencia a una nueva lengua, porque escribir en francés es posible. Gangotena es admirado por su maestría. En la inversión de valores, el francés se vuelve la lengua de creación poética, reinvención y sentido. El español, en cambio, permanece latente, a la espera de su turno. Este ángulo del problema está dado exactamente por los mismos elementos: el español y el francés, pero en orden inverso. El español son las antípodas, y la construcción del sentido del yo sucede en francés. La «tierra cabeza abajo» (II 34) de la poesía de Gangotena es un espacio en donde los Andes son el punto remoto que se mantiene a la sombra, como el español: tomar la sombra, como en el poema de Moro.

El bilingüismo tiende a considerar la lengua materna como el referente de partida para establecer relaciones, pero en realidad, y como sucedió con Gangotena, el deslumbramiento por el francés altera el lugar de las lenguas en contacto. Entre 1923 y 1940, Alfredo Gangotena fue un poeta de lengua francesa, y así quiso permanecer tras su vuelta a Quito en 1928. Esta subversión tuvo serias implicaciones en sus estados de ánimo, que poetizó alrededor del exilio, la muerte y la enfermedad.

Gustavo Pérez Firmat[2] ha descrito este conflicto para el caso de escritores bilingües que migraron del español al inglés: «Aunque para estos escritores el español es la lengua "materna", en algún punto la intrusión del inglés reconfiguró la diada madre-hijo en un triángulo tenso» (2003: 5). El lazo entre la madre y el hijo opera como una metáfora de pertenencia en varios niveles: la nación, la lengua, la patria (*matria*), tienen atributos maternos; romper con ellos supone una desnaturalización de dichos lazos, que quieren pensarse sempiternos.

Fue justamente la subversión de lenguas lo que llevó a Gangotena a producir una obra que no habría sido posible de haberse limitado a usar el francés como medio de divulgación –pensemos en Huidobro y su estrategia de traducción–. Gangotena se convirtió al francés para crear un lenguaje que era, a la vez, una refundación de sí. «Derek Walcott escribe: "Para cambiar tu lengua, debes cambiar tu vida". Lo contrario también puede ser cierto: "Para cambiar tu vida, debes cambiar tu lengua"» (Pérez Firmat 2003: 126).

Aquí aparece lo que debe realmente entenderse como el bilingüismo de Alfredo Gangotena. De un lado se hallan la lengua francesa, de la que se apropia con absoluta resolución, y la lengua española, latente. Del otro lado se halla el lenguaje individual que el poeta construye sobre la base del bilingüismo antes descrito. De esta manera, los elementos cardinales que intervienen en la circunstancia bilingüe de Gangotena son tres, y no dos: la suma del francés y el español frente al lenguaje individual gangoteneano.

Para hablar de la poesía de Mallarmé, Maurice Blanchot desplazó el concepto del bilingüismo como oposición de sistemas lingüísticos

---

[2] En algunos casos, continúa Pérez Firmat, «la intrusión condujo al abandono o sustitución de la lengua materna (Santayana, Rodríguez, Cisneros, Ortiz Cofer), a su feroz reafirmación (Salinas, Cernuda) y aun en otros, a una alternancia angustiosa entre lenguas (Casey, Cabrera Infante, Bombal)» (Pérez Firmat 2003: 5). Gangotena se ubica, según esta clasificación, en el tercer grupo.

y lo elevó a una naturaleza más compleja que rebasa el contraste –el cual parte, por cierto, de la concepción de las lenguas como entidades autónomas–:

> Con una división violenta, Mallarmé ha escindido el lenguaje en dos formas casi sin relación: una, la lengua bruta; otra, el lenguaje esencial. Tal es quizá el verdadero bilingüismo. El escritor está en camino hacia una palabra que ya no se da nunca: que habla, esperando hablar. Realiza esta marcha aproximándose cada vez más a la lengua que históricamente se le destinó, proximidad que, sin embargo, pone en tela de juicio, y a veces gravemente, su pertenencia a toda lengua natal. ¿Se piensa en varias lenguas? Se podría pensar, cada vez, en un lenguaje único que sería el lenguaje del pensamiento. Pero, finalmente, se piensa como se sueña, y es frecuente soñar en una lengua extraña: es el sueño mismo, esta argucia que nos hace hablar en un lenguaje desconocido, diverso, múltiple, oscuro en su transparencia. (Blanchot 2007: 140)

Hay una potencia en el lenguaje que sólo se despliega en cierta poesía. La remotivación de las palabras en que Mallarmé se empeñó obstinadamente le dio al lenguaje poético la cualidad de una cifra: un sistema de correspondencias que opera fuera del dominio público. Gangotena emuló el proyecto de Mallarmé creando para sí un lenguaje que operaba, además, como un espacio propio, distanciado de los otros y de su lengua natal. «La forma del sueño busca su destino», dice Gangotena en *Absence 1928-1930*. La forma del sueño: la argucia que crea un lenguaje múltiple, como lo describe Blanchot, que se separa de la «lengua bruta». Mientras el poeta más se acerca a su lengua y, en Gangotena, mientras más tienta en otra que no es suya, pero que hace suya, más se cuestiona su propia lengua. Esos movimientos simultáneos de deterritorialización y reterritorialización con que nos guiaron Deleuze y Guattari ilustran esta relación con la lengua que no pasa por el dominio ni por la confianza, sino por el acto de cifrar en ese «lenguaje único» venido de más de una lengua.

El bilingüismo de Alfredo Gangotena es también arquitectura, en tanto construye un lugar para la existencia. El lenguaje que describe Blanchot, múltiple y opaco, es un espacio para la creación que vuelve sobre sí mismo, es autorreflexivo y habitable. En este universo, junto a Mallarmé aparecen otros referentes en la poesía de Gangotena, como Albert Samain, San Juan de la Cruz, Paul Claudel, presencias afines que alimentan su voluntad de crear un lenguaje privado. Ninguno de estos autores escribió su obra en dos lenguas. En Gangotena y los escritores bilingües, oponer este «lenguaje esencial» a dos lenguas «brutas», y no sólo una, le da a su expresión una densidad particular.

Como se ha mencionado reiteradamente, el corpus de Alfredo Gangotena se forja en dualidades que, partiendo del francés o del español, rebasan el sistema de la lengua para convertirse en una construcción única. Dicha construcción debe fijar sus propias motivaciones y significados. Para ello es necesario que se circunscriba a un número finito de signos que articularán su coherencia. Por eso es necesario leer la poesía de Gangotena como un alfabeto con su propia sintaxis. Desmontar los temas e imágenes recurrentes y asignarles un valor abre claves insospechadas que han permanecido ocultas por largo tiempo. El lenguaje de esta poesía no es profuso, es decir, se inscribe en un número limitado de símbolos, imágenes y fragmentos, los cuales, en su reiteración, van apareciendo como letras con un valor específico. He aquí otra cualidad arquitectónica de la poesía de Gangotena: la medida.

El carácter de un alfabeto es limitado porque asegura en la combinación de sus letras una lógica interna. Debe contar con un conjunto repetible de signos que vayan refirmando su significado y el lugar que les corresponde a lo largo de esa repetición. El código de Gangotena se actualiza en un repertorio recurrente y limitado a través de las letras de su alfabeto, que él mismo debe forjar. En uno de sus primeros poemas, aparece ya lo que será el proyecto de la obra gangoteneana: «Aprendo la gramática de mi pensamiento solitario» (I 29).

Por su naturaleza múltiple, individual y poética, este alfabeto no es la materialización diáfana de una coherencia; se trata más bien de un lenguaje hermético en donde el sentido se halla diferido y plegado. Es la forma de la fisura presente en el poeta, la imagen de su «memoria herida». Es por eso que en Gangotena la escritura no es inmediata ni directa. La invocación a la palabra poética adopta en ocasiones el tono de una plegaria, en el anhelo de liberar el acto creador:

> ¡Palabra que dormitas y te demoras en los dédalos de mi oído,
> Palabra, impulsa pues este grito de gracia dentro de mí!
> Ayuda, por fin, a mi alma a levantarse en su deslumbrante eucaristía
> (II 92)

La invocación de la palabra es lo único capaz de sostener la angustia. Ésta es la tensión en la poesía de Gangotena: al tiempo que el poeta busca sobrellevar su estado por medio de la escritura, lo cultiva de manera tortuosa en forma de pliegues y símbolos personales. Es la «palabra que no se da nunca», laberíntica. El lenguaje conformado por estos signos no viene primordialmente del mundo exterior, y por tanto, la palabra no llega, sino sale. A través del oído, los sonidos de la realidad ingresan en el cuerpo, allí se acumula el mundo. En los versos citados aparece uno de los fundamentos de esta obra: el mundo es lo que la interiorización de este produce en la escritura.

En la poesía de Gangotena el símbolo como recurso de exploración sigue el camino trazado para él por Leibniz, Kant y luego Mallarmé: «[...] la noción de símbolo y de conocimiento simbólico, en los primeros momentos de la estética, derivan del concepto de "conocimiento oscuro" [...] indagación en el conocimiento sensible, referido a un dominio distinto del determinado bajo el conocimiento conceptual» (Varo Zafra 2008: 139). Hay un itinerario de la experiencia que va más allá del entendimiento diáfano de la realidad y de su ordenamiento en conceptos. Con Schelling, el entendimiento intelectual y el estético encuentran una forma, y lo simbólico se convierte en forma de expresión (Varo Zafra 2008: 140). De ahí que no se pueda trazar líneas, sino secuencias, progresiones, caminos intrincados que en lugar de mostrar el «a-b-c» de la intelección, lo rodean para construir su «a-z» personal.

En las *Metamorfosis* de Ovidio, Dédalo construyó un laberinto tan difícil que casi no logró salir de él: «innumerables de error, sus vías, y apenas él regresar / al umbral pudo: tanta es la falacia de ese techo» (2004: Libro Octavo). En la espera lírica están presentes las intrincaciones de ese laberinto. Entre el dédalo-palabra de Gangotena y el Dédalo arquitecto el elemento común es la edificación de una obra compleja que se construye para ser transitada en senderos intrincados y sin destino fijo. El laberinto es un edificio destinado al extravío, está hecho para la duda, para retroceder y recaminar. En un laberinto no necesariamente se avanza, se camina a tientas. Es una oscuridad creada no por la ausencia de luz, sino por las infinitas encrucijadas. El símbolo también funciona como una intersección hecha para explorar posibles sentidos. La obra de Alfredo Gangotena inscribe un itinerario laberíntico en donde los significados tardan en salir cuando el poema sucede.

Para escapar de algunos laberintos, hay que crearse otros. En *El retrato del artista adolescente* Stephen Dedalus recurre a una imagen similar para hablar de algo que se puede extrapolar a la realidad de Gangotena: «Cuando el alma de un hombre nace en este país, hay redes arrojadas sobre ella para impedirle el vuelo. Me hablas de nacionalidad, de lenguaje, de religión. Yo intentaré escapar de esas redes» (Joyce 1992: 238). El lenguaje de Gangotena son sus dominios, atravesados a la vez por redes similares a aquellas que Stephen Dedalus busca remontar.

El francés aparece como un paraje de esa fuga y viceversa, como una línea de fuga que se abre en el paraje, y sirve como punto de partida y materia para el lenguaje individual de la escritura. Las divisiones en el bilingüismo de Gangotena, cualesquiera que éstas sean, terminan por oponerse, de una en una o en conjuntos, a su lenguaje individual, ya sea en español o en francés. Cuando volvió al español, durante los últimos años de su vida, el código se individualizó aún más, en el sentido de que potenció su hermetismo y su repertorio de imágenes se volvió más concéntrico (Pérez 2004: 14). En Alfredo Gangotena las redes y los laberintos no son sólo una cuestión de lengua, sino también de su sistema exclusivo de signos.

El lenguaje gangoteneano, construido a partir de la necesidad de sobrellevar la enfermedad, condición existencial problemática, se halla sostenido así en su propio alfabeto, en donde cada signo contribuye a la formación de una sintaxis forjada en el símbolo. Su bilingüismo está formado por este lenguaje en oposición a las lenguas de los otros: el español y el francés. Como obra, se trata de una arquitectura intrincada cuya posibilidad de entrada es el desciframiento paciente de los símbolos que la conforman.

Cesura y guiñol

> La lengua única no es una lengua. Lo Único, de lo cual participan los hombres como la sola verdad materna posible (materna, es decir, común) siempre está ya dividido: en el instante preciso en que alcanzan la palabra única, deben tomar partido, y elegir una lengua.
>
> Giorgio Agamben

Si como afirma Maurice Blanchot el lenguaje esencial se halla siempre aguardando, cabría preguntarse por el lugar de dicha espera. Éste es uno de los temas recurrentes en la poesía de Gangotena. La palabra invocada y el laberinto que dormita en su oído se hallan en potencia, animada esta por las lenguas y los mundos que coexisten en un interior ahora transformado. En la poesía de Gangotena la dimensión interior es siempre concreta y material. Al invocar la palabra, también tiene lugar una invocación al cuerpo: «Alinea, oh frente, el asalto de las venas / Incertezas, pensamientos de la eterna espera» (II 67). El ordenamiento del pensamiento a punto de salir en el poema es impreciso, múltiple, bifronte, pero al cristalizar en el texto halla en la poesía una forma, la forma del laberinto: no «a-b» sino «a-z» por los caminos del símbolo.

En esa condición para la escritura el poeta se juega el sentido al establecer su defensa de las redes del mundo: «La salvación está aquí: en esta espera vigorosa, en esta voz vehemente donde el alma, tal un ala de luz[3], vuela delante de la visión» (II 82). La conciencia se manifiesta en la escritura, adopta una forma luminosa que anuncia el advenimiento de un sentido, un ala de luz. Esta retórica aparentemente celestial busca, en realidad, la concreción de la luz que ilumina los cuerpos para poder percibir y comprender el mundo; por eso se halla allí la salvación, aunque el sentido que se persigue evada al poema. El ala de luz que se anuncia en la poesía de Alfredo Gangotena es aquella que ilumina las superficies que nos permiten percibir el mundo con el ojo: «un rayo de luz que entra en el ojo y comienza su recorrido en la córnea», dice un manual. La poesía de la fisiología.

Todo esto no responde aún a la pregunta por el dónde. La espera lírica es decisiva en la poesía de Gangotena. En ella se organiza el

---

[3] Como se verá en el tercer capítulo, dedicado al alfabeto gangoteneano, la presencia de la luz en Gangotena se acerca más a su fascinación por los fenómenos ópticos que a la mística. En cuanto al motivo poético del «ala de luz», también aparece en *Muerte sin fin* (1939), de José Gorostiza: «para el ala de luz que en ella anida; / quiere, además, un tálamo de sombra, / un ojo para mirar el ojo que la mira», y en la poesía de Vicente Aleixandre: «ala de luz que cruzando en silencio / toca carnal esa bóveda oscura».

pensamiento y por ella cruzan las lenguas y los mundos a punto de ser poetizados. En qué lengua pensaba el poeta antes de escribir, si tenía lugar una traducción interna o una escritura directa, son interrogantes decisivas, y sin embargo la respuesta se escapa.

¿Cuál es la línea que divide una traducción interna de una escritura directa? ¿Se piensa sólo en una lengua? En las reflexiones sobre el bilingüismo que aparecen en *La lengua salvada. Historia de una juventud*, Elias Canetti, que también habla de salvación, fija este trabajo en lo que Blanchot llama la lengua extraña del sueño, o del pensamiento, único lugar donde puede hablarse: en el «dédalo del oído»: «No tengo la impresión de estar cambiando o transformando nada, en absoluto. No es como la traducción literaria de un libro de una lengua a otra; es una traducción que ha tenido lugar espontáneamente, en mi inconsciente» (Amati-Mehler *et alia* 1993: 191).

En una expresión bilingüe no prevalece la operación traductora de la transformación ordenada y sintáctica de un texto. Hay una etapa anterior que no se halla en el ámbito de lo consciente, cuando sucede la liberación de los mundos simultáneos en juego que se permean uno a otro. Canetti habla del inconsciente, Blanchot, del lenguaje del pensamiento, y Gangotena recurre al mundo del sueño: «Mi palabra te guiará en la aventura del sueño» (II 84). El «lenguaje oscuro en su transparencia», en torno al cual Blanchot especula, es un cruce de mundos, un momento a partir del cual se organizan las claves y sentidos del poema.

Este momento pre-poético está incorporado en el poema mismo. La espera lírica y la aparición del lenguaje múltiple y plegado del poeta bilingüe suceden en la cesura: «En vuestra cesura, oh pasos hacia el azur, / Resplandecen las secretas luces del año» (II 70). La naturaleza de esta poesía y su bilingüismo se definen en la pausa, cuando el pensamiento selecciona para su materialización el francés o el español, y dentro de uno o de otro alberga su propio lenguaje. El bilingüismo en la obra de Alfredo Gangotena sucede entre verso y verso, donde brilla la luz como forma secreta de la realidad.

Hölderlin ve lo más profundo del pensamiento en la cesura: «la palabra pura, la interrupción antirrítmica, que se opone, en el punto culminante, a la sucesión y al hechizo de las representaciones, a fin de que se vuelva manifiesta, en el lugar de su alternancia, la representación misma» (Agamben 1998: 27). Asimismo, la poesía de Gangotena tiene lugar en la interrupción, cuando está por suceder. Esta poesía de umbral se ve particularmente marcada por la cesura cuando debe elegir entre lenguas. Para Hölderlin, la materialización del mundo en la imagen sucede en el enmascaramiento. La representación misma, en cambio, tiene lugar en la alternancia. En el instante contenido entre el inhalar y el exhalar, aparece la palabra. En Gangotena, el lenguaje encarna en el símbolo, forma de buscar un sentido en una realidad escindida. La cesura en esta poesía bilingüe alberga una «palabra pura» intervenida, de manera paradójica, por las lenguas en juego.

En esta poesía, el símbolo es la medida del tiempo y el medio de indagación. La cesura, el espacio en donde se aguarda: «Mis labios prohibidos / en suspenso» (II 170). La voz, que tarda en salir, también es una forma de la pausa. Algo se anuncia y vendrá a romper el silencio y la interdicción de la voz del poeta. En *Nuit* se hallan también imágenes como ésta, en donde aparece una palabra demorada que se convierte en tiempo: «Mi rostro sumiso a la ablación de las palabras» (II 172). La poesía se debe extirpar del interior, pero al mismo tiempo el poeta no puede hacer nada sino permanecer fiel a la espera. No es mediante horas, días ni años como se mide el tiempo, sino a través de la aparición de las imágenes que forman el símbolo. Los labios en suspenso, el semblante fiel al arribo de la palabra poética, guardan un silencio habitado por el pensar y la imagen que se prepara para materializarse en el lenguaje. Es el pensamiento: «Para el poeta, la cesura del verso, el elemento que dota de una parada en seco al impulso métrico de la voz, no es otra cosa que el pensamiento» (Agamben 1998: 26).

Las pausas que se permite la escritura son treguas del sentido, instantes entre las formas que va tomando el pensamiento. Se trata de estados: el poeta dirige su mirada al espacio que opera como antesala del sentido, en el mínimo instante entre dos momentos. La cesura se halla habitada por los ecos múltiples de las lenguas que convergen en su lenguaje individual. En la obra gangoteneana ésta constituye el momento máximo de indeterminación, es decir, de bilingüismo. Cada palabra surge del pensamiento hacia la encrucijada entre dos lenguas, dos historias y múltiples correspondencias, intrazables e indisociables. El bilingüismo tiene lugar en la cesura.

La perplejidad que habita en ese instante y que da lugar al bilingüismo no separa lenguas ni mundos. Aunque Gangotena seleccione de manera lógica el francés o el español para la escritura, la tensión de su obra radica en la multiplicidad de su lenguaje poético. Aquí se hace manifiesto el carácter aporético de estas escrituras, en tanto se debe pensar la realidad bilingüe como un solo lenguaje, expresado en una lengua y un lenguaje.

Es en su unicidad como Paul Celan concibe el bilingüismo, que se distingue por su naturaleza paradójica: «Yo no creo en el bilingüismo en poesía. Existe, sí, una lengua doble» (Agamben 1998: 30). Para Celan, la característica doble de cierta poesía contemporánea se debe a la fragmentación del gusto moderno, «tanto políglota como polícromo», y así se convierte en un signo de su tiempo. Pero frente a esta dispersión, la escritura poética debe canalizarse en su tarea única: «La poesía es la unicidad en tanto destino del lenguaje. Entonces no puede ser [...] la duplicidad» (Agamben 1998: 30). Con esta afirmación, Celan defiende la elección del alemán para su escritura, lengua dentro de la cual y contra toda destrucción se preserva la existencia de la lengua de la poesía.

El carácter paradójico de la unicidad del lenguaje poético escindido aparece expresado en una poderosa imagen de «Carême», poema de *Orogénie*, el primer volumen de Gangotena. La voz del poeta se ha dividido, y esa es la única posibilidad de la escritura: «Yo aplaco mi sed en la cantimplora del ventrílocuo» (II 35). Gangotena crea una voz que parece venida de otro lado, impostada fuera de su lugar natural. Sin embargo, es justamente esa facultad de convertirse en ventrílocuo lo que permite el surgimiento de la expresión gangoteneana: el artificio creado sobre la plataforma bilingüe del francés y el español da lugar a una voz desplazada que sale de dos cuerpos, dos expresiones, pero que es una sola y en donde no es posible distinguir al ventrílocuo del guiñol. Lo que sí se expone por completo es el artificio que aplaca la sed. Como en la escena del ventrílocuo y su marioneta, los dos cuerpos de la escritura se muestran juntos y dejan ver la impostación de la voz, que en la poesía gangoteneana es una reescritura extranjera de la tradición de la poesía francesa, y más adelante la reapropiación del español desde un lenguaje particular, cruzado por el francés. La gramática del pensamiento solitario es la gramática del ventrílocuo, creador de voces impostoras. Como las de un impostor, las voces de la poesía de Alfredo Gangotena se atribuyen cualidades usurpadas, y forman, con ello, una nueva naturaleza. La apropiación que sigue al gesto usurpador del poeta andino que irrumpe en la tradición de la poesía francesa hace posible escribir. Aquí otra dimensión de la interrupción: abrir un hiato de camino entre dos tradiciones a fin de crear una deriva doble para la escritura, abrirse a la espuma, para evocar la imagen de Fleischer. El poeta bilingüe funda una suerte de siamesidad consigo mismo y su ventriloquismo para construir un lenguaje de doble matriz, doble y único, como el fascinante personaje de Pablo Palacio, la mujer siamesa, cuya evocación resulta aquí inevitable.

Se ha mencionado un segundo cambio de lengua en Alfredo Gangotena. Si bien hay una etapa inicial de escritura en español, entre 1918 y 1922[4], la segunda, a partir de 1940, no puede considerarse, en

---

[4] Adriana Castillo Berchenko ha visto en los poemas de 1922 el inicio del corpus de Alfredo Gangotena. En la revista costarricense *Repertorio americano* (junio de 1922) aparecen los poemas «Carta» y «Paisaje». «Estos dos poemas en español tras un silencio de dos años revelan, sobre todo, una evolución de orden

rigor, una vuelta. Para ese entonces, el universo poético de Gangotena se ha consolidado, y de los primeros ensayos quedan ciertos residuos. Su migración al español hacia fines de la década del treinta es, en realidad, una tentativa inaugural, y la búsqueda de su propio lenguaje en aquella lengua suya antes incuestionada. La transformación de Alfredo Gangotena en poeta bilingüe abandona las certidumbres de la pertenencia a lenguas nacionales, a literaturas bien delimitadas. Ya ni siquiera París permanece como paraíso perdido.

El motivo literario de la travesía se origina en el discurso homérico. Ulises es el viajero por excelencia. Abdelkebir Khatibi ve en Ulises la figura de la extrañeza y la condición siempre fuera de lugar del extranjero: «Sabemos que el discurso homérico, primer discurso occidental y que es un pasaje de la literatura vocal a la literatura escrita, es una iniciación a la extranjería, es decir al mundo en tanto narración del afuera, de lo extraño, del extranjero, del bárbaro» (1981: 11). El mundo como poetización de algo que no nos pertenece: escribir lo ajeno e inalienable a la vez, y la creación de ese mundo como búsqueda de un lugar en él, lugar que parece posible sólo en el desplazamiento continuo.

A diferencia de Ulises, en Gangotena no hay Ítaca porque el retorno como tal se ha desdibujado. La vuelta física y forzada a Quito crea un desfase interior y es vivida como un exilio. Más que un Ulises, Alfredo Gangotena es un Dédalo no sólo en perpetua construcción de laberintos, sino también de alas para abandonarlos. Los puntos de partida y de llegada, como las lenguas, se invierten. La medida del tiempo en los Andes está dada por un compás de espera, y Quito es en un inicio la antesala de un posible regreso a «la región de los

---

temático en Gangotena. Se percibe claramente la aparición de nuevos elementos que enriquecen el discurso poético [...] Por el contrario, desde el punto de vista formal, estos textos aún se encuentran lejos del verso acezante, violento y atormentado del gran Gangotena, aquel de *L'orage secret. 1927–1928* o de *Absence. 1928–1930*» (Castillo Berchenko 1992: 35).

sueños». Esta posibilidad, sin embargo, también se anula cuando el poeta constata que no hay lugar alguno al que volver. Una anécdota amorosa ilustra el signo trágico de su vida:

> Llega 1936, Gangotena se encuentra bien [de salud] y acepta un cargo de diplomático en París. [...] Colmado de esperanza, vuelve a la región de los sueños. Pero, por desgracia, de todo aquello que había conocido apenas queda poca cosa. Están, es cierto, la ciudad, los bulevares, el paisaje urbano tan amado, pero la atmósfera ha cambiado. Es un mundo diferente. Además, el círculo de amigos, los pares, los otros poetas, ya no están. La única ilusión que lo sostiene durante este periodo es la posibilidad de conocer a Marie Lalou. (Castillo Berchenko 1992: 160)

El poeta permaneció en París cerca de un año. Durante ese tiempo continuó la relación epistolar que había iniciado años antes en Quito con la poeta francesa Marie Lalou. París era la ciudad anhelada y el lugar del esperado encuentro con la Amada de *Cruautés* y *Jocaste*, poemas de los años treinta. Su destinataria, Lalou, le había escrito a Gangotena una carta a fin de hacerle conocer su admiración por *Orogénie*[5], y esto derivó en una pasión amorosa. Una vez que Gangotena pudo volver a París, estaba seguro e impaciente de conocerla en persona: «El 15 de abril de 1936, le envía un mensaje apremiante: "Heme aquí, de vuelta en Francia, a París, cerca de ti. ¿Me permitirás el día de nuestro encuentro? Vivo de esta asombrosa esperanza. La noche íntima por compartir. Respóndeme, amor mío, ¿me has olvidado ya?"» (Castillo Berchenko 1992: 160).

Lalou se negó a ver al poeta. La etapa terminal de una mielitis aguda la había postrado. En 1936 Gangotena volvió a Ecuador una

---

[5] Para la correspondencia escrita a Alfredo Gangotena, véase *Bajo la higuera de Port-Cros. Cartas a Gangotena*. Quito: USFQ-Jean Michel Place, 2016 (edición y traducción de Cristina Burneo Salazar).

vez más, seriamente afectado por la negativa de Marie Lalou y por haber encontrado un París vacío e indiferente a su presencia. Al inicio de *Nuit* (1938), el poeta lamentaba el olvido en que constataba que había caído su obra en Francia: «Todo ha vivido / La sangre fresca de los homenajes / [...]» (II 168). Alfredo Gangotena había pasado, y lo comprobó en carne propia. Uno de sus escasos amigos fieles fue, sin embargo, Jules Supervielle, quien le dedicó «Message», en donde le daba la despedida. Este poema abre *Nuit*, y confirma el adiós de parte de los amigos del poeta:

> Pienso en ti en tu meseta de alta geología,
> Tú, que te abres un camino entre los indios, los volcanes
> Cabalgando al pie de los Andes en donde los espacios
> Son mucho más espaciosos que en otros lados.
> Pienso en ti que te encuentras solo en el mundo en tu Ecuador.
> (II 165)

Gangotena se había convertido en «el gran ausente». Ahora el único espacio habitable eran los Andes. La última memoria que Supervielle le obsequia al poeta es de un encuentro en su casa de veraneo de Port-Cros. Allí se encontraban Jean Cocteau, Jean Paulhan y Max Jacob. Gangotena se reunió con ellos una última vez:

> No prestes atención a tantas semanas que han pasado
> Desde la última conversación de Port-Cros
> Bajo la higuera que conoce Michaux y a la cual
> Te hicimos venir después por los caminos del espíritu
> Y sentarte en el lugar de honor
> Que se le reserva al ausente. (II 165)

En 1937, Alfredo Gangotena cumplió con una corta misión diplomática en Santiago de Chile. Tras esa temporada volvió definitivamente a Ecuador. Con ese viaje quemaba naves. Publicó *Nuit*, que había estado trabajando años antes y que el poeta belga Pierre-Louis Flouquet tomó a su cargo, en Bruselas en 1938, y en 1940 apareció *Tempestad secreta*, en español y en Quito. Si en 1928 el viaje físico chocaba con la travesía interior que continuaba con su poesía en francés, en 1937 la vuelta a los Andes coincidía con la vuelta al español, quizá como la confirmación de un exilio autoimpuesto respecto al francés y a Francia, en donde se había convertido en el ausente, según rezaba el poema homenaje de Jules Supervielle.

No es posible conocer las causas concretas del segundo cambio de lengua en Alfredo Gangotena. Como ha afirmado Eliane Formentelli respecto de la poesía de Paul Celan, el bilingüismo sólo puede apreciarse en sus efectos concretos (Bennani 1985: 121), mientras las intenciones o circunstancias en que se inscribe el cambio de lengua no siempre se muestran con claridad. La única concreción del bilingüismo es la forma. La vuelta de Gangotena al español es una forma cuyos efectos concretos pueden apreciarse en un lenguaje individual que sigue oponiéndose al francés y español como conjunto, en un más allá poético de las lenguas, pero que expresa sus dislocaciones y decisiones en español.

Constelación filosófica y poética[6]

En su poesía Alfredo Gangotena recurre al símbolo y con frecuencia alcanza momentos de hermetismo –precisamente por eso ha sido leído como un neosimbolista y un poeta hermético–. Esto

---

[6] En su ensayo «Bartleby o de la contingencia» (2000), Giorgio Agamben llama al mundo del que se nutre Bartleby el escribiente una «constelación filosófica». La poesía de Alfredo Gangotena se comporta justamente como una constelación, como se mencionó en el capítulo I. De las infinitas estrellas que pueblan el cielo filosófico y literario de su época, esta obra elige alinearse con algunas de ellas para construir su propia forma. Allí centellean Einstein, Mallarmé, Samain, Nietzsche, Vallejo.

ha perjudicado otras lecturas posibles de su obra, en donde aparecen de manera descarnada y casi antisimbólica lenguajes del cuerpo o la enfermedad, por ejemplo, que no necesariamente se leen dentro de los códigos que despliega el simbolismo. Adriana Castillo Berchenko ha señalado esta generalización como un problema, pues este «lirismo reputado como hermético» (Castillo Berchenko 1992: 177) deja al margen aspectos importantes de su obra.

Por su parte, Virginia Pérez señala en varias ocasiones que «el de Gangotena es un lenguaje hermético que expresa la densidad de una realidad opaca y yerma» (2004: 51). En efecto, la poesía hermética que «busca expresar el misterio de la realidad» (2004: 51) es un signo de la obra gangoteneana, pero no el único. El hermetismo ha sido uno de sus lugares comunes, y aunque alcanza momentos oscuros, no se cierra sobre una opacidad que impide el movimiento de la lectura, contrariamente a lo que se ha dicho sobre ella.

La crítica ha sistematizado la lectura de la obra de Alfredo Gangotena como algo sombrío, llamándolo «desadaptado de nacimiento» (Arias 1960: 615), y por ende imposible de leer. También se la ha caracterizado como «misteriosa», de actitud «insular», «extravagante» (Andrade 1960: 618, 619). Es cierta la afirmación de Pérez de que el universo de Gangotena es denso, pero dispone también de umbrales para abordarlo. Frente a la cifra, en donde la expresión poética se halla mediada por la dificultad, se halla la procacidad, el cuerpo expuesto como organismo en sus procesos y en su fisiología. En esta otra fibra de su escritura el poeta se revela por completo al exhibir su circunstancia, por eso su poesía es mundana: expone su intimidad consigo mismo y con la realidad más concreta, que es la realidad del cuerpo vivo.

En su escritura las preocupaciones a través de las cuales se manifiesta la exploración del ser son, como las define Pérez, obsesivas y concéntricas. La obra gangoteneana tiende hacia una suma más bien limitada de temas: la enfermedad, la angustia, la poesía, el amor, el exilio y la soledad conforman, en conjunto, su carácter general. El poeta toma dichos temas como punto de partida para conformar un código que se define al mismo tiempo como simbólico y antisimbólico. Con la revelación más límpida de los estados conviven en su obra momentos de cerrazón, en donde acentúa la búsqueda de la cifra para construir el lenguaje individual.

Como totalidad, la obra de Alfredo Gangotena libera sus sentidos y características por medio de un lenguaje particular que irá apareciendo con rasgos definidos a partir de 1923, cuando el poeta cuenta con sólo 19 años y ha llegado a París. Ha cambiado de lengua después de una primera etapa juvenil en español. La primera experimentación formal es aún modernista, pero el viaje a Francia lo lleva no solamente a nutrirse de nuevas fuentes, sino a volcarse al universo de una nueva lengua.

Dentro de la caracterización de esta obra como conjunto se hallan el simbolismo como base y la simbolización como uno de los procedimientos poéticos primordiales. De manera más específica, Mallarmé y Albert Samain le proporcionan a Gangotena numerosos recursos para construir su propio código. Paul Claudel, Max Jacob y la poesía católica francesa de los años veinte son también una fuente con la que Gangotena alimenta la construcción de su código.

En cuanto a Albert Samain, es probable que Gangotena lo haya leído en Ecuador siendo muy joven. El simbolista francés fue una influencia importante para los modernistas latinoamericanos, a la par de Baudelaire, José María de Heredia y Jean Moréas. Los modernistas ecuatorianos tradujeron a Samain con mucha frecuencia. El crítico inglés Henry Klein, que realizó en los años noventa una relectura del modernismo ecuatoriano, lo confirma: «es obvio que la melancolía y añoranza, las imágenes sensuales y ritmos lánguidos del poeta francés, han tenido bastante efecto sobre los modernistas ecuatorianos» (Klein 2003: 54).

En el caso particular de Gangotena, es la manera de construir el símbolo lo que hace de Samain una presencia importante en su obra. El poeta toma de Albert Samain los procedimientos con que ensambla imágenes que, repetidas a lo largo de varios poemas, hacen que surja un sentido: antes que ideas explícitamente expresadas, hay una liberación paulatina de sentido que va surgiendo de las imágenes.

Samain no es un poeta filosófico, pero indaga las correspondencias del espíritu con la idea través de la poesía. Esta es una afinidad importante con la poesía de Gangotena. En 1907, Alfred Jarry le dedica al poeta una obra colectiva que lleva por título su nombre: *Albert Samain (souvenirs)*. Allí se describe el carácter de su obra: «Y si Albert Samain es un pensador, amigo de las filosofías y curioso del misterio irresoluble, esto se siente en *Le jardin de l'Infante*, pero sólo se siente, pues es demasiado artista para ver allí materia para perpetrar el horrible "poema filosófico"» (Vallette & Rachilde 1994: 15). El énfasis en lo sentido y no en lo pensado define la naturaleza de esta obra, donde no hay intelección pura, sino acercamientos a los estados, las ideas, el mundo, mediados por la sugerencia y la ambigüedad del discurso poético. Esto es lo que toma Gangotena: la imagen plegada, y aun versos completos de Samain, que reinscribe en su poesía para crear otro intermedio, algo parecido a un espacio poético entre el sentir y el pensar.

El símbolo

Este ejemplo describe los procedimientos de Gangotena para la construcción de sus símbolos. En *Le jardin de l'Infante*, de 1893, hay una imagen que se repite en varias ocasiones de maneras similares: «le manteau des solitudes». En sus diferentes escenarios, lo que predomina es la instauración del silencio y el misterio de la noche: «Sobre los bosques violetas que invitan al misterio / El gran manto de las soledades se extiende» (Samain 1944: 27). En «Veillée», poema de *Orogénie*, Gangotena reinscribe la misma imagen:

> En la nieve y en las cenizas, como el manto de las soledades,
> El viento recio de la náusea me trastorna el ombligo. (II 52)

Estos breves versos evidencian los procedimientos de apropiación de la poesía del siglo XIX, de la que parte Gangotena para transfigurar sus imágenes en una clave existencial marcada por la reflexión en torno a la angustia y la enfermedad. El «manto de las soledades» ya no es, como en Samain, intangible, sino que afecta al cuerpo. La sensibilidad de Gangotena, repartida entre la melancolía del siglo XIX y la angustia del XX, lo lleva del símbolo a su propia cifra, a la liberación del símbolo como materia para la reflexión existencial. En los versos que abren «Carême» el poeta reconfigura dos imágenes frecuentes de Samain para expresar una vez más su desasosiego:

> Ahora que una fuerza extraña me hace crujir los dientes,
> Que un silbido oceánico de tromba me quiebra los ojos:
> En mi alma sopla el eco de una voz profunda. (II 31)

En Samain, la sensación del «claquer des dents» está expresada en una imagen de decadencia: «Lujo, fruta de muerte en el árbol de la vida, / Fruta prohibida que hace crujir los dientes de caprichos» (1913: 121). La otra imagen aparece en *Poèmes inachevés*: «En una habitación cerrada donde el día flota apenas / [...] / Vibra aún el eco de una antigua pena» (1913: 245). Las imágenes de ecos y vientos que preceden la soledad y la angustia se convertirán en predilectas de Gangotena. Dos imágenes de dos épocas distintas de Samain convergen en un poema dotado de una profunda reflexión en torno a la angustia como es «Carême».

Gangotena extrema el hábito de citar el simbolismo y el romanticismo con que se forjó el modernismo hispanoamericano. No sólo cambia de lengua, sino que se apropia de imágenes con intención de acrecentar su «peso intelectual», y las hace más concretas al combinarlas con su poetización del cuerpo. Así, las desplaza en el tiempo y las hace carne de su angustia de hombre de entreguerras.

Le jardin de l'Infante lleva un epígrafe de Mallarmé, contemporáneo de Samain. Mallarmé es un modelo para la concepción misma del poema. La reunión de la idea con la forma poética es central, y base de la obra de Gangotena en su voluntad de alejarse del lenguaje común para pensar su condición. A propósito de Mallarmé, Jacques Rancière describe lo que podría ser la base de la escritura gangoteneana: «El símbolo, por su parte, pretende tomar por anticipado, inscribir el sentido que no domina en la materia que no es capaz de poner en forma. Deja ver el trabajo de una intención que se esfuerza, sin lograrlo, de poner una idea en una materia» (1996: 86-87).

Hay un sentido irrealizable en el mundo, y la tarea poética es inquirirlo, preguntarse por él a través de la imagen una vez que, paradójicamente, se ha comprobado el vacío de la existencia. En la carta que Mallarmé le escribe a Henri Cazalis en 1866, el hallazgo de la Nada aparece como el origen de la búsqueda formal:

> Infortunadamente, ahondando en el verso en ese punto, encontré dos abismos, que me desesperaron. Uno es la Nada, al cual llegué sin conocer el Budismo, y aún me hallo demasiado desolado para poder creer siquiera en mi poesía y ponerme a trabajar de nuevo, pues este pensamiento aplastante me hace abandonarla. Sí, lo sé, no somos sino vanas formas de la materia –aunque por demás sublimes, para haber inventado a Dios y nuestra alma. (1995: 297)

La concreción de la vida en materia está despojada de un fin último. Las vanas formas de lo humano son capaces, sin embargo, de sostener la existencia. Mallarmé y su encuentro con la nada evidencian la amenaza de la parálisis absoluta, pero el verso se presenta como espacio de expresión de la angustia. El símbolo se muestra así en su imposibilidad y en su posibilidad al mismo tiempo: puede acoger una idea aunque no logre encarnarla en su integridad. Gangotena se ve sujeto a una sensación de puerilidad similar a la de Mallarmé. Se establece una tensión en donde el vacío se inscribe en el texto y cobra materialidad:

> Hace un siglo, Señor,
> He perdido todo lugar en el espíritu.
> Desde entonces mi alma levanta un murmullo de desolación (II 122)

En ese lugar de vacío tiene lugar su búsqueda de sentido, dada por la escritura del estado interior. El símbolo revela el acto del pensar aunque pliegue en su carácter cifrado eso que se piensa. En *Orogénie*, Gangotena define el pensamiento como un órgano vivo y latente, atento a los sonidos del mundo: «La sien sonora de mi pensamiento» (II 65), dice. El cuerpo delata la tarea del pensar y produce su propio sonido mientras escucha el del mundo. Por otro lado, la que podría ser la «sien sonora» de Mallarmé, en consonancia con el gesto gangoteneano, define el pensamiento del poeta en «El rito de la Idea»:

> Cuando se aísla para la mirada un signo de la dispersa belleza general, flor, onda, nube y joya, etc., el medio exclusivo de saberlo consiste en yuxtaponer allí el aspecto a nuestra desnudez espiritual a fin de que ella lo sienta análogo y se le adapte en alguna confusión exquisita de ella con esta forma robada –nada sino a través del rito, allí, enunciado de la Idea […] (Rancière 1996: 124-125)

El absoluto en Mallarmé es el deseo de vestir la desnudez espiritual con las formas que la naturaleza proporciona al lenguaje, que las recoge en símbolos robados a la realidad. La forma y el sentido se funden en una entidad. Aquélla se convierte en piel del sentido al vestirlo a través de lo tangible de la naturaleza cuando el ojo aísla un fragmento del mundo y lo dota de una nueva motivación. La condición limitada de lo humano se opone al absoluto. En Mallarmé, se expresa en los límites de lo visible: «Las constelaciones empiezan a brillar: cómo quisiera [que] entre la oscuridad que corre sobre la ciega manada, también algunos puntos de claridad, tal pensamiento de inmediato, se fijase, a pesar de que estos ojos sellados no lo distinguieran [...]» (Rancière 1996: 119).

Los límites de la mirada impiden captar la totalidad de las formas disponibles en el mundo, no hay posibilidad de la escritura de lo absoluto. Los ojos del poeta están sellados, sólo puede aspirar a poetizar lo que ve, que es apenas un mínimo fragmento de lo que existe. En Gangotena, su reflexión sobre los límites dados por la contingencia y la luz tiene una remarcable cercanía con Mallarmé.

En *Hermenéutica de Perenne Luz*, la oscuridad se traduce en los límites del cuerpo –en él, un cuerpo enfermo–, su contingencia pura: «Con todos sus atractivos, la tierra, mi sustento, se me aparece. Pero esta tierra es una limitación, una contingencia, y mi cuerpo, concomitante en ella, SE DESPRENDE EN CENIZAS» (2004a: 248). Tanto en Mallarmé como en Gangotena, la poetización del mundo parte de la constatación de una condición limitada e incompleta. En ellos la ceguera, la enfermedad, la contingencia, ocupan ese espacio. Allí se refleja la condición general del sujeto moderno: «no se trata de un suceso datable de algún modo [...], sino de una transformación en curso del posicionamiento [del sujeto] respecto de la categoría central de la Modernidad», en donde la única manera disponible de entender la existencia desde la subjetividad es «un esquema quebrado en sí» (Bürger 2001: 13).

La afinidad de Gangotena con Mallarmé se puede percibir en la poetización de esa condición general. Esta similitud hace no sólo que tome imágenes de su obra, sino que se plantee la concepción de la escritura a la manera mallarmeana. En Gangotena el pensar afecta siempre al cuerpo, ya sea a la voz, la boca o la epidermis. Hay una incidencia real –sus ojos y su cuerpo están «sellados», limitados– como en Mallarmé, donde también puede verse la dimensión corporal de la angustia: «La carne está triste», dice en su «Brisa marina». La escritura revela no sólo el acto de reflexión, sino también cómo dicho acto tiene repercusiones en el cuerpo o se genera a raíz de la interacción de éste con la realidad, ya sean los otros, la enfermedad o el mundo exterior. Esto confluye en la idea y, en la poesía gangoteneana, en la reflexión y en el uso de las facultades para pensar la angustia, el exilio y la enfermedad.

La formalización de este conflicto –marcado por la negatividad, pues no son posibles el sosiego, la salud ni el retorno a un origen– avanza contra la marca de la imposibilidad que lo constituye. El absoluto, la Gran Obra que Mallarmé buscó toda su vida, se traduce en la búsqueda gangoteneana en la conciencia de la contingencia, que llevará al cuerpo a deshacerse en cenizas en su intento por poetizar el mundo. El poema es la expresión de una tensión, y con ello se convierte en heredero de la sensibilidad poética que halló su espacio de expresión en la melancolía, el tedio, la tragedia.

Para la poetización de los sentimientos negativos de autorreflexión, Gangotena recurrió a algunos temas del romanticismo. Su poesía no se dejó llevar por el *ennui* de sus antecesores, pero se volcó hacia la poesía de lo nocturno y lo interior, que es donde Peter Bürger traza una línea de la literatura contemporánea:

> Se tiene la sensación de que no hubiera escapatoria alguna, como si el individuo estuviera desesperanzadamente entregado a esta situación. Sin embargo, entonces se perfila, al principio de un modo más bien incidental, pero cada vez más nítidamente con el paso del tiempo, una transvaloración peculiar: los artistas descubren en el *ennui* una fuerza que se puede utilizar estéticamente. (2001: 181)

El sentimiento del *ennui* halla una derivación en la conciencia de la contingencia. El ser contingente, como lo define Gangotena –el poeta de ojos sellados de Mallarmé– es un espacio plegado en tensión con el mundo. Su despliegue en la escritura será un relato arduo, ésa es su motivación y constituye la transvaloración particular de su obra, en términos de Bürger. Tanto la sintaxis del ser como su circunstancia se van forjando en el transcurso de este despliegue. Esta idea se expresa claramente en el vocablo alemán *ausschreiben*: escribir hacia fuera (*aus*), abriendo. Durante la construcción del símbolo, se escribe hacia fuera, liberando ciertos sentidos, y hacia adentro, cifrando.

La escritura del símbolo es la escritura de un relato ontológico tentativo, imposibilitado de una apertura total. El relato del ser, como lo llama Gangotena, tiene lugar en la imagen poética y no en el espacio de la idea filosófica, o más bien, en el espacio en que la poesía se sitúa para ser idea, pues es allí en donde se hallan la posibilidad de la reflexión y el acto estético en conjunto. Esta confluencia de idea y símbolo, en combinación con una sensibilidad negativa, según la descrita por Bürger, contribuye a configurar el espacio literario gangoteneano.

El mundo bajo el doble signo de Hermes: hermetismo y hermenéutica

Al mismo tiempo que la búsqueda de sentido entraña una exploración del ser y del mundo, el poema mantiene sus posibilidades latentes. Su naturaleza y sus significados son parcialmente opacos, y demandan un continuo desciframiento. En el espacio del poema gangoteneano es posible perpetuar la pregunta que se hospeda en la forma de la imagen, como Mallarmé hiciera en sus versos, cerrándolos para generar una pregunta infinita, y como lo deseara el simbolismo: «El poder del pensamiento del poema era al mismo tiempo el poder del espíritu que niega toda determinación acabada y todo sentido fijo, y el poder de la vida que no cesa de elevarse, por su reflexión sobre sí, a formas nuevas» (Rancière 1996: 84). La clave para mantener viva la reflexión sobre la existencia es, por tanto, la búsqueda de nuevas formas. El poema urde dentro de sí un pensar que se halla formalizado. La idea va hacia la forma, y ésta es, a la vez, el resultado de la pregunta por la existencia y el mundo.

En la obra de Gangotena la existencia y el mundo son pura contingencia. Su concepción de la existencia contingente se define en un mundo concreto y grávido. Se nutre de la filosofía proveniente del existencialismo, junto con la física, y en especial la óptica. Con ello, «aporta una dimensión de angustia absolutamente moderna, heredera de Pascal, de Kierkegaard, de Nietzsche y de los efectos del conocimiento científico. Gangotena leyó a Einstein y, al final de su vida, a Sartre y a Heidegger» (Carvajal 2007: 215). *Ser y tiempo*, de Martin Heidegger, se publicó en 1927, un año antes de la publicación de *Orage secret* (1926-1927), compilación de los primeros poemas de Gangotena, marcados por las ideas en torno a la inmediatez del mundo, la concreción de la vida y la materialidad del vivir.

En el prólogo a *Poesía* (1956), la primera edición de la obra poética de Gangotena en español, el filósofo español David García Bacca recuerda las lecturas que hiciera con el poeta durante su exilio en Ecuador. Uno de los filósofos presentes con frecuencia en sus conversaciones fue, precisamente, Martin Heidegger:

> El concepto de Mundo, introducido y puesto en circulación por la filosofía existencialista, alemana y francesa, que el poeta conocía por Sartre, y por los trozos fundamentales que tradujo Corbin (N.R.F.) al francés del original alemán de Heidegger, parecía, un poco optimistamente, ofrecerle un refugio y un alivio. (Gangotena 2004a: 15)

En *Ser y tiempo*, Heidegger define al mundo en su «mundaneidad». Es una entidad «previamente ahí», *schon da* (90): «El mundo es aquello desde lo cual lo a la mano está a la mano». En Gangotena, también, el mundo circunda, es una concreción material y próxima, está ahí para ser explorado: «¡Oh! indolente cadena de montañas bajo mi peso» (II 87), dice el poeta sobre los Andes. El peso de quien está en el mundo lo confirma en la cercanía con ese mismo mundo, y en la naturaleza circundante de éste. La montaña está bajo el ser, confirma su gravedad y naturaleza física, pero también lo rodea y lo cubre, como un cielo mineral, su bóveda diáfana. Este mundo que ve el poeta no sólo es un cerco macizo, sino algo que se lleva en el cuerpo y se padece por su peso y gravedad:

> Triste Tierra cabeza abajo,
> ¡Eres pesada para llevar sobre las rodillas! (II 34)

El pasaje proviene de «Carême», poema que abre *Orogénie*. En este volumen los motivos gangoteneanos recurrentes empiezan a aparecer en versos largos y cargados. El mundo es físico: es tierra, aglomeración y peso. También aquí el orden vertical del Universo se ha trastrocado. La Tierra no se halla debajo, sino sobre el cuerpo, amenazándolo con su peso. El mundo lindante con dicho cuerpo se cierne sobre él y también lo rodea, pero esta proximidad no hace de la realidad algo cercano. Esta intimidad abre un abismo entre el poeta y el mundo. Las dimensiones en las que se forja la poesía gangoteneana siempre están dadas por esa tensión.

En *Hermenéutica de Perenne Luz*, texto en prosa esbozado en sus últimos años y recogido por sus amigos tras su muerte, el poeta establece una relación de simultánea continuidad y ajenidad con el mundo, que se reconoce como fuente de experiencia, pero siempre abocada al interior: «En suma, el descubrimiento por el espíritu, en este mundo y en mi implicación vital, de esta existencia» (2004a: 245). Lo exegético constituye un movimiento hacia fuera, una salida del verso hacia lo que dicho verso establece como contacto con el mundo mediante su forma, y luego vuelve a él para buscar ahí el sentido del mundo. La obra gangoteneana se nutre así de los procedimientos simbolistas, pero también de la filosofía existencialista de su tiempo.

Ahora bien, la relación inquisitiva, indistinguible entre lo interior y lo exterior, no significa que el aspecto hermenéutico del poema conduzca indefectiblemente a un conocimiento del mundo, pues la naturaleza del símbolo no permite que éste abra su sentido por completo, lo cual genera una resistencia en el movimiento de interpretación. Tampoco significa que las dos dimensiones se diferencien claramente: subsiste en el poema la indeterminación de cuánto hay del mundo en el ser y viceversa.

En su *Teoría estética*, Theodor W. Adorno explica esta tensión como la aporía de la expresión artística: «Lo que adquiere lenguaje entra en el movimiento de algo humano que todavía no es y que se agita en virtud de su propio desamparo, que lo obliga a hablar» (2004: 161). En Gangotena se da una conexión entre su poesía y las regiones más íntimas de lo humano, movimiento del que habla Adorno. Dicho movimiento no es progresivo dentro de la linealidad del verso, sino que avanza y retrocede en medio de dobleces, sin «vectores, ni herramientas de otra fuerza» (Adorno 2004: 241), como dice el poeta en «Perenne Luz». Ése es su desamparo: la «más ardua noche». Continúa Adorno: «la estética no ha de entender las obras de arte como objetos hermenéuticos; en la situación actual, lo que habría que entender es su incomprensibilidad» (2004: 161-162). De ahí que *Hermenéutica* sea un título desorientador para un arte poética. No se trata de dilucidar un sentido del mundo, sino de ir hacia su indagación. En la *Hermenéutica* el mundo es, a la vez, el cuerpo, y lo exterior está ahí como materia de creación de analogías con el paisaje interior del poeta, su desnudez espiritual:

> Me veo entrar de lleno en esta soledad, en esta reversible acumulación de mí mismo, del ser en mí, entrar tan cargado de relación, de experiencias concomitantes a un mundo que en esta circunstancia, sin embargo, trato de eludir, en voluntad expresa de primeramente encontrarme a mí mismo, y en vista de la ulterior y capital experiencia, aquélla de la vuelta al mundo. (2004: 245)

En este desplazamiento hacia el centro del ser y en la salida posterior al mundo, las correspondencias entre las palabras y la realidad no son armónicas, al contrario, se hallan dislocadas. Por eso hay que emprender una reflexión en donde el lenguaje cobre nuevos significados. Dichas correspondencias se fundan, paradójicamente, en la tensión con el mundo y no en armonía con él. Este es un rasgo de la incomprensibilidad de esta obra.

El pensamiento que, como se ve en la obra virtualmente bilingüe de Gangotena, sucede en la cesura, es el lugar donde el poeta es capaz de hallar una tregua con el mundo. Allí se genera una obra que toma una forma poética y que tiene lugar en ese mundo inmediato. Al ingresar en este espacio, el estar del cuerpo acumulado, su *Dasein*, el espacio que ocupa en la forma de su presencia potencia aquel «ser en mí». El interior parece plegarse, y en ese pliegue la interioridad cobra mayor densidad —una de sus dimensiones es su naturaleza bilingüe, la densidad que hace que tenga lugar la cesura—. El espacio del ser constituye así dicho pliegue, en donde la experiencia acontece al tiempo que éste se resguarda del mundo.

En Gangotena, el sentido se pliega no sólo en los cruces y ecos de las lenguas en que se concreta, el español y el francés, sino que, además, se cifra en ese símbolo fragmentado donde es posible articular un nuevo sistema de relaciones. La relación del cuerpo con el mundo, de la lengua con el ser, del español con el francés, son los ámbitos más amplios de un establecimiento de correspondencias que irá hallando escalas cada vez más reducidas. En esas relaciones transcurre el relato del ser del que habla Gangotena en su *Hermenéutica*. El símbolo gangoteneano puede considerarse hermético, pero es también comunicante. No hay una simbolización sostenida sino alternante con momentos descarnados, como los señalados en relación con la enfermedad, por ejemplo.

En la etapa final de su obra, en «Perenne Luz», es clara la tensión entre el cuerpo y el mundo, ya sea a través del símbolo o en imágenes más abiertas. Gangotena sitúa al «espíritu denodado» entre «abultados cortinajes, como otras tantas cabelleras de lo oscuro» (2004a: 240). En los escondrijos de ese tapiz espeso tiene lugar el movimiento de la escritura del poema, obligada así a avanzar a tientas a fin de alcanzar el fin del verso. El breve paraje en la exégesis del ser sucede, nuevamente, en la cesura. Allí tiene lugar la pregunta, entre dos mundos y dos lenguas.

Si cabe hablar de hermetismo, es necesario precisar que la poesía gangoteneana se halla bajo el doble signo de Hermes: lo hermético y lo hermenéutico, la sombra y la interpretación de la luz sobre los cuerpos. Este paisaje en claroscuro debe ser recorrido como un contramovimiento, pues la relación entre el mundo y el poema no consiste en una dinámica de representaciones y mímesis, sino en el establecimiento de correspondencias y dislocaciones dadas por un lenguaje individual. En esos aspectos Gangotena se inscribe en el contexto vanguardista de su tiempo y en el quiebre que se produce entre representación del mundo y expresión del interior:

> En general, la hermenéutica de las obras de arte es la traducción de sus aspectos formales a contenidos. Sin embargo, las obras de arte no los obtienen directamente, como si simplemente tomaran el contenido de la realidad. El contenido se constituye en un contramovimiento. El contenido se imprime en las obras que se alejan de él. […] Este movimiento participa en el contenido mediante la negación determinada de éste. (Adorno 2004: 189)

Es justamente a partir del sentimiento de rechazo del mundo cuando Gangotena empieza a escribir y a reflexionar sobre la escritura, como afirma en la *Hermenéutica*. La ruptura con la representación, la diafanidad y la explicación abierta del mundo sostienen su poesía, como texto, como gesto y como idea.

A inicios de 1928, Alfredo Gangotena vuelve a Quito emplazado por su familia para cumplir con los mandatos de clase, provenientes de una cadena de privilegios que se funda en la tenencia de la tierra, residuos de lo criollo y una cierta idea de «aristocracia» en los Andes. Se espera que el poeta administre las haciendas familiares y que ejerza su profesión como geólogo, grado que había obtenido en París. No hay evidencias de que haya cuestionado la decisión paterna. Entonces, escribe *Absence. 1928-1930* (publicado en 1932), poemario en donde se condensa su mayor momento de angustia frente al desconcierto que le producen los Andes, la lejanía de París y la obligación de existir en un mundo para él incomprensible. La soledad y la nostalgia lo llevan a un estado de impotencia, y es justamente esa imposibilidad lo que lo obliga a llevar el lenguaje a sus extremos, a recombinarlo a fin de intentar hallar un sentido para ese momento y esa geografía.

En el fragmento que abre *Absence. 1928-1930*, el mundo se presenta como algo frágil y sin forma concreta: «El mundo, en este minuto, no es más que el hálito de un pensamiento» (II 108). Sólo se puede constatar el presente inmediato, y el mundo no es nada más que un aire hostil, intangible pero capaz de revolver el cuerpo. El mundo, débil aliento de una idea, es enorme y mínimo al mismo tiempo. Al hallarse fragmentada la relación con dicho mundo, el lenguaje se encuentra solo, desmotivado. En ese vacío opera la escritura gangoteneana.

La dificultad para entender los sentidos que organizan el mundo despoja a la poesía de la representación, ésta ya no ofrece certezas. Al separarse de la mímesis, la escritura queda sin modelo de comprensión, sin lugar a dónde mirar. «El poeta ya no tiene modelo a imitar, celeste o humano. En adelante, será únicamente por la "sola dialéctica del verso" como podrá avivar el sello de la idea, agrupando según un ritmo esencial "todas las vetas dispersas, ignoradas y flotantes"» (Rancière 1996: 30). Sin modelo que establezca una sintaxis previa capaz de leer el mundo, el poema articula un nuevo orden, que empieza y termina en sí mismo, pues va forjando sus propias relaciones. Al ser

III. Particiones siempre asimétricas del bilingüismo   165

un acto no representativo, el mundo evocado en el poema es sobre todo interior. El mundo exterior se convierte en una interrogante: a pesar de su inmediatez, se muestra opaco, reacio a la liberación de significados. En *Nuit*, es una entidad silenciosa y vasta: «Sobre la estepa lunar de este gran afuera / El mundo calla, sin embargo, alrededor / El mundo, y la extensión» (II 177).

La luz, que antes pudiera haber dotado al mundo de formas y sentido, se halla ahora solo en las cavidades secas y cerradas de los muertos. Concebir el poema se torna doloroso, aun físicamente: «¡No puede más!, mi lengua no puede más, asfixiada por ampollas» (II 184). En esta poesía, el dolor y la angustia se materializan en los órganos, especialmente en los del habla. La lengua, la boca, la garganta, aparecen como lugares del padecimiento mientras intentan articularse y articular.

Sin embargo, en ocasiones, esta luz, que en *Nuit* se extingue en la boca de los muertos, se muestra de nuevo en el mundo y permite su exploración. No se trata de un ciclo de amaneceres y crepúsculos, tampoco de una idea cronológica de la luz y la oscuridad, sino de un plegarse del mundo en sí mismo. La única manera de recorrer esos recodos es acudir a las zonas de luz liberadas por momentos. En «Carême», por ejemplo, aparecen momentos de posibilidad:

> El misterio del mundo abierto a mi conocimiento.
> No tengo el don de las sutiles Matemáticas:
> Pero los trucos y los números, los hilos del Álgebra,
> Me ayudarán a presentirte,
> ¡Tácita estrella de Magnesio!
> Luminosa, te anuncias en la turbación de mi pensamiento (II 37)

El indagar en el mundo está dado por tretas, cálculos ciegos y símbolos –hilos– algebraicos, y justamente ese es el sentido: guiarse por esas tretas y esos hilos:

> Gangotena plantea esta desesperante contradicción en términos que nos recuerdan tanto a Pascal como a Leibniz, en la alusión que el poeta hace al «secreto de las sutiles Matemáticas», las cuales, de existir, nos permitirían acceder al orden (divino) del mundo. Si bien se carece del secreto de las sutiles Matemáticas, de la «Matemática universal» (Leibniz), el conocimiento algebraico, evidentemente de grado menor en sentido ontológico («ardides», «números» e «hilos», que caracterizan con precisión al conocimiento matemático), es con todo la vía con la que cuenta el pensamiento para «husmear» en el sentido del mundo. (Carvajal 2007: 212)

El mundo gangoteneano sólo puede «husmearse», además, como fenómeno, en tanto sucede como resultado de la luz que baña los cuerpos de la realidad. En conexión con la teoría de la relatividad, las concepciones del espacio y el tiempo de las primeras décadas del siglo XX, Gangotena se planteó la pregunta por la luz. A la par de la incertidumbre dada por el sentimiento de angustia, la realidad de la enfermedad, la proximidad de la muerte, la luz prevalece, como se afirma en la *Hermenéutica*: «algo en este ir de contingencias aparece como invariante: la luz» (2004: 249).

Al hacer su semblanza de Gangotena, David García Bacca precisa que las lecturas y las ideas que reinscribió en su poesía eran, sobre todo, científicas y filosóficas, una vía de entendimiento del Universo: «[...] a ratos le servía la fusión relativista de espacio y tiempo, la función cósmica de la luz [...]» (García Bacca 1953: 13). El filósofo español menciona, además de Becquerel, a Albert Einstein, a Hermann Minkowski y a Blaise Pascal entre sus lecturas. En su poesía la ciencia cobra una valoración filosófica, y esta reflexión cruzada dota de una densidad enorme a la imagen poética. Uno de los ejemplos más citados de la relación entre Gangotena y la ciencia pertenece a «Carême»:

> Oh Pascal:
> El espíritu de aventura, de geometría,

En avalancha me prende,
¡Y acaso yo no soy sino el acróbata
Sobre las geodésicas, los meridianos! (II 31)

Los límites del conocimiento científico del mundo se presentan como fuente de angustia. El «espíritu de geometría», definición pascaliana de la interpretación exacta del mundo, busca una evidencia imposible de hallar, así que este «espíritu» resulta insuficiente para el poeta, y lo coloca en un estado de inestabilidad. Al inicio de lo que hoy se conoce como sus *Pensées*, Pascal define el espíritu de geometría como una manera de concebir el mundo en la que «los principios son palpables» (1960: 1) y buscan el orden. El geómetra quiere «comenzar por las definiciones y enseguida por los principios» (1960: 2), hay fórmulas y modelos del mundo preestablecidos. Quien procede de manera geométrica va a la confirmación del orden de la realidad en dichas fórmulas. El «espíritu de fineza», por el contrario, busca las razones del corazón y el entendimiento desde un espíritu sensible opuesto al racionalismo.

El acróbata en el poema asume la paradoja del entendimiento científico y sensible-religioso del mundo en su cuerpo, reproduce la tensión de Pascal y evidencia la imposibilidad de la medición de la tierra. Dicha paradoja es fuente de la angustia frente a la conciencia de lo humano, tanto en Blaise Pascal como en Gangotena: «la inquietud del alma que se mueve entre la soledad y la infinitud del universo, entre la abstracción geométrica y la fe» (Carvajal 2007: 209).

El poeta intenta un precario equilibrio para caminar en la tierra sobre sus líneas de medición en una aventura que se apodera de él. A través de esas mismas líneas se dimensiona un mundo que no logra conocer, a pesar de lo mensurable. El acróbata se expone incesantemente a la caída. La línea de medición termina por ser una cuerda floja que le permite avanzar sólo por medio de piruetas. Ante esta relación que se establece entre el cuerpo y el espacio, el conocimiento no proporciona certezas. Por tanto, sólo cabe buscar en el espacio una casa para el equilibrio: «Pero como tú antaño, pequeño Blas, De espaldas bajo las sillas, / Con gran estrépito carcomo los travesaños».

Esos tablones, como si fueran miniaturas de las líneas geodésicas, son devorados por el desasosiego ante la imposibilidad de conocer. La salida a la realidad impone la vuelta a sí mismo. Ante la posibilidad científica de conocer el mundo, experimentada de manera angustiosa, el poeta se repliega. Si Gangotena tituló *Orogénie* su primer poemario, no era la posibilidad de conocer la tierra lo que estaba afirmando. Lo orogénico aparece como evocación de un temblor telúrico capaz de sacudir el cuerpo del acróbata que intenta atravesar un fragmento del mundo, mientras la orogenia aparece como la constatación de la precariedad de la existencia en el espacio-tiempo. En el momento en que el ser y el mundo se acumulan y producen angustia, el desasosiego empuja al poeta bajo las sillas, al nivel más inferior del mundo, al suelo, en una especie de aplastamiento que aparece también en otras imágenes de la gravedad.

La densidad de este espacio que habita el ser en la poesía de Alfredo Gangotena se concibe desde un entendimiento del mundo como fenómeno, pero no desde el orden de lo calculable. Los principios de la física dotan al mundo gangoteneano de densidad y gravedad: «Perenne luz significaba –y la vivía el poeta– como "dos vocablos asimilados en un conjunto espacio-temporal, en una presencia física" (*Hermenéutica*). Juntos espacio y tiempo, bien juntos, fundidos en una fórmula mística, la llamaba Minkowski [...]» (García Bacca 1953: 13).

Esta breve mención de Hermann Minkowski ayuda a entender las relaciones que Gangotena pudo haber establecido entre el trabajo del primero y las reflexiones de orden más filosófico de Albert Einstein, pues sus fuentes, aunque provenientes de la ciencia, terminan reconfigurándose en consonancia con sus preocupaciones existenciales en la imagen poética. El hallazgo que hace Minkowski de la dimensión espacio-tiempo en la década de 1910 es lo que toma Gangotena para su *Hermenéutica*. La noción de una dimensión espacio-temporal se puede contextualizar de manera general a partir de esta explicación:

> [...] Albert Einstein cambió totalmente nuestra noción del tiempo, a través de la formulación de la teoría especial de la relatividad y afirmando, en particular, que el tiempo fluía a diferente velocidad para diferentes observadores. Tres años más tarde, Hermann Minkowski unió formalmente los parámetros de tiempo y espacio, dando lugar a la noción de una entidad fundamental cuatridimensional, el espacio-tiempo. Citando a Minkowski (discurso pronunciado en la Octagésima Asamblea de Científicos Naturales y Físicos, 21 de septiembre de 1908): «En adelante, el espacio por sí mismo, y el tiempo por sí mismo, están condenados a apagarse hasta llegar a ser meras sombras, y sólo un tipo de unión de ambos preservará una realidad independiente» (Gordin 2008: 396).

Como afirma García Bacca, es muy peculiar la manera en que Alfredo Gangotena construye su discurso poético: «Extraña, y para mí desconocida, fusión de relatividad y existencialismo» (1953: 15). En la imagen poética gangoteneana intervienen, de esta manera, la relatividad, el simbolismo y el existencialismo, formas de indagación y de conocimiento que son absorbidas por su obra.

La luz no es mística

En cuanto a la luz, ha sido motivo para leer la poesía gangoteneana sobre todo en clave religiosa. En efecto, hay en ella un hombre que se debate con la duda de Dios y con su catolicismo, pues su poesía no es una poesía sin Dios, por el contrario, eso la hermana con la obra de otros poetas católicos como Max Jacob o Pierre-Louis Flouquet, lo que los situó en la retaguardia de los años veinte en la poesía en lengua francesa. Con frecuencia los poemas de Gangotena adoptan un tono de plegaria o se inflaman a la manera de San Juan de la Cruz, como ha señalado el mismo García Bacca, quien ha descrito la obra gangoteneana como una «llaga de amor viva» (García Bacca 1953: 10), parafraseando al poeta español. La duda religiosa es fundamental en Gangotena:

> [...] sobre todo [en] «Christophorus» y «Avent» –primera versión de «Carême», poema fundamental de su primer libro, *Orogénie*–, se advierte que el poeta, educado en Quito con los jesuitas, formado por tanto en la tradición católica y barroca durante sus primeros años, al recibir la influencia de Pascal, explícitamente aludida en «Carême», y posiblemente de Kierkegaard y Unamuno, se vuelca hacia una experiencia religiosa agonística, marcada por la duda que, en la exacerbada hambre de Dios que trasluce, manifiesta también la angustia escéptica. (Carvajal 2007: 201)

A esta duda fundamental se opone la fascinación por los fenómenos ópticos, que es a la vez conciencia de los límites de lo humano. La luz como imagen y vector de esta obra debe ser entendida sobre todo en su manifestación física. Gangotena y su poetización de la luz se apoyan en la línea científica que pasa por Leibniz, Newton y Goethe. Por otro lado, y también presente en Gangotena, el pensamiento de Schelling es un ejemplo paradigmático de la fusión de los conceptos filosóficos con los científicos. Aunque de principios del siglo XIX, se puede proyectar a las elucubraciones poéticas de todo ese siglo y a los principios del siglo XX. En su *Sistema de idealismo trascendental*, Schelling escribe:

> Pero ahora debe haber un límite absoluto para la intuición de la inteligencia; este límite, para nosotros, es la luz. Pues, aunque extiende nuestra esfera de intuición casi a lo inconmensurable, el límite de la luz no puede ser el límite del universo y no es una mera hipótesis que más allá del mundo de la luz brilla con un resplandor desconocido para nosotros un mundo que ya no cae en la esfera de la intuición. (1988: 125)

Lo que se puede poetizar, además de la luz misma, son las formas que se pueden percibir en ella. Por otro lado, la materia para la poesía no es sólo lo visible, sino lo que se intuye más allá de lo manifiesto. Lo luminoso, lo no iluminable, lo opaco y la luz misma pueden verse como las categorías en que se divide el mundo en términos de percepción.

En la afirmación de Schelling se puede ver también la angustia de Mallarmé: el deseo de claridad sobre la ciega manada, la imposibilidad de ir más allá de lo que la luz decide alumbrar. El hecho de saber que existe algo, pero que ese algo esquiva la iluminación, y por tanto la percepción, es fuente de angustia. Los confines de la luz no son los del Universo, pero sí del sujeto, condenado a un entendimiento parcial del mundo y a la poetización de sus fragmentos.

El pensamiento científico y filosófico alrededor de la óptica define la obra de Gangotena sobre todo a partir de *Nuit* (1938). Allí son más frecuentes que antes las imágenes de reflexiones, superficies y espejos. De vuelta al mundo conocido de la luz y el mundo misterioso de las sombras de Schelling, en Gangotena la expresión de esa dualidad se prolonga en varios pasajes. En el fragmento cuarto de *Nuit*, la oposición entre la certeza y el misterio del ser se halla presente en varias imágenes de la luz y la oscuridad:

> Astros injustos de mi luz,
> ¿Por qué cambiantes espejismos me habéis pues abandonado de este modo?
> Decidme, ¿qué hay de extraño,
> De sospechoso, de abrupto, en el fondo, bajo las apariencias carnales?
> ¿Y quién me empuña y me arranca de mi zócalo,
> Y me aprehende por el recio haz de mis venas? (II 181)

La luz fugaz deja al poeta entre los destellos engañosos de la oscuridad, da forma a su existencia. ¿Qué hay bajo la piel que la luz ilumina, que parece producirle mal? La luz corre por las venas como la sangre, y el cuerpo que se muestra ante la luz se vulnera. En este pasaje del cuerpo sujeto a los caprichos de la luz pueden intuirse las imágenes que pueblan la mente del poeta. Haces, sombras, velocidad, caminos inesperados de la luz, como los ensueños, ocupan el espacio de los versos.

Tener un cuerpo. La enfermedad como conocimiento del mundo

> Impelido sobre la tormenta y el pulso de mis venas,
> Respiro hacia delante y mi destino me precede.
>
> Alfredo Gangotena

La poesía de Alfredo Gangotena aparece como un solo verso fragmentado a lo largo de sus diferentes poemas. La reaparición de imágenes y estados de ánimo específicos elabora un mapa del paisaje interior del poeta definido por la enfermedad, prisma desde donde se despliega el conjunto de haces que conforman su obra.

Gangotena fue un hombre enfermo, pero no se conoce un diagnóstico concluyente de su condición. Sucesivamente, se ha afirmado y negado que padeciera de hemofilia, y la negación proviene particularmente de sus herederos. La primera hipótesis, su diagnóstico como hemofílico, se sostiene en una afirmación de Henri Michaux, uno de los amigos íntimos de Gangotena en París y su compañero de viaje en el primer regreso a Ecuador. En 1934, Michaux publicó una reseña de *Absence. 1928-1930* para *Cahiers du Sud*. Allí escribió: «el autor, siendo joven, sufrió de varias enfermedades, entre ellas la hemofilia» (en Bellour 1966: 342).

Por su parte, Virginia Pérez, quien en 2004 entrevistó a la sobrina de Alfredo Gangotena, Monna Mouradian, se limita a afirmar que Gangotena «habitaba un cuerpo enfermo» (2004: 14), aseveración que cede ante la insistencia de la familia en negar la hipótesis de la hemofilia. Para la edición del libro de ensayos de Pérez dedicado a Gangotena, *Huésped de sangre* (2004), Mouradian insistió en hacer corregir una impresión ya hecha de un cuadernillo en donde aparecía la palabra «hemofilia», y los editores debieron alterar el párrafo e introducir la expresión «cuerpo enfermo»[7]. Esta elusión, persistente desde la muerte del poeta en 1944, resalta la ambigüedad más que disimularla. ¿Qué es «un cuerpo enfermo»? La página corregida y reintegrada una vez impreso el libro evidencia la ambigüedad en que se mantiene el tema de la enfermedad en Alfredo Gangotena, pero sobre todo revela el temor que existe en torno a la hemofilia, enfermedad de la sangre sobre la cual se cierne la sombra del incesto.

Los caminos de la enfermedad son infinitos, pero el padecimiento se vuelve particular e irrepetible en sus características específicas. Esta definición es insuficiente para comprender la obra de Alfredo Gangotena. Si se da curso a la hipótesis de la hemofilia, todo un mundo sale a la luz. Los signos de esta enfermedad coinciden estrechamente con la condición que Gangotena recrea en su poesía. Si se determinara el mundo gangoteneano como un universo poético hemofílico, la reflexión se desarrollaría como sigue.

---

[7] Años después de esta edición, Virginia Pérez volvió a citar el mismo problema en *Alfredo Gangotena. el joven poeta*: «Como en Supervielle la conciencia del cuerpo y del latir de la sangre estarán presentes obsesivamente en la obra poética de Alfredo Gangotena. Algunas fuentes biográficas –partiendo de un comentario de Henri Michaux– aducen que el poeta sufría hemofilia. Este rasgo ha sido insistente y vehementemente negado por la familia Gangotena. Así mismo no existe ninguna evidencia ni mención de esta dolencia en la correspondencia del poeta» (Pérez 2006: 43).

Primera hipótesis. Alfredo Gangotena padeció de hemofilia

En la época de Gangotena, la hemofilia aún se situaba en una línea estigmatizante que se originaba en la lepra. Aunque socialmente operaba de una manera distinta, era temida como manifestación de la sangre contaminada, y por tanto el hemofílico podía llegar a enfrentar la exclusión social.

Heredero de una enfermedad de la sangre, no por contagio ni por los juegos de Eros, el hemofílico es un «enfermo inocente», afectado al nacer por su propia madre. La hemofilia no se contrae, se transmite, es la antesala de la llegada al mundo y un factor determinante en la relación de una persona con su realidad.

Definida como un trastorno genético de la coagulación de la sangre, la enfermedad produce hemorragias persistentes, no necesariamente veloces, sino riesgosas en tanto la sangre no es capaz de condensarse en coágulos para detener los sangrados. El movimiento perpetuo y pulsátil del torrente sanguíneo es peligroso, y sume al hemofílico en un constante estado de incertidumbre. La mayor parte de las hemorragias son internas, pero la presencia frecuente de hematomas genera confusión al no saberse si el daño al cuerpo viene de su interior o del exterior. No sólo el propio cuerpo, sino también la realidad exterior se torna amenazante.

El hemofílico no es un sifilítico ni un tuberculoso, y su mal no ha sido mistificado con tanta frecuencia como la tuberculosis o la sífilis, romantizadas en la historia de la literatura más que otros males. Por ejemplo: «se pensaba que la tuberculosis provenía de un exceso de pasión que afectaba a quien pecaba de temerario y sensual» (Sontag 2008: 11). La tuberculosis es la enfermedad de Deleuze, de Keats, de Kafka. La sífilis es la de Baudelaire y tal vez la de Nietzsche.

¿Pero quién ha poetizado la lepra, la hemofilia? ¿Cómo se incorporan a la poesía los males de la sangre contaminada? En *La enfermedad y sus metáforas*, Susan Sontag reparte los síntomas de la melancolía y la personalidad artística entre la tuberculosis y la sífilis durante el siglo XIX. En el siglo XX aparecen la locura y el cáncer para reemplazar a algunos de ellos –basta pensar en todo lo que se ha escrito en torno al cáncer de mandíbula de Freud–. En ningún lado aparece la hemofilia, no se trata precisamente de una enfermedad «poética»:

> El punto de vista romántico dice que la enfermedad exacerba la conciencia. Antes la enfermedad privilegiada para pensar era la tuberculosis; hoy se piensa que lo que lleva la conciencia al paroxismo de la iluminación es la locura. El romantizar la locura es el reflejo más vehemente del prestigio de que goza hoy el comportamiento (representación teatral) irracional o grosero (espontáneo), de ese mismo apasionamiento cuya represión, antes, debía ser causa de tuberculosis y, hoy, de cáncer. (Sontag 2008: 14)

A pesar del silencio que rodea a la hemofilia en el discurso literario, y de su inusual romantización, un motivo literario esconde su presencia y puede haber pasado desapercibido en este sentido: el pinchazo de la espina en los dedos. El motivo de la rosa se vincula al exangüe Rainer Maria Rilke, uno de los pocos poetas en acompañar a Gangotena en la poetización de este mal. Rilke en realidad padecía de leucemia, pero se ha atribuido su muerte al desangramiento por el pinchazo con una espina. Así se han leído los versos de *Testamento* extraídos para su epitafio: «Rosa, oh contradicción pura, placer / ser el sueño de nadie bajo tantos párpados» (Ródenas de Moya 2008: 74)[8]. Al parecer, Rilke prefirió la hemofilia a la leucemia como explicación de su muerte. La contradicción de la rosa es la contradicción de la

---

[8] En «El rastro de tu sangre en la nieve» Nena Daconte también muere por el pinchazo de una rosa en el dedo: «había muerto desangrada a las 7:10 de la noche del jueves 9 de enero, después de setenta horas de esfuerzos inútiles» (García Márquez 13). El desangramiento como motivo poético alcanza, incluso, el mundo de lo vampiresco. Una historia de la literatura basada en la pérdida de sangre podría ofrecer resultados insospechados.

sangre hemofílica: incontrolable y enferma, es un torrente vital y una amenaza al mismo tiempo. Gangotena no acudió al motivo de la rosa para hablar de la enfermedad. Su código bebe de otras fuentes, pero quizás experimentó una dualidad similar. La enfermedad define de manera absoluta las condiciones en que se forja su poesía, como dice en los años iniciales de su obra, en 1925, al final de *Christophorus*:

> Y tú, lector, considera
> La sangre tórrida de mis arterias.
> Tras la vergüenza, el acceso de ira;
> El ojo vernal, el rostro árido; tras
> El entumecimiento y la náusea,
> El poeta abandona su bello lenguaje
> Pues angelical al fin se irisa
> La bóveda diáfana de su torpeza. (I 82)

La advertencia al lector no es sólo para este poema, sino para toda la obra. Éstas son sus condiciones materiales: la materia es el delgado muro líquido del cuerpo, frágil separación entre el poeta y el mundo. A partir de ella percibe su realidad y la convierte en materia de escritura. Al regarse en hemorragias internas y externas, la sangre conduce a la extenuación y el poeta muestra entonces su verdadera escritura, producto de dicho agotamiento.

A primera vista, el poema terminaría donde inicia la torpeza por la turbación de la enfermedad. Es precisamente el punto de partida de la obra de Alfredo Gangotena. Cuando «el poeta abandona su bello lenguaje» empieza a operar otro, dominado por la persistencia del padecimiento y compuesto por imágenes descarnadas. La escritura se halla siempre al borde de la convención literaria y la lleva al extremo mediante la intensidad de la experiencia. La «bóveda diáfana», tan cara al romanticismo, es en estas líneas metáfora de la consternación.

Gangotena transfigura motivos románticos, simbolistas y modernistas para asociarlos de maneras inesperadas. El cielo gangoteneano no es celestial. Su universo se constituye en la enfermedad y es diáfano en tanto expone bajo su cúpula la condición del cuerpo. Es una luz que no da forma a lo bello, sino a lo enfermo. La renovación que tiene lugar al irisarse este cielo de torpeza viene, por un lado, impuesta por la imposibilidad de una expresión «bella», como dice el poeta de manera irónica. Sin embargo, dicha imposición se transforma en la elección deliberada de la poetización de la enfermedad, que terminará siendo el fundamento de esta escritura y que, con ello, rebasa la mera elección temática.

Junto con la expresión de la enfermedad aparece una escritura transparente, con frecuencia se halla despojada de simbolismo:

¿Y el insólito chirrido de mis rótulas;
esta hipócrita y temible sequedad, este gusto de árnica en mis tendones? (I 91)

El sangrado interno de rodillas y articulaciones es común en los hemofílicos. Produce una sensación de desecación, y los dolores suelen aliviarse con ungüentos de árnica. La distancia entre la vivencia de la enfermedad y la materia poética se acorta por medio de la literalidad y un trabajo que por momentos podría aparecer como antipoético, si no fuera por sensaciones sinestésicas como la de sentir el sabor del árnica en los tendones, que hacen de papilas. Por el contrario, en los poemas que expresan una dimensión menos física y más existencial del dolor, la simbolización reemplaza a las imágenes directas. El canto de agonía gangoteneano, como se titula uno de los poemas de 1927, es la expresión indisociable del padecimiento y la angustia. Allí el dolor no purifica ni se vive como sacrificio. Es un presente intenso sin salida, estado de angustia en el espíritu que a la vez es concreción y materialidad: «mis venas, cargadas de lágrimas, que pesan en mi cerebro» (II 106), dice el poeta, reuniendo lo físico, lo espiritual y lo intelectual.

La simultaneidad intensa de las dimensiones de la existencia no sólo es central como tema. La intimidad entre lo material y lo considerado inmaterial –lo espiritual, lo intelectual– es la manera en que el poeta se relaciona con el entorno. El mundo gangoteneano es inmediato, concreto y tangible, y aun lo más incorpóreo se vuelve materia. El pensamiento carga el peso de las lágrimas, y éstas circulan en la sangre. En esta poesía, en donde el pensamiento es materia, esta indisociabilidad se cristaliza en el texto. El fondo es la forma misma, la concreción del lenguaje. El cuerpo en el poema gangoteneano es una «corteza bien ajustada» (II 106) que aloja el sentido en la superficie, en las formas que toma el poema para constituirse como tal. El sentido en esta poesía se halla en la corteza estriada y manifiesta de la forma. Así como se muestra diáfano, también se pliega en sí mismo, en los momentos en que los poemas van en busca de la forma misma: la forma de la forma.

> Amadas formas en alamedas,
> Formas pasadas que murmuráis a guisa de estos encajes de arena y humo,
> Hacia vosotros aspiro, y la carne se hincha en la ansiedad de su dolor; Profundamente os acecho y os llamo
> en el rocío nocturno,
> en la febril humedad del párpado. (II 93)

El cuerpo busca, a la vez, la forma inasible y las formas dispuestas en el mundo. La poesía de Gangotena, en su circunstancia de padecimiento, dolorida y angustiada como es, no se limita, sin embargo, al lamento, sino que lo rebasa para buscarse en la multiplicidad de formas de la realidad.

Hacia el final de su vida, el poeta vincula íntimamente la enfermedad a la naturaleza constituyente e inexorable del ser. Ambas entidades se articulan de manera cada vez más indisociable. Si en este poema de su primera etapa poetizaba sobre la búsqueda formal, más tarde la fundió con su existencia, lo que hace de la búsqueda de la forma un hecho vital. El inicio de *Hermenéutica de Perenne Luz* dice: «¿Qué me propongo? Nada más que el relato de mi ser en la existencia a lo largo, en el proceso de un poema. Esto será PERENNE LUZ» (2004a: 243). La escritura constituye por ende la reflexión sobre una realidad que indiferencia existencia y obra, y también es una «poesía sobre la poesía», como explica Philippe Lacoue Labarthe (1986: 24), al establecer una línea que parte de Friedrich Hölderlin y el romanticismo y que llega hasta Gangotena por intrincados, multilingües caminos.

Todo sucede en el poema, última plataforma para el registro de la existencia. La obra de Gangotena consiste en igualar el hecho poético a la existencia y encontrar allí la posibilidad de la escritura. El acecho a las formas que aparecen en el rocío, el rostro, el cuerpo, es lo que dota de aliento a la voz poética. El relato de sí en el poema es su poetizar mismo, la puesta en evidencia de la primacía de la forma.

El viaje hacia el sentido en Gangotena está dado por los itinerarios de experimentación formal. De nuevo, es en la línea del verso en donde tiene lugar la búsqueda, pues esas formas, que podrían parecer autorreferenciales, despliegan en realidad una reflexión sostenida y ardua sobre la existencia y el mundo. En su ensayo *De la seducción*, Baudrillard otorga preponderancia a la forma en términos de lo que seduce, es decir, desencadena una aproximación activa hacia algo. La seducción es la puesta en marcha de una forma que provoca su desciframiento y en ello enciende un deseo.

> Así, no es más allá, en un *Hinterwelt* o en un inconsciente en donde hay que buscar aquello que desvía un discurso: aquello que lo desplaza verdaderamente, lo «seduce» en sentido estricto, y lo vuelve seductor, es su apariencia misma, la circulación aleatoria y delirante, o ritual y minuciosa, de sus signos en superficie, sus inflexiones, sus matices, es todo aquello que borra el contenido del sentido, y es esto lo seductor, mientras que el sentido de un discurso jamás ha seducido a nadie. (Baudrillard 1979: 77-78)

No sólo el discurso emerge en la forma poética, también las profundidades del cuerpo salen a la luz. De esta manera tiene lugar una aparición de sus signos internos en la superficie del texto. Las venas, la sangre, las arterias, las articulaciones, «signos en superficie», quedan expuestas en la retórica del cuerpo, que se organiza para mostrarlo. No hay *hinter-*, ni una realidad posterior y anterior, ni anverso y reverso, sino un lado siempre al descubierto. La interioridad en Gangotena es profunda justamente porque muestra todas sus superficies. Las profundidades sólo pueden vivir a flor de piel: «¡Y malditos estos huesos que se quiebran / Y más malditos estos nervios que destilan sangre, esta sangre oscura de mi dolor!» (II 133).

Las tragedias de la enfermedad están llamadas a traer los rincones del cuerpo al plano del texto, y una vez allí se convierten en materia que, en busca de la forma poética, se pliega y repliega en una superficie dual, cuerpo y texto, establecida como lugar abierto para el sentido. El poeta revela su búsqueda de la forma, y por tanto de sentido, al tiempo que advierte de su expresión afectada por la enfermedad.

En esta poesía todo sucede, pasa, fuga, y a la vez todo lo que acontece se condensa en el poema, así como el sentido del mundo sólo puede condensarse en el cuerpo. Desde la enfermedad, la obra gangoteneana se construye en torno a la experiencia. El poema cristaliza el acontecimiento. Lacoue-Labarthe define la experiencia en ese sentido: «experiencia, bajo la condición de entender estrictamente la palabra, el *ex-periri* latín, el atravesar un peligro, y cuidarse de referir la cuestión a algo "vivido", o a la anécdota. *Erfahrung*, entonces, y no *Erlebnis*. Digo experiencia porque es allí donde "surge" el poema [...]» (1986: 30). La *Erfahrung* lleva en sí la idea del movimiento: *fahren* significa conducir, ir. La experiencia es exposición, no es *Erlebnis*, lo que se vive como anécdota, sino el conocimiento que se gana en la acción, *Erfahrung*. La experiencia está constituida por el riesgo y por los movimientos del cuerpo, sobre su propio eje y en el mundo.

Para hablar de experiencia y creación de un lenguaje literario, Giorgio Agamben recurre a la definición que hace Walter Lüssi de «experimento» para la obra de Robert Walser. Lüssi retira el horizonte de verdad del experimento en la literatura, pues no hay necesidad ni posibilidad de comprobación. Al crear su lenguaje poético, Gangotena tampoco tiene fines metafísicos ni de definición de la experiencia en términos de verdad. La experiencia y el experimento poéticos se inician conociendo de antemano la naturaleza indeterminada de su empresa, pues «no conciernen a la verdad o a la falsedad de una hipótesis, a la verificación o a la falsación, sino que cuestionan el ser mismo, antes o más allá de su verdad o falsedad. Son experimentos sin verdad, porque en ellos no se trata de la verdad» (Agamben 1998: 119).

En Gangotena, el «relato del ser» como fin de la escritura es la exposición de dicho ser en el mundo a fin de mostrar su inestabilidad y su vulnerabilidad, como sujeto y como materia. El «cuestionamiento del ser» en esta poesía se expresa en una alternancia marcada por periodos de serenidad y de padecimiento. Dentro de dicho ritmo, el del estado de salud, no existe la posibilidad de un horizonte continuo y fluido de la vida. Todo proyecto de ser se ve vencido por el anuncio reiterado de la enfermedad. El mundo son estados, breves periodos cuya unidad mínima es el latido del corazón. La existencia, más que transcurrir, muta, toma formas de la enfermedad y de la salud, de la angustia y de la calma. Dicho cuerpo se transforma en espacio múltiple y va tomando sus formas en las intermitencias del mal: los fluidos, las arterias, la coloración de la piel, el ritmo de la respiración, producen muchos cuerpos en el mismo cuerpo, más o menos enfermos, más o menos lúcidos, siempre cambiantes.

> Un núcleo central de comprensión de la obra del poeta –tanto lo que estructura su obra a lo largo de los años, como los poemas en su significado más profundo– está en la insistencia en plasmar en ellos un

movimiento sin desplazamiento, un golpeteo obsesivo sobre un mismo punto. [...] Los poemas progresivamente se convierten en expresión de una angustia concéntrica. (Pérez, 2004: 14)

Aunque la poesía de Gangotena no se despliega a partir de un único núcleo, podríamos decir que esto que Pérez llama «núcleo central» es más bien una de las condiciones de esta escritura, «condición» entendida clínica y materialmente. El mundo de Gangotena vive cercado por la inminencia del peligro, no se proyecta hacia el futuro sino que se pliega en el latido del instante. La palpitación del cuerpo, que ritma un torrente sanguíneo enfermo, varía según el estado de salud y el estado del ser en relación con su padecimiento, el cual modifica, a su vez, su relación con el mundo. El ser se expresa en el estar: en la intermitencia entre forma y forma, entre la efusión de sangre y su cese, entre el instante previo al dolor y su acaecimiento. Esta es la «conciencia» de la escritura en Alfredo Gangotena: la voluntad de desplazar el ser al estar.

La hemofilia como membrana de la percepción del mundo, concreta y traducida en la materialidad del cuerpo, genera entonces el ritmo vital, el estado del ser. La experiencia atraviesa la obra de Alfredo Gangotena en su expresión más tangible, definida no sólo como el exponerse sino también como captación de lo real desde los sentidos, no sólo desde las facultades intelectuales, sino desde las físicas. En la confluencia de las facultades se define la naturaleza de la textualidad de esta poesía, conformada por el cuerpo, la búsqueda de la forma y la reflexión frente a la existencia. Dicha textualidad no puede ser despojada de lo vital y de las circunstancias más particulares del poeta. En *The World, the Text and the Critic*, Edward Said hace énfasis en lo que tiene de acontecimiento una escritura de estas características, que no puede ser concebida ni entendida sin la experiencia. El texto no puede ser aislado de las circunstancias de su aparición, afirma Said:

> Mi posición es que los textos son mundanos, en cierta medida son acontecimientos, y aun cuando parecen negarlo, son sin embargo una parte del mundo social, la vida humana, y por supuesto los momentos históricos en los cuales se hallan situados e interpretados. (Said 1983: 4)

La mundanidad en Gangotena está expresada en la relación entre esta membrana pilosa que es su cuerpo y el mundo que roza cada una de sus diminutas antenas, los vasos, las arterias, los folículos. Sus sentidos aparecen agudizados, como dotados de una hiperconciencia. El poema acontece cuando la captación intensa del mundo desciende al poema, mediada por la visión afectada del mundo. En *Absence 1928-1930*, como en «Christophorus», Gangotena vuelve a apelar a los otros para advertirles de su «momento histórico», su aquí y ahora: «Yo os lo digo, os lo aseguro/ Aquí hay alguien que sangra» (II 129).

Segunda hipótesis. Alfredo Gangotena padeció de lupus

La hipótesis de la hemofilia podría ser falsa. Si se sustituyera «hemofilia» por «enfermedad» la reflexión aún se sostendría, porque la experiencia, el cuerpo expuesto y la vulnerabilidad frente al mundo de todas maneras se imponen como clave en esta poesía. Sin embargo, el hecho de leer en ella una enfermedad genérica le restaría fuerza a la poetización de la sangre a lo largo de la obra de Alfredo Gangotena. En la hemofilia, es el factor de coagulación en la sangre, y no otro síntoma, el que altera la relación del hemofílico con todo aquello que lo rodea. Para apoyar esa interpretación, la única aseveración existente es la frase de Henri Michaux, de 1934.

Para la segunda hipótesis, se halla como única fuente una especulación de José María Jiménez Alfaro, hijo de Mona Mouradian y sobrino nieto de Gangotena. El 17 de mayo de 2011 recibí un correo electrónico suyo en donde, por primera vez, relacionaba la ambigüedad de la enfermedad en Gangotena con su familia y con su propia experiencia: «Desde mi punto de vista personal y sin ninguna prueba médica que pudiéramos obtener ahora, te confieso que creo que podría tener LUPUS [...] una enfermedad genética, muy rara para poder ser diagnosticada en esos años» (Jiménez Alfaro 2011). El lupus «(del lat. *lupus*, lobo, por la índole corrosiva de la enfermedad) es una enfermedad de la piel producida por tubérculos que ulceran y destruyen las partes atacadas», reza la RAE. Según Jiménez Alfaro, el lupus eritematoso sistémico no corría en el lado francés de la descendencia de Gangotena, pero quizá sí en el lado ecuatoriano. La enfermedad no es directamente hereditaria, pero «la predisposición genética al lupus se hereda como un rasgo complejo con el que pueden estar asociados varios genes» (Cervera 2008: 23).

La relevancia de este documento radica en que nunca antes se ha vinculado a Gangotena ni a su poesía con el lupus. El rechazo vehemente de sus descendientes a la hipótesis de la hemofilia era inquietante y parecía querer ocultar la carga vergonzante que esta enfermedad pone sobre las familias, pues el mal se asocia con la endogamia y el incesto. Los herederos de Gangotena no le han dado validez alguna a la afirmación de Henri Michaux[9]. Más allá del dato biográfico y de la comprobación de una enfermedad específica en Alfredo Gangotena, este halo de misterio en torno a su enfermedad, que conduce a la especulación, tiene dos consecuencias. La primera,

---

[9] Correo electrónico de Jiménez Alfaro del 18 de mayo de 2011: «En la familia nunca se consideró ningún comentario sobre la hemofilia, ni el mismo Alfredo, porque de ser así se hubiera hecho análisis y pruebas, más aun viviendo también en París, donde existían institutos y centros de análisis médico de muy buena reputación. Eran muy evidentes las pruebas de que no tenía hemofilia porque le gustaban los trabajos manuales y en más de alguna vez se cortó sin transcendencia alguna. Por eso mi madre se irrita si se trata de cambiar la realidad (que más daría que te dijese hemofilia no, lupus sí). Yo entiendo que siempre podemos hablar de alguna enfermedad pero sin pruebas no podemos especular por algo que comentase Michaux».

se ilumina un tema de su poesía hasta ahora leído de una manera retórica y parcial: el mundo de la luz y de la sombra en relación con el cuerpo. La segunda, se visibiliza una dimensión más de la indeterminación y dualidad en que se sucedió su vida. Esta ansiedad frente a lo desconocido se tradujo en la constante búsqueda de un diagnóstico para su condición, como lo afirma García Bacca en 1953:

> Alfredo fue en busca de aislantes, de piel suplementaria. Y creyó, con una cierta dosis de duda, que las matemáticas y la filosofía servirían el efecto. […] En sus cuadernos de física y matemáticas de la Escuela de Minas de París, la herida de Amor –no transformada aún en Llaga–, se divertía un poco cruelmente, entreverando versos con fórmulas, por si acaso surgiera una especie híbrida, matemático-poética, remedio ambiguo de su ambigua dolencia. (1953: 3)

El conocimiento se presentaba como un paliativo para la resistencia del cuerpo del poeta al diagnóstico médico, pero resultaba insuficiente. No se trataba sólo de identificar la enfermedad, sino que esta búsqueda se extendía a la angustia existencial que Gangotena sobrellevó como parte de sí: «Agravada la vida –en herida en vida– en llaga, ya en sus últimos años –ahora sabemos que eran los últimos– todavía buscaba en las teorías físico-matemáticas más recientes improbable y desesperado remedio; una epidermis para sus males, para su alma y cuerpo en carne viva» (García Bacca 1953: 3).

El conocimiento se convierte en una especie de piel. «La piel abierta, agujereada por un arma, deja que la vida se escape. La piel intacta guarda la vida, la mantiene acumulada dentro de sí», escribe Jean-Luc Nancy en el ensayo «Piel esencial» (2016: 21). La piel aglutina la vida y la separa del mundo exterior, a la vez que constituye su superficie de contacto con él. Algo de la vida «falla» cuando la piel no puede mantenerse sin cortes ni fugas y algo del mundo puede ingresar en el cuerpo y provocar una contaminación, lo que hace de él una entidad vulnerable e impura. ¿Podría ser de otra manera? Para Didier Anzieu, la piel asegura también el aparato psíquico (1998); así, el conocimiento físico-matemático al que se refiere García Bacca sería una forma de re-cubrirse, de protegerse con una cierta lógica que construya sentidos. El conocimiento no es abstracto, es epidérmico: cubre, contiene el aparato psíquico, le proporciona sentidos al cuerpo enfermo.

La enfermedad es vista como un estado anómalo del cuerpo, un desequilibrio. Cuando es crónica, el malestar se convierte en parte constituyente del sujeto. No hay manera de relacionarse con el mundo si no es a través de esta condición, real y permanente. Por eso en la caracterización general de la poesía de Alfredo Gangotena no puede obviarse el sentimiento de inexorabilidad y, en el fondo, la inminencia de la muerte. García Bacca situó la enfermedad en el centro de su subjetividad:

> Que no se le dio su vida al poeta Alfredo Gangotena como forma sustancial bien avenida con un cuerpo físico perfectamente organizado –así la sentía un griego clásico–, ni como espíritu de inatacable núcleo sustancial, rector de una máquina montada de geometría y álgebra –tal Descartes– vivía su vida Alfredo «en este cuerpo de soledad y golpes» («Vigilia adentro»). (1953: 3)

El aspecto más concreto de la realidad del cuerpo está incorporado en la poesía de Alfredo Gangotena no sólo como tema, sino como una lupa capaz de potenciar ciertas cualidades del mundo y de las cosas. La enfermedad interviene de manera aún más determinante en la percepción de la realidad debido a la lucidez y aguda conciencia del poeta. Su cuerpo, desorganizado y endeble, no le ofrecía la predictibilidad de un organismo funcional. La máquina gangoteneana vive bajo el régimen de lo impredecible, no es cartesiana y el lenguaje que la rige no es algebraico. En García Bacca se percibe la concepción clásica de un cuerpo sano como reflejo de una mente íntegra. Si la «forma sustancial» falla, el espíritu sufre las consecuencias del mal funcionamiento del organismo. El cuerpo de Gangotena no es una entidad organizada, sino que ostenta, sin controlarlas, las manifestaciones súbitas del mal. Es una poesía que interpela el concepto de cuerpo sano y de máquina engranada que construía el sistema cartesiano para comprender al sujeto.

Mientras Michaux coloca la sangre en el centro del mal de Gangotena –«la sangre, que tantas veces y tan gravemente abandonó su cuerpo, estaba por doquier en su obra» (en Bellour 1966: 342)–, García Bacca habla de la «llaga de amor viva» en el poeta, jugando con la misma intensidad corporal de la poesía de San Juan de la Cruz: «En carne viva, sin dermis ni epidermis protectoras, vivía Alfredo Gangotena» (1953: 3). La explicación de García Bacca podría referirse también a la hemofilia, como la de Michaux, si no fuera por el énfasis que este último hace en dos elementos de la enfermedad de Gangotena: además de la llaga, menciona la fragilidad de la piel en varios pasajes de su semblanza. En cuanto a lo primero, la imagen del cuerpo de Gangotena como llaga viva desemboca en una imagen de la lepra, motivo poético importante en la coherencia interna de esta obra, como se verá más adelante: «Oh, esta gran tristeza en la memoria. / Leproso, ciego» (II 100).

Desde 1900 y durante las décadas siguientes, se tendió a relacionar el lupus con la lepra: «la patología [la] coloca hoy [...] al lado de la lepra y el impétigo, presenta todos los caracteres que la medicina moderna exige para proclamarlas tuberculosas» (Barros 1898: 496). Debido a sus manifestaciones dermatológicas y a las relaciones que su origen guarda con la tuberculosis y el herpes, el lupus, como la hemofilia, cargaba con un estigma social. Sólo en 1948 pasó a su etapa «moderna», por los avances en los estudios del comportamiento celular[10]. Hasta entonces, los cambios físicos que provocaba en el aspecto de los enfermos se comparaban a menudo con los de la lepra.

---

[10] La información médica sobre el lupus eritematoso sistémico ha sido extraída de varias fuentes. Especialmente, la American Foundation for Lupus concentra

Si la hipótesis del lupus se considera, junto con la de la hemofilia, como un desorden genérico de la sangre, portador de los estigmas históricos del leproso y del excluido, la reiteración de las menciones a Lázaro deja de ser sólo religiosa y retórica para convertirse en un símbolo de la condición del poeta. Estas menciones, que aparecen a partir de 1927 hasta los últimos años, han sido pasadas por alto, pero son muy reveladoras de la percepción que tenía Alfredo Gangotena de sí mismo.

Sobre todo en *Orogénie*, terminado justo antes de dejar París, el poeta acude a la imagen de Lázaro para expresar su soledad y su exclusión del mundo. En este momento, Gangotena ya sabía que debía volver a Quito, y su poesía se tornó melancólica, consumando el exilio antes de tiempo. También se concentró más en su enfermedad. En «Boisson trouble», por ejemplo, dice:

> Pero, oh Lázaro, ¿quién mojará mis labios en estos parajes? ¿Quién de este mundo podrá rumiar la maleza de mi exilio? El infortunio toma en mí las formas del continente. (II 48)

La invocación a Lázaro, patrón de los leprosos, hace de Gangotena un retirado del mundo, como se consideraba a los enfermos considerados infecciosos. El poeta retrocede a los tiempos de los enterrados vivos para identificarse con ellos. Su siguiente poemario, *Absence.1928-1930*, confirma el sentimiento terrible de haber sido enterrado en los Andes: «He venido hacia ti, de lejos, como un cadáver» (II 120). Como un cadáver, el poeta retorna junto con su enfermedad, «la forma del continente». En el verso original, el vocablo francés «contenant» se refiere al cuerpo que contiene al poeta: el infortunio es su cuerpo mismo, su cerco y su cadáver.

---

una gran cantidad de material de investigación respecto a la enfermedad: <www.lupus.org>.

En otro poema de *Orogénie*, «Orgía», la imagen del menesteroso evoca la parábola bíblica de Lázaro y el rico, en la que Lázaro recoge las sobras que caen mientras los perros que se hallan junto a él lamen sus heridas. Gangotena utiliza el lenguaje para situarse en el lugar de los animales que, junto a Lázaro, ocupan el lugar de la escoria: «Luego yo, el indigente, me quedo junto a Lázaro / Para recoger sus cortezas y migas de pan» (II 44). En la evocación de Lázaro y en su aproximación a lo animal, abreviando la distancia entre sí mismo y los perros, este hombre se despoja de su valor como humano. El sentimiento de exclusión lo conduce a descender a los espacios animales y vive la enfermedad como una ineludible forma adversa, una muerte en vida, una proscripción. La anomalía le da una característica propia a esta obra en la poetización del exilio. La poesía de Alfredo Gangotena acoge la experiencia de enfermedad como una vía de conocimiento del mundo.

La poesía de la enfermedad debe verse así como un trabajo de exactitud más que como la adopción de una retórica religiosa (llaga, Lázaro, sufrimiento). Gangotena escribe desde el cuerpo y con el cuerpo, la materialidad es uno de sus fundamentos. La retórica católica agónica se vuelve así secundaria cuando el cuerpo aparece como modelo, aun si esa misma retórica privilegia el cuerpo como lugar de sentido. Lo que sucede con Nietzsche y su filosofía sucede también con el poeta y su obra poética:

> Si es cierto que la filosofía suele hacer abstracción de la corporalidad del pensador y que, cuando hace referencia a la misma lo hace de manera «accidental» o «anecdótica», en el caso de Nietzsche esta referencia es ineludible. Y lo es porque Nietzsche filosofa «con», «desde» y «a pesar de» su corporalidad. Tengamos presente que el cuerpo es el «campo» y «lugar de cruce» de las fuerzas, de los quanta de la voluntad de poder. Por ello, la corporalidad no remite solamente al «individuo» sino a la sociedad, y a todo lo que constituye la subjetividad en el cruce con los otros y las circunstancias. (Cragnolini 2000: en línea)

En la poesía de Alfredo Gangotena tampoco hay abstracción del cuerpo ni olvido de su materialidad. La enfermedad como paradigma revela otros sentidos para esta escritura, en donde, como señala Cragnolini en relación con Nietzsche, el cuerpo es lugar de cruce de fuerzas, como por ejemplo la enfermedad y la vida, o el conocimiento y la luz. Como se verá más adelante, en la poesía de Gangotena aparecen imágenes cercanas a la poesía de Nietzsche. Tanto en esta poesía como en esta filosofía en particular, el paradigma es el cuerpo concreto, no su abstracción.

En cuanto al leproso, imagen privilegiada por Gangotena para hablar del cuerpo enfermo, éste es un excluido de los otros, de todos, al punto de perder su valor humano. El cuerpo visible e impúdicamente enfermo es rechazado porque disgusta, inquieta y recuerda la muerte. Al igual que Nietzsche se sostiene en la filosofía para luchar contra la enfermedad y la locura, Gangotena escribe, y en el lenguaje legitima su lugar de exiliado. La escritura «con», «desde» y «a pesar de» su cuerpo es una expresión del mal como exceso físico y psíquico, un desangramiento.

Por ello, cabe explorar los matices dados por las cualidades específicas de la hemofilia o del lupus. Con la segunda hipótesis, en realidad, no se puede ir mucho más lejos. Sirve como un lente de corto alcance a fin de inquirir por los mundos médicos y poéticos a los que recurriría Alfredo Gangotena. Las imágenes, los síntomas y los motivos relacionados con los desórdenes de la sangre no son siempre identificables. Sin embargo, al intentar darle interpretaciones específicas a la enfermedad de Gangotena, se emula la búsqueda del poeta, que quiso saber de qué padecía y sobre ello forjó su obra, como afirma repetidamente García Bacca. Una de las dimensiones de su tragedia fue la resistencia de su mal al diagnóstico, «el silencio trágico de mi cuerpo» (II 80). El silencio del cuerpo guarda el secreto del síntoma, obligando al poeta a preguntar indefinidamente, enfrentándose a sí mismo como a un oráculo sin desciframiento posible.

Usar las hipótesis, sobre todo la primera, mucho más consistente por la afirmación textual de Michaux, sirve para indagar y discurrir en torno a las maneras en que el poeta forjó su subjetividad por medio del conocimiento médico disponible, y de la presencia de dicho conocimiento en otros reinos discursivos, como la filosofía, el mito y la poesía.

Como se mencionó antes en términos de Giorgio Agamben, el «experimento sin verdad» de la poesía de Alfredo Gangotena entraña, sin embargo, un conocimiento del mundo. Los umbrales dispuestos por esta obra para acceder al conocimiento son la conciencia de la enfermedad, la certeza de la insuficiencia de la ciencia y el distanciamiento del lenguaje común. Dicho gesto de distanciamiento es, a la vez, la vindicación del lenguaje poético en sí como un universo autónomo de sentido, aunque sea incesantemente elusivo.

En estos versos del decimocuarto fragmento de *Absence. 1928-1930*, Alfredo Gangotena condensa todos estos cruces, a través de los cuales se sale hacia el espacio liminal de su circunstancia y de su obra:

> Pero el enfermo, si contempla
> A contraluz esta membrana sanguinolenta en el intersticio de sus dedos, ¡Ah! cómo se lamenta
> Por este indefinible, perpetuo gemido (II 145)

La luz y la vista son limitadas, el ojo no puede acceder al conocimiento. Aunque la membrana se deje iluminar y en su transparencia muestre sus venas, su sangre, al mismo tiempo esconde el mal que circula dentro de la «tempestad secreta» que es el cuerpo gangoteneano. La situación aterradora que describen estas imágenes está dada por la completa exposición de un cuerpo que, a la vez, encubre la causa de su deterioro tras la delgada capa epidérmica. En otro verso contrastante pero que confirma esta tensión, el poeta revela la oscuridad como la piel que le da forma: «Ahora que la sombra es epidermis en mí» (II 57).

En la obra de Alfredo Gangotena el conocimiento científico no tiene un valor referencial, sino que es parte de la pregunta por la existencia. No hay comprobación ni cálculo, sino lo contrario, reconocimiento de la imposibilidad de evidencia, pues la misma evidencia es engañosa, un claroscuro alrededor del cual se construye un sentido sin llegar jamás a su centro. La elucidación de esa mínima membrana entre los dedos en la cual el poeta busca reconocerse es la máquina de la escritura. En esta tensión, lo que termina por afirmarse es la construcción de un universo que apuesta por las tentativas del sentido: el alfabeto y la sintaxis del lenguaje gangoteneano.

IV.
El alfabeto gangoteneano

> …l'alphabet des astres, seul, ainsi, s'indique, ébauché ou interrompu; l'homme poursuit noir sur blanc
>
> Stéphane Mallarmé

Intensidades de la cifra

Es posible leer la poesía de Alfredo Gangotena como un código. Los signos que la componen cobran un valor determinado que se va afirmando en su repetición a lo largo de los diferentes poemarios. Dichos signos van adquiriendo consistencia tanto en francés como en español a lo largo de más de veinte años –entre 1921 y 1944, partiendo de las primeras publicaciones de Gangotena en *Repertorio Americano* y luego en *Intentions* y *Philosophies*, en 1923–. En el universo gangoteneano, un número finito de signos opera dentro de los diferentes contextos poéticos de su obra y, al repetirse, libera determinados sentidos que permiten adentrarse en una coherencia. Dicho alfabeto está propiciado por el bilingüismo, la enfermedad, el conocimiento de la ciencia y una exploración filosófica de la realidad. Para organizar su gramática, Gangotena formó una suma de signos que funcionaran dentro de esa lógica: alfabeto y sintaxis para emprender los itinerarios del pensamiento solitario.

A fin de comprender esta construcción paulatina es necesario ubicar las coordenadas en donde se genera. El carácter de sus signos, a menudo generados en los mismos procedimientos de significación del simbolismo, alterna con imágenes antisimbólicas y recursos vanguardistas. Se puede hablar de una poesía en donde confluyen las sensibilidades de varios universos poéticos que van de Mallarmé a Artaud. En estas zonas del lenguaje poético se gestan «las sílabas inciertas» (II 37) del alfabeto gangoteneano, dado por una relación inquisitiva, y no afirmativa, con la realidad. Su razón de ser es la búsqueda de sentido de su circunstancia: «El himno exultante de la palabra nos sostiene» (II 32), dice el poeta, y con ello hace de la tarea poética el centro de la existencia. La obra de Alfredo Gangotena deja permear las preguntas más hondas de su época. Su contemporáneo Eduardo Samaniego y Álvarez la caracteriza directamente como un «existencialismo filosófico» (Arias 1960: 606).

La obra de Gangotena está marcada por el significativo desplazamiento de la filosofía hacia el lenguaje, problema central entre fines del siglo XIX e inicios del XX para Nietzsche, Wittgenstein, Freud. Si la poesía de Gangotena fue resultado de los desfases de la modernidad americana, fue también testigo y consecuencia de los quiebres que sufrió esta misma modernidad en el centro de Occidente. Una de las consecuencias de dichos quiebres fue la pregunta por el lenguaje en sí en el pensamiento, el psicoanálisis y el arte.

En Europa la Primera Guerra Mundial, desatada por el asesinato de Franz Ferdinand, puso en crisis el mundo conocido. La caída del Imperio Austrohúngaro tuvo alcances colosales, y junto con la caída del Imperio Otomano y el zarista, los sistemas que habían amparado un orden político quedaron fragmentados (Espinosa 2007: 141). En 1916 apareció el primer poema conocido de Alfredo Gangotena. Se refería, justamente, a la Primera Guerra Mundial (Arias 1960: 609 y Pérez Pimentel 2001: 173)[1]. En ese momento, el joven poeta no

---

[1] En la década del veinte, París intentaba recuperarse de la tragedia de 1914-1918: «La embriaguez moral, intelectual, artística suscitada por la paz se expresa con intensidad [...] Es el tiempo de las ilusiones, del júbilo despreocupado y de la imperiosa melancolía [...]» (Castillo Berchenko 1992: 48). Sólo veinte años más

podía prever que, una vez terminada la guerra sobre la cual había escrito desde Ecuador, él pasaría a formar parte de la intensa escena artística de los años veinte parisinos, donde el clima de «los años locos» contrastaba con la turbación que la hecatombe había dejado atrás, y que sacudía el arte y la cultura.

Traducir el colapso posguerra a términos del sentido suponía la constatación de que ningún orden era infalible o, incluso más, que no había orden ni una organización única del mundo que, en su caos, era capaz de generar la posibilidad de su propia destrucción. El lenguaje, su ruptura con el mundo como organización del sentido y el impacto en la concepción de la existencia se convirtieron en un problema central del pensamiento.

Este clima de época tiende a ignorarse en relación con la obra gangoteneana, marcada profundamente por un sentimiento de desintegración. Por momentos, la turbación de la época se traduce en esta poesía en la conciencia extrema de la fragmentación del mundo, perceptible apenas en «las sílabas de mi lenguaje» (II 80), horizonte máximo del sentido, reducido a una mínima unidad. La sílaba se opone a la obra, y el fragmento, a la fluidez del sentido.

En este contexto, la pregunta filosófica se desplaza hacia la palabra: «filósofos tan diferentes como Heidegger y Wittgenstein tratan de lidiar con los problemas haciéndolos problemas del lenguaje» (Waldrop 1971: 111). En sus *Observaciones filosóficas* (1929-1930), Wittgenstein expone la insuficiencia de «un lenguaje perfectamente significativo en sí mismo» (2011, edición electrónica), en donde los

---

tarde, otra tragedia mundial volvía a sumir a Occidente en la devastación. Gangotena vivió este tiempo entreguerras desde el centro. La Primera Guerra provocó uno de sus primeros acercamientos a la poesía, la década del veinte consolidó su obra y con la Segunda Guerra Mundial, una vez en Quito, se volcó como vocero de la Resistencia Francesa. El poema de 1916 fue escrito, en realidad, a cuatro manos, junto con Eduardo Samaniego y Álvarez. La *plaquette* que publicaron se llamó *Dos elegías a la guerra mundial*.

actos de la lengua «conservan en torno a sí un halo de indeterminación».

Para explicar una palabra, dice Wittgesnstein en su *Tractatus lógico-philosophicus* (1922-1923), debemos recurrir a otras que llevan en sí fragmentos limitados de sentido, los cuales, por otro lado, nos permiten conocer la realidad no en sí misma, sino sólo a través de formas (2011): «Lo que la figura representa es su sentido». El lenguaje es forma, y permite el acceso al sentido del mundo únicamente por vía de fragmentos que buscan representar una realidad también fraccionada.

Wittgenstein no es un referente explícito en la escritura de Gangotena, pero su concepción del lenguaje subyace en su quehacer poético en tanto el alfabeto gangoteneano se construye sobre fragmentos de la realidad que se repiten en la poetización a fin de mostrar sus partes, las cuales, a su vez, evidencian la imposibilidad de acceder a un todo. El mundo, el cuerpo, la Amada, la poesía, son entidades de las que sólo vemos fracciones o detalles. Su universo poético «opera apasionadamente por fragmentos y líneas rotas» (Pérez 2004: 42). Las ideas en torno a los límites del lenguaje, la influencia de la ciencia respecto a la insuficiencia de la demostración científica y la concepción del acto lingüístico destinado a la incompletud son líneas que operan en el alfabeto gangoteneano y que ayudan a comprender cómo se construye en tanto reordenamiento trunco del mundo. Estas líneas se identifican, a su vez, en el pensamiento de Wittgenstein como síntoma y condición de su época.

La obra de Gangotena se sitúa en este contexto, en donde es imperativo descartar la totalidad como manera posible de comprender el mundo. Como se ve en los poemas, las partes del mundo se materializan en imágenes, símbolos y figuras fragmentadas del lenguaje. El poeta son «mis manos», «mis miembros», «mis ojos»; el mundo es la montaña, la piedra. Vale para esta poesía la afirmación de Bertrand Russell respecto al hallazgo que hace Wittgenstein en el *Tractatus*: «Es imposible decir nada sobre el mundo como un todo, y cualquier cosa que pueda decirse ha de ser sobre partes del mundo» (Wittgenstein 2011, edición electrónica).

Esta segmentación posee una lógica. En Gangotena, la búsqueda de sentido está dada por el ciframiento de la experiencia del mundo en símbolos e imágenes, y por un alfabeto en donde los diferentes conjuntos de signos se comportan como palabras, pues cada uno de ellos cobra un valor reiterativo en oposición a otros. A lo largo del gran poema gangoteneano irán apareciendo alas, pájaros, párpados, saliva, aguas, venas, sienes, todo ello dentro de símbolos variados, versos largos y versículos. La sangre, la angustia, el cuerpo enfermo, el exilio interior, son preocupaciones dominantes. A medida que se intenta recrear los itinerarios de escritura de esta obra algunas imágenes empiezan a insistir con cierta frecuencia, se convierten en variaciones de sí mismas y liberan significados y asociaciones que las colocan dentro de cierta atmósfera, a menudo identificable con un estado del espíritu, jamás figurado, sino aludido en el espacio de esa imagen. Se pueden tomar pasajes de la obra de Gangotena y ver cómo su lenguaje se abre a la expresión de su angustia existencial pero nunca termina de revelarla, y al mismo tiempo se puede percibir cómo el poeta va ciñendo los pliegues de su propia escritura. En estos procedimientos poéticos va fraguándose una sintaxis particular, capaz de desarrollar su propio sistema de valores, como afirma Virginia Pérez:

> La poesía de Alfredo Gangotena posee, pues, su propia gramática, su propia «lógica» interna. Justamente, porque esta «lógica» poética corresponde a dislocados procesos alimentados desde las más diversas fuentes y porque el poeta busca contener en sus poemas la diversidad de aquello que en el mundo de los procesos cotidianos aparece como dispersión pura, sin conexión alguna, su poesía resulta hermética. (2006: 34)

En efecto, la gramática del lenguaje gangoteneano pretende contrarrestar el sentimiento de dispersión presente en el poeta y en el mundo, pero esto no necesariamente resulta en una poesía hermética, como se ha mencionado en la sección anterior. El alfabeto gangoteneano, en realidad, alterna entre el símbolo y la literalidad. Esta última ha sido sistemáticamente ignorada al leer su poesía. Hay momentos en donde el código se abre completamente, se expone y se impone con un sentido claro y categórico. Esto es fundamental para leer, por ejemplo, *Absence.1928-1930*. El sentimiento de desolación frente a la enfermedad se muestra de manera transparente en fragmentos como éste: «Esta enfermedad mortal, al fondo de mí, me vuelve triste y loco, Señor. / Triste y solitario» (II 132). Al caer en la afirmación general de que la poesía gangoteneana es hermética, instantes como este quedan fuera, por lo cual es necesario calibrar un ángulo para su análisis.

Al enfocar el conjunto de esta obra como la construcción paulatina de un alfabeto el objetivo es afirmar su inteligibilidad al desplegarla en su propio espesor: hay una obra en Gangotena que rebasa el hermetismo y que se ubica en un espacio literario más complejo. Uno de los amigos más cercanos de Gangotena en París, el poeta franco-uruguayo Jules Supervielle, fue uno de los pocos en resistir la tendencia general a «cerrar» la obra gangoteneana: «Era un poeta difícil, y no porque cultivase el hermetismo, sino por la densidad de su lirismo y la riqueza de sus facultades» (Arias 1960: 611).

Los procedimientos poéticos de Gangotena, aunque se nutren del hermetismo, del simbolismo y de la poesía mística, rebasan todos sus discursos. En general, los bloques de significado que operan como palabras componen un texto a medias abierto en donde puede leerse el «relato del espíritu» (1956) de Alfredo Gangotena, como él mismo llamó a la experiencia literaria. Al mismo tiempo, dichas «palabras» constituyen mínimos bloques en sí, pues se hallan ensambladas por los ecos que se cruzan entre el español y el francés, esconden multiplicidad de significados y se descomponen en su sonido y en sus connotaciones. Por esas razones, el símbolo en Gangotena no es el símbolo mallarmeano, como tampoco su lenguaje poético se limita al simbolismo, pues no hay un sistema de correspondencias cerrado.

En rigor, no existen cambios cronológicos en el itinerario de los símbolos gangoteneanos, ya que sus preocupaciones apenas cambian entre 1921 y 1944. De hecho, los temas recurrentes se vuelven más intensos, se despliegan en versículos o alcanzan mayor intensidad en ciertos poemarios. Se trata de un espacio de escritura y no de una línea progresiva temporal. Las imágenes del cuerpo, la enfermedad, la escritura, el amor, no cambian con los años, no progresan ni maduran, sino que retornan y se repiten con variaciones.

El poema gangoteneano como procedimiento poético se asemeja en ocasiones al poema de Mallarmé, en tanto se construye también en torno a un símbolo privilegiado. La sangre, la montaña, la voz del poeta, son un signo alrededor del cual se derivan los sentidos del poema. Este símbolo, rodeado de otros confluentes y repartido en diferentes imágenes, opera como un haz en la construcción del texto. En «Crise de vers» (1895), Mallarmé definió el poetizar justamente como la distribución del sentido en las imágenes: «el acto poético consiste en ver de pronto que una idea se fracciona en un número de motivos iguales por valor y agruparlos [...]» (1897: 243).

De esta manera, el símbolo central del poema cobra motivación en torno a una idea y va tomando forma en las diferentes imágenes alrededor suyo. En poetas como Mallarmé y Gangotena el verso tiende a ser autorreflexivo. Además del tema abordado, incluye en su construcción el ritmo, la rima, la reflexión sobre el acto poético. Esta es otra razón para la finitud del alfabeto de Gangotena. Sus símbolos convergen en el pensamiento sobre el poema, como dice su último texto: «Mas mi voz, el camino del lenguaje, del espíritu, prevalece en esta acumulación de dualidades: ...EN MI ESPESURA» (2004a: 249). El lenguaje dota de materialidad al poeta, le da su «espesura».

En el alfabeto gangoteneano alternan por lo menos dos intensidades de la expresión. La primera, mediada por la simbolización, acoge, en general, la poetización de ciertos momentos de la enfermedad, el desasosiego y el erotismo, y la reflexión sobre la poesía misma. La segunda, más inmediata, poetiza otros momentos de la impotencia frente a la enfermedad, la tierra y, especialmente, el sentimiento de rechazo frente al retorno a los Andes. Este código opera como un conjunto de vibraciones en donde no siempre se percibe la misma intensidad. Hay una diferencia importante en ciertos timbres que permanecerían silentes de caracterizarla en uno solo de sus aspectos.

Entre el simbolismo y el trabajo antisimbólico, hay campos de sentido con ciertos elementos centrales. En cuanto al cuerpo enfermo, su poetización tiene lugar principalmente por medio de símbolos e imágenes establecidos a partir de sus fluidos y sus miembros, valores del código que insisten a lo largo de la obra. Por otro lado, la escritura sobre la tierra y el retorno se sostiene más bien en un trabajo de imágenes e ideas abiertas, despojadas de simbolización. Este tema se concentra casi por completo en *Absence. 1928-1930*. El tema de la luz, por su parte, se cifra en símbolos más bien densos que recurren a la poetización del pensamiento científico.

Por último, más que un tema, la poesía de Gangotena se caracteriza por una estrategia que consiste en recurrir a imágenes del simbolismo francés para socavarlas con versos existenciales, más cercanos a la filosofía del siglo XX que al simbolismo. Estas son algunas de las líneas desarrolladas a continuación, con objeto de ver cómo opera el alfabeto gangoteneano.

El cuerpo y los fluidos

Al crear su propio alfabeto, el poeta descompone su cuerpo interior como descompone su cuerpo físico en el poema al separar la boca, los dientes, los párpados, la garganta, las rodillas. Tiene lugar una redistribución de significados para esos fragmentos del cuerpo, paisajes mínimos. El cuerpo cumple, de manera fragmentada, la función de canalizar el malestar y el desasosiego a través de sus fibras, venas y flujos.

Para hablar del cuerpo fragmentado y enfermo que es el centro de su poesía es necesario reflexionar en torno a su interioridad y su exterioridad. En esta poesía hay dos instancias de lo interior. La primera, la más corporal y orgánica, sale a la superficie del cuerpo y del poema. Los órganos, los miembros y los fluidos se materializan en la imagen poética. Así, se convierten en exterioridad por medio del lenguaje. El otro nivel de esta interioridad revertida se complementa con el anterior en los contenidos de esas imágenes. En el alfabeto gangoteneano la poetización del cuerpo se halla caracterizada por cierta impudicia, en la medida en que la intimidad corporal, sus procesos y debilidades quedan al descubierto. No sólo se habla del cuerpo, sino que se expone su condición enferma, orgánica y carnal: «¿Mis manos? ¡Abiertas, descoyuntadas, abiertas a la sangre!» (II 105).

Existe en este cuerpo una dimensión carnal que desplaza la concupiscencia a una intensidad ya no de placer sino de dolor. El apetito carnal se ve sustituido por la angustia frente a la muerte, pero ambos se igualan, en su oposición, en el despertar del cuerpo a los estímulos de la realidad. El cuerpo de Gangotena es procazmente exterior, en tanto exhibe la secreción de sus fluidos y enfoca sus detalles por medio de imágenes de sus fragmentos:

> Desollándome como Judas el infame
> –El alma en la punta de la lengua helada– Me agito en lo profundo del bosque
> Como las entrañas del hambriento. (II 59)

Este impudor sella una intimidad con el orden de lo interior. «El desollado conserva la forma entera del cuerpo y todas las características de su actividad viva y, sin embargo, sabemos que es una especie de monstruo, de robot o de mutante perturbador, sino repulsivo, porque exhibe lo que no está hecho para exhibirse», escribe Jean-Luc Nancy (2016: 27). Así como la imagen de Judas desollado contrasta con la profundidad del bosque y las entrañas, asimismo lo interior y lo exterior se rozan y aun se confunden: alma y desuello.

La interioridad no es sólo de órganos y entrañas en el poeta, sino, por supuesto, espiritual y mental. Frente a la pregunta de por qué es lo interior lo que define la conciencia, Peter Bürger sitúa el origen de la oposición entre lo interior-inmaterial (en Gangotena, el «espíritu», el «ser en mí», versus los otros) con lo exterior en San Agustín: «Manifiestamente, Agustín traduce la oposición platónica de lo material e inmaterial como la de lo interior y exterior» (2001: 31). A partir de entonces, afirma Bürger, el conocimiento del ser se metaforiza en imágenes del orden interno: «Que el yo sólo sobre la base de su autoconciencia tiene acceso a sí mismo se ha convertido en un presupuesto del pensamiento en la Modernidad, de modo que apenas parece representable una forma radicalmente diferente de constitución del yo» (2001: 31).

En la poesía de Gangotena, las metáforas de lo interior terminan por salir a la superficie del mundo. El cambio de orden en esta poesía está en la indiferenciación del orden de lo interior y lo exterior. El «espíritu», el «ser en mí», se halla en la piel desollada y en las «entrañas del hambriento». El organismo es un espacio de convergencia. Asimismo, toda condición existencial termina expresándose a través del cuerpo y manifestándose hacia fuera:

> Mis ojos asesinados transpiran su lodo contra los muros.
> Fláccidas, mis axilas en absoluto me han sostenido. (II 172)

En este sentido, la interioridad-corporalidad de Gangotena se asemeja a la experiencia interior de Antonin Artaud, uno de los destinatarios de *Orogénie* y de *Absence. 1928-1930*. Artaud, muy afín a la sensibilidad del poeta, desarrolla su obra en espacios semejantes, como afirma en la carta[2] que le dirigió al recibir *Orogénie*: «Siento que, como yo, usted ha tocado ciertos bajos fondos, y lo que me trastorna es la revelación de esta fraternidad lejana, proveniente de un país que habita mis sueños hace mucho tiempo» (1965: 941). En Artaud y en Gangotena se impone la elección de escribir sobre el dolor y la enfermedad desde la retórica del cuerpo y lo que éste puede decir de sí mismo. En «Bilboquet», Artaud expresa la misma necesidad de Gangotena de ir al cuerpo a fin de comprenderse: «Imagino un sistema en que todo hombre participaría, el hombre con su carne física y las alturas, la proyección intelectual de su espíritu…» (André-Carraz 1973: 37). Como Nietzsche y su filosofía, la obra de Artaud sólo puede acontecer en un cuerpo dador de sentidos.

Como se ve en la poesía de Gangotena, el cuerpo son sus procesos y sus revelaciones a través de los fluidos. No es un cuerpo seco ni aséptico, sino en fermentación y en movimiento. Se descompone y sangra, exuda y expulsa. «Sinapismo de sangre», «náusea», «agua podrida», «bilis», «orines», son las maneras en que el cuerpo sugiere estados. Dichos flujos, al mismo tiempo, constituyen el transcurrir de la escritura y terminan circulando en el texto poético. Uno de los ensamblajes más significativos en el código gangoteneano es precisamente éste: el cuerpo, sus partes y fluidos como «espacio de experiencia» (Pérez 2006: 23), como lugar físico en funcionamiento. El cuerpo y el fluir son dos campos del símbolo en donde, en gran medida, acontece esta poesía.

---

[2] Esta carta fue localizada por Renata Egüez a inicios de siglo, en la Universidad de Maryland. Fue la primera vez que la leí y la traduje (2004: *País secreto* 8: 39). Realicé una segunda versión para el volumen de correspondencia a Gangotena *Bajo la higuera de Port-Cros* (2015), Quito: USFQ, 275. Una versión anterior de esta misma carta pertenece a Filoteo Samaniego y se publicó en Quito en la revista *Ágora*, en abril de 1967.

El territorio del cuerpo es a la vez signo, destinatario, fuente de significados y lugar del origen de la experiencia, a menudo concebida como padecimiento. Si bien esta poesía se encuentra forjada en el lugar del yo, éste se relaciona con su cuerpo de manera particular, a veces disociada. Al parecer, por momentos sólo la distancia permite mirar detenidamente y escribir ese cuerpo descarnado.

En «Boisson trouble», poema de *Orogénie* dedicado a Henri Michaux, puede observarse bien esta distancia íntima. En lo que aparece como la recreación de una experiencia con drogas, el poeta habla de sí mismo pero también de su cuerpo a través de los sentidos y de lo físico: «Sudor de las lacas, plenitud de los poros. / Me aferro a los muros del antro como las lágrimas de las madréporas» (II 47). ¿Los poros de quién? ¿Quién suda? El sudor, los poros: ausencia momentánea de posesión, de identificación con el cuerpo. Sin embargo, la humedad que se exhala a raíz de lo experimentado es de alguien, aunque se indiferencien la piel y los muros, límite difuso entre el ser y el mundo. Incluso, el ser se confunde con el mismo fluir del cuerpo, como si fuera todo él la lágrima inmóvil del arrecife. Asimismo, la distancia entre la experiencia que se atraviesa y el lenguaje es también mínima en estos versos. Su intensidad aproxima la materialidad de las palabras a la materialidad del cuerpo. En momentos como éste se percibe la indiferenciación entre la experiencia vital y la poética: «el poema, o incluso una sola imagen, puede a su turno convertirse en una experiencia» (Waldrop 1971: 76).

Más adelante, se abisma la distancia entre estas dimensiones de la realidad, y tiene lugar una invocación al cuerpo: «¡Por caridad! / ¡Miembros solidarios de la aventura, modelad el limo de nuestro rostro!» (II 47). Esta exhortación proviene de la falta de correspondencia entre el cuerpo y el espíritu. El primero no responde a la experiencia, o de alguna manera parece ir en dirección contraria. Por otro lado, las partes involucradas en la aventura parecen capaces de modelarse a sí mismas, o al menos es ése su deseo. Éste es un eco del acto divino de creación a partir del barro, pero en una variación que expresa la ansiedad por la regeneración del cuerpo enfermo. En ausencia de Dios, el cuerpo se halla tan solo como el ser cercado por dicho cuerpo. Entre ambos, pareciera haber un muro similar al que separa la lágrima del arrecife, casi intangible, y en donde se tocan las partes más exteriores de ambas superficies.

El cuerpo gangoteneano es como una cinta de Moebius. Lo físico no se puede distinguir de aquello que no lo es. Al contrario del agua sobre la madrépora, que no logra penetrarla, el limo del rostro se forma con la humedad del sudor y las lágrimas. El cuerpo se hace en sus propios fluidos, pero no puede reconstituirse. «Nuestro rostro» delata a una entidad doble, el ser y el cuerpo demandan una comunión que no es posible. Todo lo contrario, ésta se extrema a medida que avanza en su experiencia: «¡Rasguñadme, uñas! ¡Esta corteza, ay, y estas membranas tan pesadas del sueño!» (II 48). La invocación al cuerpo viene del cuerpo: la voz habla a las uñas, son las partes exhortándose a sí mismas.

Al final del poema, «el alma siniestra se encenaga» (II 48) en una inmersión en el espacio de un cuerpo líquido, reverso de la purificación bautismal en tanto es turbio. El cuerpo desmembrado toma formas aun más fragmentadas en otros poemas. Así como el mundo mineral y el corporal convergen en «Boisson trouble», en «À l'ombre des séquoias», poema de *L'orage secret* (1926-1927), el cuerpo también se confunde con la roca: «¡Oh, boca sonora en las membranas de la tempestad, oh boca en fonolito, / Por ti les lanzo la piedra del desprecio!» (II 77). Esta boca pétrea se desprende del cuerpo para hablar a la membrana de la tormenta que parece un oído. Una vez más es invocada, pero también es una causa y un túnel para canalizar la aversión al mundo.

La «boca en fonolito» funde la imagen de la piedra con el cuerpo. La carne y lo mineral se reúnen y convergen en el sonido. El fonolito, «piedra sonora», es tomado para hacer hablar al cuerpo en medio de una realidad tempestuosa. En esta imagen aparecen simultáneamente lo corporal, lo mineral y lo mítico, todo orientado al sonido proveniente de esta boca-piedra-fuente de sonido: «Como materia más antigua se definió la piedra sonora (el fonolito de los volcanes), del cual en su "enmudecimiento" surgieron las estrellas, los animales e incluso los seres humanos» (Pascha 2004: 7). A juzgar por esta explicación, Gangotena, que estudió Geología y Minas en París, está haciendo hablar por su boca al mundo primigenio, el sonido original. La poesía como soplo que da origen al mundo[3].

Si la boca es el canal por el cual supura el rencor, en este organismo fragmentado que es el cuerpo la relación hostil con su entorno cobra formas aún más explícitas. No sólo el sonido originario sale de esa boca sonora —y a su vez el odio, como si el origen del mundo fuera la angustia— sino también la saliva, fluido permanente del cuerpo, mineral, por cuyas aguas fluye, además, la palabra.

La saliva, vehículo de la voz, es al mismo tiempo una parte del cuerpo y un fluido expulsado, que en la poesía de Gangotena aparece para ocupar el lugar del verso: los fluidos son el verso. En «Allure de drame», poema de *Orogénie*, la poesía es un brote violento: «Ah, de mí, cáspita, no tendréis / Sino el chorro malsano de mi saliva» (II 50). En represalia contra el mundo, un resto abyecto y enfermo viene del interior del cuerpo, irrigado con una sangre impura. La contaminación de los fluidos es constituyente de su existencia. Al escribir con todo el cuerpo, lo que sucede con éste durante la escritura también es la producción de un resto.

---

[3] El vocablo «fonolito» es difícil de localizar en español, no es una voz acuñada en el diccionario RAE. Sin embargo, es curioso ver en palabras como ésta la influencia de la Geología en la poesía de Gangotena. En 1802, Alexander von Humboldt buscó fonolito en los Andes ecuatorianos, entre otras formaciones rocosas, como relata en su obra *Cosmos: ensayo de una descripción física del* mundo (1875: 385-387).

En «Provinces éoliennes», la saliva es la «savia hirviente de mis fauces trastornadas» (II 68). La intensidad de esta imagen no reside sólo en su animalidad, sino también en la interacción de los elementos del mundo natural, los cuales, lejos de construir una armonía, componen un cuadro feroz. La imagen de la savia hirviente trae lo volcánico mientras se desplaza hacia lo vegetal, para conectarse con lo animal al tomar forma de fauces. Los reinos del mundo se unen a fin de construir una voz rabiosa y salivante, bullente, que sale con violencia del cuerpo. Las metamorfosis gangoteneanas tienden hacia lo más fisiológico de lo animal y lo más telúrico de lo mineral, son transformaciones violentas.

Henri Michaux comparte con Gangotena la visión de un mundo hostil desde un cuerpo enfermo. Compañero de viaje en Ecuador, la voz del poeta de origen belga es, sobre todo durante los años treinta, una expresión gemela de la poesía gangoteneana. La afinidad de estos autores produce, en su respectiva escritura poética, imágenes que se confirman unas a otras, como si armaran un frente común contra el mundo. Jules Supervielle, amigo cercano de ambos, rescata la relación entre la poesía y la idea en la obra de Michaux:

> No se trata de que el poeta sea un pensador, sino de que entregue la sed ansiosa, la nostalgia del pensamiento. Amo las imágenes profundas de Michaux como amo aquellas de Nerval, de Blake, de Lautréamont. Si otros poetas van por el lado de la fantasía, Michaux siempre se entrega a la reflexión. (Supervielle 1988: 416)

Gangotena participa de esa voluntad de reflexionar. Ambos jóvenes empiezan a intercambiar su poesía hacia 1925, y van forjando una relación cada vez más íntima en términos literarios y personales. Su cercanía se refleja en la manera en que conciben la construcción de imágenes de la enfermedad como respuesta ante la angustia.

Por su parte, Michaux escribe en Ecuador uno de sus poemas más conocidos, «Je suis né troué», que aparece por primera vez en *Ecuador*, *diario de viaje*. Allí la aversión contra el mundo también se expresa a través de un cuerpo afectado. «El cuerpo es el primer problema» (1986: 56), dice Raymond Bellour de la poesía de Michaux, y «el mediador inicial de la dificultad de ser» (1986: 56). Esta imagen muestra su afinidad con la poesía gangoteneana:

> No es sino un pequeño agujero en mi pecho, pero allí sopla un viento terrible,
> En el agujero hay odio (siempre), pavor también, e impotencia
> (1986: 94)

Como la «boca sonora en las membranas de la tempestad», el corazón de Michaux también es un canal por donde pasa el odio. El poeta padecía del corazón, y la llegada a los Andes lo sumió en una gran angustia. A partir de ese malestar, ambos poetas expresan su odio al mundo desde su cuerpo enfermo. Así como en Michaux el viento es portador de malestar, en «Provinces éoliennes», de Gangotena, los vientos llevan la crueldad del mundo: «Alrededor de mi sombra y mi dolor, / ¡Oh vientos, recogeros ya!» (II 67)

Pasando de lo eólico a lo líquido, de vuelta a los fluidos, no sólo la saliva sirve para expresar la animadversión contra el mundo. Los orines son otra imagen recurrente en esta poesía. En ocasiones, son líquidos expulsados por otros, que se encuentran allí, en el mundo, apestando el espacio del poeta. En «L'homme de Truxillo», «el ácido y el orín de nuestras armas» (II 63) son parte de la atmósfera que rodea una rebelión contra la autoridad paterna, en medio de un ambiente fétido debido a la presencia «mural de los padres». En «À l'ombre des séquoias» la presencia de fluidos se extrema cuando la orina, acumulada en un charco, choca violentamente con la saliva: «¡Yo exulto, escupo sobre qué orinas!» (77). La escena es «los bajos de la ciudad inmunda», espacio donde la «cólera estalla». La saliva, resto propio, se cruza con el resto de un cuerpo ajeno, y también es lanzada como agravio. Los orines del cuerpo de otro son la única «parte» contra la que se puede cometer una ofensa, pues reposan inertes, encharcados en la ciudad. Acontece el asco, en donde el poeta, al escupir, se arroja a sí mismo en ese «chorro malsano», en el escupitajo. En él se va su ser.

En *Los poderes de la perversión*, Julia Kristeva equipara el resto con el cuerpo que produce ese mismo resto: «Aquel en virtud del cual existe lo abyecto es un arrojado» (2004: 16). Este sujeto arroja sus fluidos y al mismo tiempo vive con ellos en una continuidad líquida que lo indiferencia del mundo y sus límites. La imagen del charco de orines y de los bordes de la urbe lo expresa: escupir sobre los orines en los charcos de la ciudad, fluido sobre fluido.

«Mil veces he recorrido esta horrible teja de lava; y, cierto, me hallo en este punto extremo de la desolación» (II 77). La ciudad también es boqueante, húmeda, y en ese fluir ardiente, líquidos de diferentes cuerpos, restos de seres que jamás se han visto, se mezclan con sus vapores. En la urbe, charco abyecto, habita el poeta. «Los restos son sobra de algo, pero sobre todo de alguien. Contaminan en virtud de esa incompletud» (Kristeva 2004: 102). Ese resto solitario y truncado es el cuerpo del poeta, además, lacerado por la enfermedad y el dolor.

Si los orines son parte del paisaje pestífero y exterior, las lágrimas reflejan, en cambio, la esfera interior. Este flujo íntimo llega a confundirse con líquidos vitales, y en vez de salir circula dentro del cuerpo como sangre, sin entrada y sin salida, en un circuito que impide el alivio. En el fragmento primero de *Absence. 1928-1930*, sangre y lágrimas se mezclan así en el tubo de ensayo que es el cuerpo: «¡Y mis venas que se asfixian! / Mis venas, cargadas de lágrimas, que pesan tanto en mi cerebro!» (II 106).

La sangre, las lágrimas, lo líquido llevan un movimiento pesaroso: «Lloro, ¡ay! por una vena más triste y más desgarradora que el ala de los muertos» (1992: II 84), dice justamente «La voix» en *Orage secret*.

La tempestad, que se cierne con toda su gravedad, es literalmente circular. En *La vie dans les plis*, Michaux también retrata el cuerpo como un cerco: «Así, yo circulaba en angustia en mi cuerpo trastornado» (Bellour 1986: 58). El ser está sometido al cuerpo, y el cuerpo a sí mismo. Al hablar de Michaux, Bellour describe un cuerpo «cerrado sobre sí, siempre en falta» (1986: 58), similar al cuerpo gangoteneano.

En otros momentos de esta poesía, por ejemplo en «Veillée», el agua aparece con connotaciones similares. Más que un elemento de purificación, como podría ser también el llanto, el agua acarrea en sí la descomposición: «Y el viajero no tiene otro vestido / Que las películas del agua putrefacta» (II 52). No sólo es pútrida, sino que además envuelve el cuerpo desamparado como una extensión de su estado. Además de la piel, que funge como frágil frontera entre el ser y el mundo, la membrana de agua que lo recubre también es un precario confín fluido, como lo define Kristeva:

> Constructor de territorios, de lenguas, de obras, el arrojado no cesa de delimitar su universo, cuyos confines fluidos [...] cuestionan constantemente su solidez y lo inducen a empezar de nuevo. Constructor infatigable, el arrojado es un extraviado. Un viajero en una noche de huidizo fin. (1989: 16)

En Michaux también aparece la imagen del viajero desabrigado, en un poema que escribe en Quito en 1927: «Tened piedad de mí, viajero ya de tantos viajes sin valija» (1968: 97). Despojado, como el peregrino de Gangotena que sólo tiene una capa de agua sobre el cuerpo, el de Michaux expresa el mismo desamparo frente al mundo extraño de los Andes. En ambos, el viaje es hacia el interior. Son los «movimientos del ser interior», como los llama Michaux en *Labyrinthes* (Bellour 1986: 59).

La escritura en la poesía gangoteneana está dada por esta separación del mundo: el cuerpo busca tomar distancia, pero al mismo tiempo se encuentra sumergido, separado por una película de agua. Este elemento aparece en otras imágenes en donde la ausencia de movimiento equivale a la soledad absoluta: «Profundamente conmovida, el alma vela esta agua desierta de mi pupila» (II 98). El estado de contemplación sucede con el propio cuerpo como objeto de la mirada. El lago minúsculo de la pupila es visto desde el interior, como si ambas dimensiones estuvieran escindidas. En «Chant d' agonie», el órgano ocular vuelve a aparecer como el lugar en donde acontece una soledad cercana a la muerte: «Liberadme de esta pupila donde el espíritu se hiela» (II 101). Las imágenes de fluidos que cesan, cambian de estado o se interrumpen, son en esta poesía una marca de tragedia. El hielo, agua capturada, es signo de agotamiento existencial.

Cuando están ausentes, los líquidos del cuerpo ocasionan dolor. Su no-fluir recuerda las imágenes del agua que sugieren desolación y cercanía de la muerte: «El agua quemante de toda juntura se inmoviliza en tus rodillas» (II 99). Esta congelación ardiente capaz de herir en su calor y en su frío ataca la parte del cuerpo que sostiene el peso del mundo, como en imágenes anteriores. La enfermedad, al atacar las extremidades, vulnera la capacidad del ser para lograr equilibrio. En los estados de salud de este cuerpo no hay armonía en los fluidos. La sangre se derrama incontrolablemente mientras la angustia congela las lágrimas. A la parálisis de algunas imágenes del agua se opone la fluidez excesiva de la sangre, incapaz de coagularse. Reaparece la sombra de la hemofilia.

Esta enfermedad es asociada con males contagiosos, deformantes y hemorrágicos como la lepra, e incluso el escorbuto, también caracterizado por hemorragias (Ribera 1888: 223). Éstos son estigmas que denuncian un cuerpo indigno de estar cerca de otros por hallarse contaminado. En «Chant d'agonie», el mismo poeta extrapola el padecimiento de su cuerpo a la lepra, como se mencionó en el capítulo anterior:

O esta gran tristeza de la memoria. Leproso[4], ciego,
¿desde qué siglo he perdido todo contacto con la vida? (II 100)

La lepra como motivo poético también está presente en autores como Joë Bousquet. La enfermedad va elaborando su propio lenguaje, pero no se trata de una retórica ni de la utilización de la imagen por convención literaria. La condición del leproso es simbólica y a la vez real, como sostiene Joseph Brami en el caso de Bousquet: «¿Cómo no escuchar este ruido melódico que habita un dolor?» (1987: 10). Lo mismo vale para el caso de Gangotena. Debe leerse la poetización en torno a la enfermedad en su dimensión real, más aun cuando la hemofilia lleva consigo la sombra de la lepra. Las connotaciones de ese estado interior simbolizado en la figura del leproso tienen un alcance que se extiende a toda la poesía gangoteneana. En *Los anormales*, Michel Foucault describe así la situación histórica del leproso:

> [La] exclusión del leproso implicaba la descalificación –tal vez no exactamente moral, pero en todo caso sí jurídica y política– de los individuos así excluidos y expulsados. Estos entraban en la muerte y, como sabrán, la exclusión del leproso estaba acompañada regularmente por una especie de ceremonia fúnebre durante la cual se declaraba muertos […] a los individuos que padecían la enfermedad e iban a partir hacia ese mundo exterior y extranjero. (2006: 51)

La condición del leproso no es sólo médica sino también social, y en la poesía de Gangotena ambos aspectos convergen en la conciencia de la distancia del mundo. El leproso se despide del mundo y se encierra en vida, para entregarse al camino que toma su enfermedad.

---

[4] Le debo a la oportuna sugerencia de Joseph Brami la elaboración en torno al motivo poético del leproso. Brami se ha aproximado a él en *Les troubles de l'invention: essai sur le doute poétique de Joë Bousquet*. Aislar este verso me permitió hallar una de las claves del alfabeto gangoteneano: la retirada del mundo.

Por un lado, el sufrimiento es íntimo y físico, corporal. Por otro, la retirada del mundo es la renuncia a los otros[5]. El «canto de agonía» tiene lugar en la soledad del poeta y en el espacio del poema, reservado para la expresión de la angustia interior.

El cuerpo enfermo, hemofílico, leproso, es un cuerpo marginado. El enfermo es un apestado y puede habitar sólo el espacio que delimita su estigma. En Gangotena, el cuerpo, la mente y el espíritu son indisociables y convergen en lo fisiológico. No sólo el cuerpo es el infectado, sino el ser, en su integridad y en su desintegración.

A pesar de concebirse de manera fragmentada, por momentos el cuerpo gangoteneano hace intentos por constituirse como una entidad individida a fin de relacionarse con la realidad. Descoyuntado, el cuerpo debe converger en un punto a fin de articular un espacio para el ser y para la palabra: «De un solo impulso los miembros se agregan entonces al estremecimiento de los labios, / A la llegada del corazón» (II 97).

Esta imagen de «Chant d'agonie» continúa con una exhortación a los otros para que constaten la existencia de este cuerpo afiebrado y finito: «¡Palpad esta frente, estos párpados, amigos! / Más tarde, no tendré nada de cuerpo para presentarme a ustedes» (II 97). La extinción constituye el total aislamiento de los otros a causa de la enfermedad, advenimiento de esta desaparición paulatina del cuerpo anunciada en el verso.

Mientras que en *Orage secret* la enfermedad es el eje, en *Absence 1928-1930* la muerte es algo inminente. El aislamiento, el malestar y la angustia conducen a la escritura a un lugar de producción de imágenes que conforman algo cercano a un obituario: «Mi cuerpo está ocupado en morir» (II 122), dice el poeta. Una vez más, la sangre es

---

[5] En *La leprosa*, obra de teatro de Juan Montalvo fechada en 1872, Arturina, mujer condenada a la enfermedad, pasa por los estados descritos hasta aquí con enorme intensidad: padecimiento, renuncia, retirada del mundo. Véase «La Leprosa» en *El libro de las pasiones* (1970). Ambato: Pío XII.

una mensajera fatal: «Es cierto, en mis venas todo ha terminado» (II 122). Con el cese de la sangre se interrumpe también la circulación de la sangre familiar. La familia es transmisora no sólo de sangre enferma sino también de la angustia y del odio, afluencias que en Gangotena terminan formando una sola corriente.

Las partes del cuerpo desmembrado, labios, lengua, garganta, manos, son vehículos de expresión no sólo de la palabra, sino también de los fluidos corporales que encarnan el asco, el desprecio o la angustia. Las imágenes del alfabeto que se concentran en el cuerpo son más literales que metafóricas. Su valor concreto radica en el hecho de retratar el cuerpo y la enfermedad de manera directa. Esa literalidad está al mismo tiempo cifrada, como si el símbolo poseyera un valor literal y figurado al mismo tiempo.

El décimo fragmento de *Absence* muestra claramente este movimiento de pliegue y despliegue. A lo largo de sus versos, el poema enlaza la enfermedad física a la locura y a la muerte y libera simultáneamente significados literales que hablan del cuerpo al tiempo que hace de ellos cifras de un estado que rebasa lo físico: «Mi corazón se apaga, / Mi voz vibra con un sonido de muerte» (II 132). El mundo y el cuerpo se confabulan para sumir al ser en la desolación: el corazón es un músculo afectado al tiempo que el lugar donde el espíritu late cada vez con mayor dificultad.

> ¡Y malditos estos huesos que se quiebran
> Y más malditos estos nervios que destilan sangre, esta sangre oscura de mi dolor!
> ....
> Me alimento, por doquier, de mi sola tristeza;
> Por doquier mi cuerpo amado no tiene otra hambre que morir.
> (II 133)

El precario equilibrio del cuerpo se rompe, los huesos no soportan y los nervios, conexión con el mundo exterior, recipientes de los estímulos, se hallan atrofiados por la sangre enferma. La sangre destilada por el cuerpo y ennegrecida al contacto con el mundo es señal de enfermedad y angustia. El cuerpo, que se corroe como materia viva, corroe también el espíritu y se proyecta en la muerte: sólo entonces se detiene el fluir de los virulentos líquidos corporales. La agonía se extiende a todas las dimensiones de lo humano. Fraccionado, el cuerpo es a la vez relación de un todo, de ahí su constitución prismática, total pero fragmentada, dispersa y convergente, dispar y única.

Los Andes como materia poética y el cambio de lengua como ecce homo

> La geografía es sólo la forma aparente –puramente superficial– del exilio.
>
> Héctor Bianciotti

Entre 1923, año de publicación de los primeros poemas en francés, y 1927, año de la vuelta a Ecuador, la poesía de Alfredo Gangotena no se refiere especialmente a la relación entre el poeta y la tierra. Los lugares que nombran sus poemas van de lo urbano –tejados, túneles, chimeneas– a los elementos de la naturaleza que estarán siempre en su obra –pájaros, ríos, estrellas–. No hay necesariamente un paisaje por captar en la escritura. Su relación con el espacio se basa en la exploración, expresada en la metáfora frecuente de la figura del viajero, por ejemplo en poemas como «Promenade sur le toit» («Paseo por el techo»), «Chemin» («Camino») y «Terrain vague» («Terreno vago»), todos ellos indicadores de travesías, interiores o exteriores, de corto o largo alcance, pero los Andes y lo orogénico como tal no aparecen como centro de los poemas. En «Promenade sur le toit», por ejemplo, el movimiento se origina en el interior, y es a la vez el motor de la búsqueda del poeta:

> Del fondo del alma, escandido, surge, chorro de sifón,
> El movimiento. (I 27)

La pulsión vital de la existencia, líquida y cargada de energía, sale al mundo como un chorro. El fondo del alma aloja líquidos putrefactos, como un sistema de cañerías. El cuerpo y el alma son conductos que arrojan ese chorro escandido, medido en versos y sílabas. El movimiento que se genera desde el interior del cuerpo está destinado a ser poesía y, al mismo tiempo, volverá siempre a confirmar su vivencia en el interior del ser:

> En el aire interior,
> que mis pulmones destilan,
> el ojo navega a la aventura. (I 28)

El poeta se escruta a sí mismo llevado por el soplo producido por su cuerpo. Él es su propio impulso. En el curso de este lance, como suele suceder en esta poesía, la experiencia se torna angustiosa y autorreflexiva. En el último verso, la aventura interior se revela como la creación misma del poema, que sin embargo, constituye un acto angustioso: «¡Ah! Haced por lo menos que mi poema termine».

La conciencia del espacio del mundo y del espacio interior en esta poesía es central para entender cómo el primero será materia del segundo, no como correspondencia, sino, por el contrario, en la medida en que se establece como posibilidad de expresar rupturas, exilios y separaciones. Más adelante, ésta empezará a poblarse de imágenes construidas en torno a grietas, abismos, montañas, y el espacio tomará la forma de un escenario hostil. «Le solitaire», publicado en *Philosophies* en 1924, describe aparentemente la trayectoria de un conquistador que se apresta al descubrimiento de una nueva tierra:

> ¿Es la ruta de las Indias?
> En mi pecho chirría el equipaje.

El zodíaco repentino conmueve su engranaje
Sobre la imponderable cúpula de los Andes. (I 55)

Frente a lo desconocido del camino por recorrerse, el interior se ve sacudido por el bagaje con que avanza el viajero al tiempo que lo sobrecoge la vista sorprendente de las estrellas sobre las oscuras cimas de los Andes. Una vez más, el viaje halla su valor únicamente en la medida en que provoca un movimiento interior, como el rechinar de la existencia misma, expresada en la imagen de los bultos que el viajero acarrea mientras avanza en su aventura.

Muy temprano en la poesía de Gangotena, hacia 1924, los Andes empiezan a figurar cada vez más en la expresión de la angustia. En «La voix» («La voz») (1926) aparece ya la montaña como presencia colosal y aplastante. Esta asociación va a encontrar lugar cada vez con mayor fuerza en otros poemarios. Por otro lado, se puede ver la extensión de los versos, que tienden más bien hacia el versículo, en donde se acumulan las sensaciones de desasosiego: «Oh indolente cadena de montañas bajo mi peso: / que un insecto razonador, ¡privilegiado por cuáles medidas! te haya recorrido en el delirio y el insomnio, en toda la inmensidad de tu edad» (I 90).

El paisaje montañoso de los Andes tuvo incidencia en Gangotena antes de su partida a Francia, pues aparece como elemento antes de su vuelta a Ecuador, quizá como presagio de un lenguaje de desolación que él habría de construir a su retorno años más tarde. Ya sea una sombra temida por la vuelta inescapable o como recuerdo, lo orogénico y lo terrestre en esta poesía se convierten en signo trágico. De hecho, Michaux los separa radicalmente de otros elementos de esta poesía: «Todo lo que es positivo en el universo gangoteneano es angélico y floral. Lo que es negativo es maldito y mineral» (en Gangotena 1991-1992: I 14).

El campo de imágenes telúricas alcanza su máximo despliegue en *Absence. 1928-1930.* Pero ya en *Orogénie* (1928) el poeta se muestra de cuerpo entero en su enfermedad y en su conflicto. Siguiendo las imágenes terrestres, Michaux divide también las dimensiones del mundo gangoteneano en tierra exterior e interior:

> Su primer libro lo titula *Orogénie*, el libro de la tierra. Tierra exterior –Gangotena habita el soberbio y casi pavoroso país de las altas mesetas desnudas y los volcanes que es el Ecuador–. Tierra interior también, por una suerte de petrificación personal, y porque el desesperado y el maldito (siempre había estado maldito, si bien por equivocación del resto, pero creía firmemente en esta maldición) tiene naturalmente la piedra como símbolo. (en Gangotena 1991-1992: I 14)

La imagen de la petrificación no cabría del todo en la poesía gangoteneana y en la experiencia vital del poeta si no constituyera una relación de tensión indisociable con su tempestad secreta. El movimiento sanguíneo y la paralización interior suceden juntos, paradójicamente, y no se desplazan. La sangre, que mantiene vivo el cuerpo, a su vez lo contamina, y sume al poeta en la inmovilidad. El mismo Michaux afirma que Gangotena no se encontraba bien sino yacente (en Gangotena 1991-1992: I 14), bajo la amenaza de un golpe o una cortadura que podía acontecer en cualquier momento y poner en peligro su vida. Ante la amenaza permanente, el cuerpo enfermo adquiere una dinámica diaria y existencial, cotidiana y absoluta, que resulta en una visión de la vida sostenida por la incertidumbre y la inminencia de la muerte. Lo pétreo y paralizante se encuentra así con lo torrencial y sanguíneo.

Lo mineral y lo corporal se encuentran también en «Cuaresma», el poema que abre *Orogénie*. La sangre constituye una herencia, la transmisión de la estirpe. La madre lega al hijo una sangre enferma, que el poeta acerca a la aridez por medio de la imagen de la cal: «Lustral cal viva en las grietas del cuerpo en andrajos» (II 35). La cal viva reacciona violentamente al contacto con el agua, es capaz de perforar la piel y abrir el cuerpo. La cal y la sangre, a su vez, purifican, como las aguas lustrales de los antiguos ritos de expiación. La sangre es el líquido de activación de este polvo de roca que hiere y purifica por medio del dolor, y que se adentra por las grietas donde circula esta misma sangre.

Lo lustral puede ser también una medida del tiempo, pues la sangre de la familia Gangotena se preciaba de ser antigua y pura –Gangotena le dedica *Absence. 1928-1930* nada menos que a Lucrecia Borgia, su «amado ancestro»–. Esos pactos de sangre pueden desencadenar hemofilia, por la mezcla de la misma sangre en diferentes generaciones: «Pues es el verdugo, ¡es la familia!» (II 34). El reino mineral en esta poesía aparece en los momentos de desamparo e impone su reciedumbre inquebrantable, su inexorabilidad.

Hacia el fin de 1927, la familia se halla preparando su viaje de vuelta, y el poeta sabe que esto le supondrá un profundo remezón. En los versos que abren «Carême», la condena está declarada de antemano: «En mi alma ventea el eco de una voz profunda. Soledades de un mundo abstracto, Soledades a través del espacio melódico de los cielos, Soledades, yo os presiento» (II 31). Ante la inevitabilidad del retorno, la tierra maciza toma formas funestas. En *Orage secret*, el Ecuador empieza a configurarse como un pequeño infierno: «El equinoccio abre hondamente las tumbas» (1992: II 83).

El texto de cierre de *Orogénie* anuncia la partida y, junto con algunos pasajes de *Orage secret*, contiene claves del inaplazable exilio en que Alfredo Gangotena va a declararse cuando llegue a Ecuador. Titulado «Provinces éoliennes», el poema final lleva en su nombre los vientos andinos y los presagios de la vuelta a estas tierras. La estrofa que abre, dividida en dos columnas, a manera de acotación teatral y parlamento, ubica al poeta en un lugar remoto, en donde no tiene otra opción que internarse:

En las lindes de las montañas,   Como la noche, de nuevo me
En la seda de sus murallas,   hundo y me repliego
Se oyen las cadencias de mi voz.   bajo el manto del dolor. (II 66)

La vuelta a las montañas aparece a lo largo de esta poesía como signo funesto. La soledad aún un tanto lejana que anuncia *Orogénie* en el primer poema es una realidad consumada en el último. El poemario prefigura en la sucesión de textos la misma trayectoria que realizará el poeta. En el medio, ya sea que los poemas recreen viajes de conquistadores, como en «L'homme de Truxillo», o experiencias religiosas, como en «Carême», intervendrán en la escritura las imágenes terrestres del alfabeto gangoteneano destinadas a la expresión del abatimiento y el repliegue ante la inexorabilidad del confinamiento.

Sin embargo, y como en la tercera línea de «Provinces éoliennes», la soledad de Gangotena termina por convertirse en un motivo central de su escritura y ahonda todavía más en las «cadencias» de su voz. La «cabeza en sus grandes trabajos diseminada» (II 67), como describe otro momento del poema, se prepara, por medio de la producción textual, para el momento posterior a la llegada a las regiones eólicas ecuatoriales. Una vez instalado el poeta entre Quito y las haciendas de la familia en Puembo, cerca de la capital y en los Andes centrales, lo que era materia poética se torna real. En «Provinces éoliennes» se avizora ya la sensación: «El firmamento entonces me cerca, / El firmamento me golpea en cataclismos de ceniza y de sal» (II 67).

Orage secret, por otro lado, se puebla de preguntas. La incertidumbre se apodera del poeta. En «La voix», el verso que cierra expresa el temor en uno de los versículos recargados que acumulan imágenes de asombro frente al destino impuesto:

> Príncipe del sonido y de los colores, ¡esta irrisión! yo, el esposo nupcial, el único, el omnisciente, ¿iré yo en el polvo y los hipos de la agonía
> / –¡mi
> recompensa!–, iré yo hacia la más triste de todas las sombras de la
> / noche? (1992: II 90)

El cielo mineral y ecuatorial era un paradójico descenso al Hades en las alturas de las montañas. La pregunta planteada en *Orage secret* encontró una respuesta desesperanzada en *Absence. 1928-1930*. El «príncipe del sonido», que hallaba en París el respeto y la admiración de sus contemporáneos, se ve despojado de aquello que era. Paradójicamente, volver a los orígenes dejó a Alfredo Gangotena sin señas particulares. La dimensión infernal expresada antes en las imágenes de *Orogénie* y *Tempestad secreta* se hizo más potente y Gangotena produjo uno de sus poemarios más inquietantes.

Absence. 1928-1930 es un poema de largo aliento compuesto por diecisiete fragmentos. Los quince primeros están escritos en francés, y los dos últimos en español. Este volumen recoge en gran medida las preocupaciones de Gangotena: la enfermedad, el aislamiento, el exilio[6], la incomprensión. Asimismo, las imágenes contra la Tierra se muestran en toda su dimensión, al tiempo que el sentimiento de frustración por la tarea familiar impuesta y el rechazo a su medio se notan con mayor claridad que en momentos anteriores de una tibia rebeldía. La «Tierra prometida a mis ancestros» (II 119) del fragmento quinto es aborrecida. Quizá sea ésa una de las razones por las que Gangotena mantuvo la escritura en francés durante la mayor parte de esta obra. Su cifra se hallaba doblemente potenciada. Llegaba a Ecuador a fin de amurallarse tras una poesía escrita en una lengua privada.

Por otro lado, el bilingüismo de este poemario daba cuenta del intersticio en que se hallaba Gangotena. En 1928, año en que empezó a escribir *Absence 1928-1930*, su etapa francesa llevaba siete años. Ya había publicado en las revistas *Philosophies, Intentions, Le Roseau*

---

[6] El poemario está dedicado a Henri Michaux, André Pardiac de Monlezun y Aram D. Mouradian, compañeros de viaje. Los dos últimos se convirtieron en cuñados de Gangotena. A todos ellos, el poeta los llama «mis compañeros de exilio». En 1928 Michaux siguió su viaje hacia Brasil y sus otros dos amigos, ahora sus cuñados, regresaban a Francia casados con las hermanas del poeta.

d'or, *La ligne de coeur*, y el volumen *Orogénie* pronto apareció bajo el sello de la *Nouvelle Revue Française*. Mientras tanto, en Ecuador, como han hecho notar Castillo Berchenko y otros críticos, el recibimiento fue glacial. Sólo en 1930 el poeta volvió brevemente al español. Tras los fragmentos XVI y XVII de *Absence 1928-1930*, pasaron más de diez años antes de que Gangotena volviera a escribir en su lengua materna.

En cuanto al cuerpo francés de esta obra, era la declaración de odio del poeta contra el destino impuesto por la familia. Ya en el primer fragmento se puede leer el talante de lo que será el resto del libro. El estado de aislamiento presente en *Orogénie* y en *Tempestad secreta* se agudiza, es lo que refleja la escritura, y lo que podía ser una primera exploración filosófica de la angustia en estos poemarios toma dimensiones inesperadas en el choque que produce la nueva realidad. Si en Francia Gangotena se siente incomprendido por su familia y sus pactos de clase, cuenta en cambio con el apoyo de sus amigos, que lo legitiman como poeta. En París participa del círculo íntimo de Jean Cocteau, Max Jacob, Jules Supervielle o Jacques Maritain, quienes habían leído, promovido y comentado su obra. En Ecuador no sólo se siente como un descastado, sino que además es despojado de sus afectos, de París y de su obra. El pequeño círculo que forma en Quito más adelante va a sostener su vida intelectual. Estaban David García Bacca, Gonzalo Escudero, su médico. En 1928, la llegada a los Andes constituye una incursión involuntaria en las regiones yermas de su propio ser y de su entorno. Gangotena cuenta entonces con veinticuatro años y ve interrumpida su vida como poeta en francés:

> Las puertas de mi soledad, vacilantes en los espejos del viento.
> Y todas las hojas nacidas de la Naturaleza,
> Que velan alrededor en esta iluminación de tristeza y de ansiedad.
> (II 105)

El poeta no sólo confirmaba el presentimiento de las soledades que anunciaba antes, sino que ahora la dimensión geográfica y la casa de la familia se confabulaban para cercarlo.

Desde las puertas entreabiertas de la casa Gangotena Fernández Salvador se ven las hojas en la noche, expuestas a la precaria luz artificial y amarillenta de la casa paterna. En general, en esta poesía los elementos de la naturaleza ecuatorial conforman un cuadro abrumador. El fragmento tercero los describe como un peso fatal. El agua vuelve como un signo negativo, no sólo porque se anuncia en las nubes para descargar su tempestad más tarde, sino incluso en sus mínimas materializaciones, como el rocío, nefasto: «Estas pesadas nubes, cargadas de granos, de hojas y de rocío, / ¡Un día me ahogarán!» (II 112).

En el fragmento quinto, el malestar contra la tierra alcanza un nuevo pico. El poeta, «maldito», da vuelta a esta condición e injuria a la tierra de sus ancestros. Más allá del abatimiento, en este momento climático de *Absence. 1928-1930* se desata el odio abierto contra el origen y la geografía enloquecedora que cerca al poeta:

> ¡Oh Tierra! Tierra tres veces maldita, esta vez, ¡oh Tierra! te contemplo animado de todo el odio de que serán capaces un día mis ojos.
> Desde que me han hablado solapadamente de mi desgracia, Desde esta hora, en verdad la más pesada y la más
> triste de todas las horas de mi sangre,
> ....
> Desde esta súbita herida de abismo en mi cerebro,
> Heme aquí, Tierra intratable, heme aquí de regreso de los sueños
> ¡Oh Tierra! Te aborrezco así: ¡solemnemente!
> Y el resto de mi vida sorda y secreta lo consagraré a cultivar metódicamente el desprecio y el odio, en todo lo viviente, respecto a ti. (II 118)

Cuando la familia decidió que Alfredo Gangotena volviera a Ecuador, no pudieron distinguir en él al poeta. De ello dependía su vida. La vocación literaria del hijo se veía, en realidad, como un ornamento, y lo importante era que se encargara de los negocios familiares. «Solapadamente», los Gangotena se encargaron de que cumpliera su destino. A ello se suma la «pesada hora de la sangre», la carga de la enfermedad, que debió sentirse más grave frente a la nueva vida que le esperaba.

Gangotena, sin embargo, había estado enfermo siempre, y muy pronto sintió el lastre de una familia que lo avergonzaba por su risible actitud aristocrática y feudal. En 1928, sin embargo, estas vivencias cotidianas de desazón se veían en un nuevo escenario, y las serranías ecuatorianas se incorporaban con mayor fuerza a su alfabeto. En ellas el poeta hallaba todo un mundo de elementos y fenómenos que le proporcionaban materia para la escritura. Los árboles, los guijarros, las lluvias torrenciales y sus deslaves, todo le confirmaba que se hallaba en un pequeño y familiar Hades. La naturaleza era «intratable», y el único sentimiento que despertaba era el odio.

La relación de Alfredo Gangotena con la Naturaleza es íntima y abisal a la vez. La «herida de abismo» en su pensamiento lo coloca lejos de «todo lo viviente», en guardia contra el reflejo pavoroso de sí mismo que le ofrece una naturaleza caudalosa y telúrica. En esos años, el poeta se aisló y se dedicó a cultivar la distancia de todo y de los suyos incluso más que en Francia. De esa separación y del abismo que creó Gangotena desde el interior de sí mismo, Michaux extrajo uno de los pocos retratos que se conocen del poeta. Esos elementos que odiaba eran el centro de su reflexión y materia del poema, mientras aquellos que lo rodeaban eran meros objetos inanimados, pero poderosos, de su desprecio:

> Yo lo he visto mirar guijarros con una simpatía verdadera, y que a usted lo congelaría (un alienista habría realizado otra reflexión). Lo he visto mirar a amigos de su familia, esos eternos charlatanes ecuatorianos, como se mira las piedras, una mirada fría y rígida ciento por ciento,

vaciada, despojada de toda impresión vivificante: mirada espantosa y como mortal. (en Gangotena 1992-1992: II 13)

Tierra, apellido, relaciones, constituyen un todo, un enemigo que lo ha expulsado de sus sueños, y esa odiosa corte es, en definitiva, el verdugo que lo obliga a convertirse de nuevo en un aristócrata y un hacendado ecuatoriano.

> ¡Ah! Demasiada gente me rodea: todos, amigos, padres
> …………………………..
> Demasiada gente me desafía.
> ¡Pero ciertamente… tienen razón, ciertamente!
> Y este hilo interno de sangre, este hilo de sangre que me trabaja los ojos, Tienen razón, este hilo de sangre bien lo prueba. (II 115)

El «hilo de sangre» de la enfermedad se confunde con una excusa de los padres para guiar la vida del hijo. La ironía con que se expresa refleja la impotencia frente a la decisión familiar, la obediencia y, quizás, la imposibilidad del poeta de descastarse del todo. El «hilo de sangre», además, se confunde con la tierra aborrecida. En imágenes como éstas tiene lugar una acumulación en donde distintos ámbitos de la vida del poeta se yuxtaponen y construyen un infiernillo. En el fragmento noveno, la sangre y el magma de la montaña se juntan para hablar de la enfermedad desde la dimensión telúrica que el poeta ha venido modelando en *Absence. 1928-1930*:

> Los muros tiemblan, las hojas también. Yo os lo digo, yo os aseguro:
> Aquí hay alguien que sangra. Alguien que sangra gruesas gotas,
> Pesadas como el ácido sepultado en el seno terrible de la montaña.
> (II 129)

Como en la imagen de las puertas y las hojas que se unen para ser testigos de la desolación, una vez más confluyen la casa familiar y la naturaleza como espectadoras del padecimiento del poeta, que anuncia su enfermedad con obstinación. «Hay alguien que sangra» y que alberga en sí la enfermedad como los flujos profundos de las montañas. La sangre es cáustica, y el ser, el reflejo terrible que su naturaleza le devuelve.

Al «regreso de los sueños» el despertar en los Andes se convierte en un signo negativo. El fragmento quinto de *Absence. 1928-1930* –que en el segundo capítulo se relacionó con la imagen del leproso– finaliza con ese momento en que el poeta, forzosamente, debe reencontrarse con su origen tras un viaje que ha arrasado con él: «He venido hacia ti, de lejos, como un cadáver, / ¡Tierra horrenda, a reconocerte!» (II 120). El retorno y la reunión obligada con la tierra y la familia conducen al poeta al delirio. En el undécimo fragmento, la obra alcanza un nuevo punto de intensidad cuando los Andes se convierten en un enorme cuerpo poroso y húmedo que rodea a un hombre delirante, sumido en los flujos venenosos de un macizo omnipresente y sin tiempo:

> ¡Señor, la locura me aprehende de nuevo!
> Los Andes, al fondo de las edades y de las selvas,
> Los Andes desprenden en un vapor cargado se insectos, febril y apestado. Aquí es muy húmedo; una tarántula, un escorpión y la ortiga color de sangre. (II 135)

A manera de un escenario fatal, el poeta identifica a los Andes como origen en el tiempo y en el espacio. A la vez que se presentan como un espacio desencadenante de la locura, estas montañas son también un cuerpo que despide fluidos repugnantes, como hace el cuerpo mismo del poeta. El vapor viene con pestilencia, como los sudores descritos en las imágenes corporales.

Tras estos versos viene la escena ya mencionada en donde hace su aparición el inca Túpac Yupanqui como parte de la alucinación, y la voz poética sostiene ese diálogo abrumado y confuso en que reclama al inca por la confusión en su mente. El vaho que despide esa tierra sumerge al poeta en una ofuscación que agudiza su percepción de la realidad al obligarlo a respirar un aire para él envenenado. La sucesión de estados de ánimo da cuenta de lo vertiginoso y arduo del retorno a los Andes, en donde Gangotena pasa del desaliento al odio, y de ahí a la sensación de muerte y a la locura: «¡Dios mío! Me veo presa de perros y de lobos» (II 135).

El único momento de sosiego a lo largo de esta obra es aquél en que la Amada hace su aparición. Especialmente en los fragmentos tercero y cuarto aparece una Ella a quien el poeta dedica largos versos reconociendo su presencia y la pasión que despierta en él. «¡Ah! Saberla, en este día pálido de mi vigésimo cuarto año, saberla extendida y viva, por fin muy cerca de mis arterias, viva, amorosa y bella, muy cerca de este corazón lleno de noche y de pasión» (II 113).

El tema de la Amada en Gangotena aparece en *Absence. 1928-1930* y, más tarde, en *Cruautés* y *Jocaste*, ambos de la segunda mitad de la década del treinta. Este momento de su poesía parece mostrar que hay por lo menos algo alentador en medio de la enfermedad y la zozobra. Al reconocer la presencia de esta figura femenina, el poeta despliega imágenes apasionadas que contrastan con su estado. La Amada es la única presencia luminosa en medio de su «corazón lleno de noche», y le dedica la apertura del fragmento cuarto: «Vos estáis allí, en medio de la noche, Señora. / Vos os habéis aparecido a mí en el instante, Señora, en medio del invierno de mi noche» (II 115). La presencia de esta figura femenina, sin embargo, no es frecuente ni se halla en fragmentos enteros de *Absence. 1928-1930*. Se trata de visiones momentáneas que proporcionan momentos de alivio. En los fragmentos sucesivos, el cambio de signo muestra que la presencia de la pasión amorosa no logra sacar al poeta de su estado. Tras reposar temporalmente en las imágenes de la Amada, vuelve a su desolación.

En los fragmentos XI y XII, los Andes aparecen como un destino fatal. El rechazo da paso a una aceptación forzada y estoica de la imposición de este cerco pétreo, no sólo en la realidad exterior sino también en el espíritu: «Y el Este terrible de mi pensamiento, que sopla con todos sus vientos» (II 138). Este interior que le presentaba al poeta el delirio del Inca persiste en dividirlo y colocarlo frente a una lucha debilitadora. El siguiente fragmento comienza con una derrota espiritual: «Visiblemente, me debilito, desaparezco» (II 139). Los Andes son el lugar de la nada, la asfixia del vacío. En los siguientes versos, los símbolos de otros fragmentos van dando paso a un lenguaje más abierto:

> Un día hizo buen tiempo en mi cerebro: El amor, la ciencia, brillaban
> / de
> mi lado. Después, ¡nada!
> La sequedad, el viento, me han quedado. Venas y arterias atadas,
> Me asigno un lugar en la picota. (II 139)

Los vientos andinos y un aire más delgado e irrespirable son todo lo que le queda al poeta de regreso de París. En el último verso de este fragmento aparece la primera confrontación con los otros, que más adelante se vuelve mucho más categórica: el poeta se adjudica un lugar en la columna de piedra para mostrarse como un ajusticiado. Él mismo entrega su cabeza para que se exhiba, ahora que sabe que sus venas y arterias, el destino de cuerpo, están atadas a la infernal dimensión ecuatorial. En el fragmento XIV sigue un adiós. El poeta, que ha pasado por numerosos estados de angustia y enfermedad, se resigna:

> Estos muros de sombra, dejémoslos, estos muros solemnes de arcilla
> / somnolienta,
> Dejémoslos a su suficiencia familiar bajo los cielos, ¡A su coloquio
> / polvoriento!
> ....
> El umbral me llama, me solicita. (II 144)

Ya sean las montañas, la casa familiar, el cerco de los Andes, los muros que hay que abandonar están tomados por la familia y sus balbuceos. Allí no hay lugar para el poeta, que siente el llamado de otros espacios. El umbral le muestra las formas oscuras que son su realidad, e intenta atravesarla. Aquí, las sombras actúan como las redes del laberinto. Como una consolación, más adelante el poeta intenta equiparar sus mundos, encontrar la familiaridad de lo uno en lo otro: «Todas las cosas, por todo el mundo, se parecen». Está por suceder un cambio.

Absence. 1928-1930 continúa en francés hasta el final del fragmento XV. El adiós a la lengua se halla implícito en una despedida de la casa y de los perros guardianes. No hay adiós para la familia, de quien incluso los perros deben desconfiar. El poeta se aleja con el mismo tono trágico que ha estado presente en casi todos los fragmentos, sin dejar de reconocer que sólo los animales le han sido leales:

> ¡Adiós, mis perros!
> Vigilad, fieles como el viento, Los cuatro lados de la casa.
> Permaneced en guardia, desconfiad, oh mis perros, de esos troncos suculentos,
> ¡Sucia pitanza! (II 146)

La casa que antes apareció como escenario queda atrás. Las últimas palabras del poeta son para los perros, a los que advierte de los moradores que allí quedan, los «troncos suculentos», un alimento indigno. Esta fraternidad con los animales remite a la imagen de Lázaro mencionada anteriormente, en donde el poeta se coloca junto a los perros que lamen las heridas del leproso. La lealtad no está en lo humano, sino en lo animal. ¿A quién está dirigido el adiós? Sin duda, hay un abandono, una casa cerrada. En los últimos versos, el poeta evoca las presencias espectrales con las que ha estado viviendo: «¡Adiós! Dulces fantasmas», refiriéndose, quizás, al mundo que dejó en París, con cuyos habitantes seguía dialogando en su poesía y en su añoranza. El último verso, dirigido a esos fantasmas, es un tanto desorientador: «Creedme, en adelante, no sabréis ya medir la raza de mis perros» (II 146). Tal vez ese mundo pretérito del que hay que despedirse ya no podrá reconocer al poeta, pues esos interlocutores hasta ahora íntimos no serán capaces de reconocerlo en el vuelco que está a punto de dar, al cambiar de lengua de escritura dentro del mismo poemario. El llamado del umbral está a punto de cumplirse.

Pero queda un último verso, suelto y dispuesto como un poema aparte: «El capricornio almizclado tiene un olor a rosa» (II 146). Este verso –suprimido para la reedición belga de 1938– se aparta de la estética y del tono de *Absence. 1928-1930*. La imagen del escarabajo Gran Capricornio, coleóptero que suele despedir un olor a rosa, se cierra en contraste con el grito de angustia presente en toda la obra. El verso es más una asociación de corte surrealista que un símbolo, y no da otra pista que su sola presencia, apartada entre la obra en francés y los dos últimos fragmentos en español[7] como un gozne. La imagen del escarabajo cierra la gran primera parte, como último elemento nombrado de la tierra maldita de Gangotena. La ironía se completa con el último aroma percibido.

En el fragmento XVI, el poeta vuelve a la métrica española con diez cuartetos de rima a-b-a-b y un solo endecasílabo suelto tras los dos primeros. El adiós del fragmento anterior pareciera haber sido, en efecto, un adiós a la lengua francesa, y ahora vuelve la escritura contenida en el metro, rimada y trabajada en endecasílabos, que contrastan con los largos y abigarrados versos en francés. Las imágenes aún se hallan dentro del repertorio gangoteneano: aves, flujos, ángeles y la sangre: «¿Dónde se esconde, en qué silencio, en qué /

---

[7] En la edición de Claude Couffon, única conocida de la poesía completa de Gangotena en francés, este verso cierra el poemario. El editor decide ignorar los dos poemas en español que cierran el poemario, dejándolo incompleto.

Llanuras? La sangre de mis moradas / Sufre en acecho» (2004a: 141). La sangre, una vez más, se ve amenazada en medio de la oscuridad. Las llanuras son siniestras, sombrías, y la mirada no halla qué hacer en medio de esos parajes. De ellos quedan, en los versos en español, la tarántula, el escorpión, seres de su geografía que sobreviven el cambio de lengua: «cuatro tinieblas / ceban tarántulas»; «los negros puñales del escorpión» (2004a: 142). En *Absence. 1928-1930*, el cambio de lengua conserva la materia poética proporcionada por los Andes. En este umbral que el poeta atraviesa al volver al español puede verse cómo emerge su lenguaje más allá del francés y del español; no como una traducción, sino como la remodelación de la expresión individual forjada en los símbolos que ya había construido en francés:

¡Oh canto de agonía como vuelo
Fatal de sangre en mis oscuras venas!
Ojos de mi llorar, vestid de duelo,
Vestid mis ansias, ensalmas mis penas. (2004a: 143)

En estos endecasílabos, el código gangoteneano encuentra una nueva forma y un nuevo sonido, pero su talante y su materia son los mismos. El canto de agonía que aparecía en *Orage secret* retorna vinculado a imágenes que recuerdan a César Vallejo, como «ojos de mi llorar». Los dos fragmentos en español buscan su tono al otro lado del umbral, en el revés de la expresión francesa.

En el último fragmento, los versos se alargan de manera considerable hasta convertirse en versículos, son desiguales y se cargan de imágenes como en la escritura en francés. Los temas se acercan mucho, no sólo al cuerpo francés de *Absence. 1928-1930*, sino también a *Orogénie*, *Orage secret* e incluso a *Nuit*. La importancia de este fragmento radica en el hecho de que Gangotena incorpora su matriz francesa a su escritura en español por medio de los símbolos, la acumulación de imágenes y la tendencia a alargar los versos. Esto es significativo en la medida en que alcanza una expresividad muy similar en la reformulación de su espíritu en su lenguaje individual, tras haber vuelto a un español más contenido en el fragmento XVI, que sigue la métrica y la rima. La traducción aquí, que de hecho sucede, debe pensarse, sin embargo, en la manera en que la describía Canetti: de una manera pre-textual, anterior a lo consciente.

En los versos del último fragmento confluyen las dos lenguas del poeta, el motivo religioso de la «ardiente espina», el sentimiento de exilio, signo dominante de su obra, y la enfermedad como tempestad, otro de los puntos cardinales:

> Y yo seré la ardiente espina
> Cuyo nacimiento buscadle[8] en las arenas del desierto.
> Iré por consiguiente sangre adentro y de soslayo,
> como van las tempestades.
> Y en mi ansiedad viajaré también en ondas graves
> Hacia aquel país lejano de toda mente, país de Khana. (2004a: 143)

Desde sus regiones, Gangotena soñaba con alejarse e ir de un exilio forzado a uno buscado. Si en los fragmentos en francés se concentraba en su momento presente, ahora se desplazaba de nuevo hacia los sueños y las proyecciones. En ese momento aún no había descartado buscar una nueva oportunidad de volver a Francia, pero de todas maneras empezó a escribir en español, probablemente para abrir en parte la cifra de su obra. Su poesía se volvió más directa y puso al descubierto no sólo su desesperanza sino también su distancia del resto, su lugar de exiliado en su propio entorno:

«Vuestro estilo me enajena, y mis palabras me las dictan esta sangre

---

[8] En el segundo verso, quizás este «buscadle» pueda verse como la duda en el cambio de lengua, un temblor, pero cabe considerarlo como signo del resquicio en que se halla el poeta.

alborotada y más temblores.
«Y tú, versificador inmundo, considera en mis pupilas esta terrible luz de inteligencia.
«Miradme todos con asombro: en verdad, hasta entonces, no habréis visto soledad y faz más puras.
¡Magnates y caciques de la Tierra, embajadores, empolvados sobrestantes, cuánto apestan vuestras venas!
Ya me tenéis en duelo y en congoja, harto de vuestra absoluta podredumbre. (2004a: 144)

Los otros son un abismo sordo. Frente a ellos, el poeta no vacila ya en mostrar su propia inteligencia, que brilla al tiempo que él asume su angustia y su desesperanza. «Miradme», le dice al resto, en un *ecce homo*: miradme en mi desolación y en mi poesía, abismo entre ustedes y yo. El poeta se separa de los charlatanes. Su voz tiene otras vibraciones: «¡Adiós! Mis labios vibran en las cenizas de otros vientos» (2004a: 145). Gangotena escribe esta diatriba en español. El cambio de lengua aparece como el afianzamiento de una disidencia, pero también es un acercamiento y una confrontación. A fin de que los magnates y embajadores comprendan su gesto, el poeta se desplaza hacia su lengua.

A ello se debe la escritura antisimbólica de este poema en particular. Para distanciarse de los otros, era necesario romper con las mediaciones y afirmar un lugar, justamente porque ese lugar es exterior. Era necesario mostrarse en su desolación: heme aquí, he aquí al leproso, al enfermo, al exiliado. Todas las imágenes de la exclusión convergen en su *ecce homo*, es él mismo, sin jueces, quien se coloca frente a la multitud. La cólera frente a la incomprensión, una vez más, se pone de manifiesto en el cuerpo, en reiterados signos de la enfermedad:

Ardientes manos de mi pesadumbre,
Haced, ¡oh manos!, que vuestros poros viertan
la tanta sangre que os ahoga.

> Mis arterias, en la noche de mi cuerpo, se acrecientan de agonías. (2004a: 143)

Con esta declaración, el poeta revertía el rechazo y se exhibía como en la imagen de la picota, entregando su cabeza antes de que lo degollaran. Para ello abrió su lenguaje simbólico a la indignación y al reconocimiento de lo que representaban los Andes para él. El retorno había sacudido su lenguaje, lo llevó a cambiar de lengua y lo expuso como nunca antes.

Revés de luz

> La más ardua noche de presión continua.
> Alfredo Gangotena

Como se ha reiterado, la luz es central en la poesía de Gangotena: es posibilitadora del encuentro entre la escritura y la forma. A lo largo de esta poesía, se comporta de maneras variadas y complejas. Al final, será la protagonista de la *Hermenéutica*. La interpretación predominante en relación con la luz en la poesía de Alfredo Gangotena ha ido por la veta mística. Virginia Pérez le atribuye «los ecos de la poesía mística, del barroco y del lenguaje bíblico» (2004: 12) como uno de los elementos centrales. Juan David García Bacca, por su lado, y como ya se mencionó respecto a la poesía del cuerpo, toma de San Juan de la Cruz la imagen de la «llama de amor viva» para hacerla llaga. En efecto, hay en Gangotena resonancias de la poesía de San Juan. En el poeta español la llama de amor, como en Gangotena, es vívida. Dice San Juan:

> ¡O llama de amor viva
> Que tiernamente hieres

De mi alma en el más profundo centro!
....
¡O cauterio suave!
¡O regalada llaga! (1973: 263)

El tono inflamado, la invocación y la carnalidad de San Juan están potenciados en la poesía de Gangotena. Por eso, afirma García Bacca, el poeta dio paso de la *llama* a la *llaga*, haciéndolo heredero directo de San Juan: «Quiso interpretarse como Luz, cual Llama, porque se vivía como Llaga de Amor, y por Amor veníale a la Llaga misma calidades de Luz interior» (2004a: 11). También es cierto que la «llaga» gangoteneana es luz en tanto es confirmación de las formas que toma la realidad.

En San Juan, el fuego amoroso conduce a la iluminación, que en él es virtud. Hay un camino hacia ella que, al final, es el perfeccionamiento de la fe: «la llama de amor hiere en su más profundo centro, es decir, que cuanto alcanza la sustancia, virtud, y fuerza del alma, la hiere y embiste el Espíritu Santo» (Aranguren 1973: 236). Esta es una diferencia importante: en Gangotena, la luz no es sólo iluminación interior. Su llama combustiona de otras maneras, la «ardiente espina» que es el cuerpo termina identificándose con la muerte. En su poesía, la forma de los objetos que la luz produce es la constatación de la imposibilidad de conocer. El ojo sólo ve los límites de la llama, su forma espinada, material. La luz nos hace ver nuestros límites.

La luz en San Juan de la Cruz y la luz en Gangotena, si se la toma en su simbolismo místico, convergen más bien en el misterio, como lo precisa Jorge Guillén en el caso del poeta español: «En el poema se extiende la noche o el día, pero el lenguaje es siempre luminoso, y esta luz ilumina un misterio sin que deje de ser inaccesible» (1972: 82). El lenguaje de Gangotena, sin embargo, no es luminoso cuando habla de la luz. He aquí una de las mayores tensiones y rasgos particulares de esta poesía: su luz es opaca. La noche de Gangotena carece de horizonte de amor ni de virtud, a diferencia de la «noche oscura del alma». Justamente en su *Nuit* (1938) el poeta le da toda la fuerza a la opacidad en que se conducen los cuerpos alumbrados, informados por una dualidad aterradora:

> ¡Esas miradas!
> Ellas descienden de la luz más nociva.
> Sus caminos de acero se precipitan en la profundidad de los muertos.
> ....
> Antes,
> Oh Noche, las habrías empapado profundamente
> Con tu desnudez espantosa. (II 176)

La luz es nociva, metálica, y hiere el cristal inyectado de sangre que es el ojo. Ella misma sangra. Previa al recorrido mortal que hace la luz para detenerse en la forma de la muerte antes de llegar al ojo, la noche se abate sobre la realidad en su abisal lobreguez. La luz no es luminosidad sino irradiación de sombra. No hay misticismo en el sentido estricto, a menos que se dé por el éxtasis del dolor como camino hacia el ser. En todo caso, como lo ha descrito Pérez, en Gangotena hay una religiosidad que funciona en sí misma, sin trascendencia:

> El poeta Gangotena no fue un poeta místico, tampoco un poeta religioso de tipo confesional. En todo caso, podemos hablar de una religiosidad «sin objeto», una tensión hacia la unión de lo sagrado en la búsqueda de dar sentido al deseo del hombre, de superar la alienación, la fractura. Búsqueda que es valiosa en tanto que es siempre encuentro frustrado, deseo insatisfecho, herida abierta en el pecho. (2004: 21)

Ante la pregunta de qué sea lo sagrado en Gangotena, resultaría aventurado adivinar los elementos de la unión que una religiosidad buscaría armonizar, si vemos que el alfabeto del cuerpo describe siempre fragmentos, aspectos o detalles. En cuanto al autoconocimiento, en esta poesía toma la forma de una pregunta, de fracciones de pensamientos. García Bacca y Virginia Pérez hallan en esta poesía un talante religioso o místico en la práctica del exceso, la poetización obsesiva del dolor, la vivencia de la carne, que también coincide con la religiosidad desencantada y siempre en duda, como la de Artaud. La poesía de la «llama de amor viva» es trastrocada en Gangotena por una luz de dispersión y no de iluminación.

La luz es también el revés de la sombra. En esta poesía, el elemento primario de inserción en la realidad es la oscuridad. Al hacer un recorrido por el alfabeto y sus motivos recurrentes, la luz aparece para dar paso a su manifestación negativa, la luz opaca, a fin de colocar en primer plano las tinieblas. De esta manera, la noche de Gangotena evoca a San Juan, en su momento de desolación, y de manera muy clara a Edgar Allan Poe, como ha señalado ya Castillo Berchenko (1992: 249). La noche gótica, misteriosa, está muy presente en Gangotena, y aparece, paradójicamente, iluminada. El poeta estaba consciente de esta ironía: «¡Qué irrisión! En la onda floral de tus ojos perecerás, / Sombra, en las fauces de tu propio abismo,» (II 54). Los ojos de la sombra son sus propias fauces, la oscuridad se consume en sí misma, adentrándose en su propia muerte. Si no hay un punto de luz que pueda proyectar esa sombra total, la desolación es irredimible, ésa es la irrisión. La sombra muere no en la luz, sino en su propia fatalidad. Así como la luz es opaca, el mundo de las sombras en Gangotena es capaz de mostrarse como una totalidad, sin referente luminoso.

En otros momentos, la proyección que los cuerpos lanzan sobre la superficie del espacio desaparece. La luz se ausenta del mundo, y sin ella sobreviene la turbación. La sombra del poeta se empantana. El deseo de luz para conocer el mundo es urgente, pero irrealizable:

> Mil formas solemnes se precisan en esta sombra oscura y temida,
> Mil formas solemnes que alardeen frente a mí el hipócrita

> contorno de sus encantos.
> El limo de mi sombra aterciopelada
> Ofusca mis sentidos y traba mis pasos. (II 59)

El contorno, la forma, la figura, como se ha venido precisando la idea de mundo en la poesía de Gangotena, es la materia necesaria para emprender tentativas de sentido, aunque éste sea «hipócrita», engañoso. Sin embargo, el deseo de ver y de poder distinguir las luces de las sombras sólo se puede cumplir cuando aparece la muerte en el horizonte, y la luz se convierte en la guía última:

> Filigrana de los torrentes,
> un gran viento luminoso se levanta bajo mi párpado.
> El espíritu, el mar, juntos se han disuelto en esta luz. (II 102)

La luz que viaja en el aire, en los vientos, descompuesta en finos haces, despierta en el interior del cuerpo. Si hay luz interior, es de muerte. El ser se dispersa en la luz como en un prisma, tras de lo cual se reconocen particiones, fragmentos. Estos son los versos finales de «Chant d'agonie», escrito en París entre 1926 y 1927, durante una de las crisis de salud más severas de Gangotena. La luz es casi un delirio, una ola que viene a llevarse el mundo, el mar y el espíritu.

En las imágenes citadas puede verse que el mundo de la luz no proviene sólo de la mística, aunque pase por ella. Junto con San Juan de la Cruz y la física, también se halla en esta obra la filosofía como fuente del simbolismo de la luz. En especial, la nietzscheana. Por momentos, la obra de Gangotena coincide con otros autores que situaron en la angustia y la nada el eje de su hacer. Si Samain, Mallarmé, Pascal, Heidegger o Einstein son presencias documentadas en la poesía de Alfredo Gangotena, su talante está dado también por un estado de ánimo que proviene de fuentes menos evidentes, pero no menos determinantes para su carácter general.

Un ejemplo es la filosofía de Friedrich Nietzsche, apenas mencionada por la crítica en relación con la retórica que usa Gangotena para forjar su código. Éste es un ejemplo de la multiplicidad de influencias indirectas en la obra del poeta, y marca cierta tendencia que es necesario reiterar para la lectura de su código poético. En *La gaya ciencia*, el filósofo alemán expresaba la angustia con imágenes de la caída en la nada. Dentro de esta conceptualización, hay también una simbolización. La retórica que Nietzsche elige se refiere a los astros y a la luz solar:

> ¿Qué hemos hecho al separar esta tierra de la cadena de su sol? ¿Adónde se dirigen ahora sus movimientos? ¿Lejos de todos los soles? ¿No caemos incesantemente? ¿Hacia adelante, hacia atrás, de lado, de todos lados? ¿Hay aún un arriba y un abajo? ¿No vamos como errantes a través de una nada infinita? ¿No nos persigue el vacío con su aliento? (2002a: 209-210)

La presencia de la luz, los cuerpos solares y la desorientación en el mundo a la que recurre Nietzsche se repiten en la poetización gangoteneana de la angustia. Aunque no se pueda fijar una relación directa entre dicha obra y la filosofía nietzscheana, ambas responden a una retórica similar. Después de 1928, Gangotena da cuenta de una sensibilidad consonante con estas preocupaciones, y se enfrenta a preguntas similares desde su propio sistema de imágenes. «En la boca de los muertos, el sol ha cesado de responder» (II 184), dice en *Nuit*. Los astros ya no amparan, sino que abandonan al poeta justamente en su noche.

En otro momento del poemario, la lejanía de «los soles» de la que habla Nietzsche aparece de manera similar: «Astros injustos de mi luz, / ¿por qué cambiantes espejismos me habéis pues de este modo abandonado?» (II 180). El sol, silencioso y distante, niega la luz que permitiría desentrañar el mundo. En la obra gangoteneana, la luz debe verse como la posibilidad de acceso a las formas del mundo: sin ella, se cancela la posibilidad de exploración. Más allá del silencio y la oscuridad, el sol no sólo le niega al poeta la luz que irradia, sino también lo castiga. En otro momento, los astros no son sólo silentes, sino hostiles: «¡Este gran sol de astros / te maldecirá, te maldecirá!» (II 170).

La presencia del pensamiento nietzscheano se suma a la constelación a fin de establecer los valores que cobran las imágenes y los símbolos del alfabeto. Las relaciones más directas ubicadas para la caracterización de esta obra le otorgan los cimientos para forjar su expresión, y las relaciones más indirectas, ahora descritas a través de los ejemplos de San Juan de la Cruz, la mística, Nietzsche, y la mención de Edgar Allan Poe y lo gótico, van asignando ciertos valores a fragmentos de su retórica con la cual construye las imágenes de la luz y la sombra. La poetización de la luz es una exploración filosófica que se permite una multiplicidad de fuentes. En *Hermenéutica de Perenne Luz* aparecerá de manera extensa su pensamiento acerca de la luz, las sombras y la poesía.

El símbolo como cifra de revuelta: el padre, 1924

El lenguaje de Alfredo Gangotena no se limita al dominio de estrategias poéticas ni a la puesta en marcha de influencias que informen su retórica. Los cambios de intensidad en los movimientos de la escritura son indisociables de los estados del poeta. El lenguaje es un receptáculo de sus estados de ánimo y de salud, a la manera de un sismógrafo de alta sensibilidad. Los pasajes en que elige desplegar imágenes concretas están destinados a la confrontación con los otros. La necesidad de imprecación en algunos poemas demanda una diatriba mediada por mínimos recursos de su lenguaje poético.

En los pasajes antisimbólicos, el ímpetu en el tono asciende a medida que disminuye el repliegue en símbolos, a la manera de una curva cuyos vectores avanzan en dos direcciones: el primero avanza en el eje del sentido mientras el segundo desciende en el eje de la simbolización.

Hay otras curvas que describe esta poesía, capaz de generar una multiplicidad de registros. Algunos pasajes en donde el lenguaje se encuentra más cifrado y donde su alfabeto asigna valores difíciles de dilucidar se encuentran en la poesía escrita contra la familia. Estos fragmentos funcionan a la manera inversa de los momentos más diáfanos de su obra, sobre todo de *Absence 1928-1930*. Los pasajes contra los padres se concentran en un grupo de poemas de 1924. Al contrario de temas como la enfermedad y el cuerpo, presentes a lo largo de toda su obra, estos fragmentos parecen responder a una época concreta del poeta.

En el París de los años veinte, Jean Cocteau, conocido como «el poeta fiesta», era una de las cabezas visibles en torno a las cuales giraban los círculos intelectuales. También era un lector entusiasta de la obra de Gangotena. Esta amistad fue decisiva para el joven poeta, que se veía legitimado por uno de los artistas más importantes de su época. Su familia no entendía las motivaciones de estas relaciones, así que empezaron a intervenir en la vida afectiva del hijo, a fin de vincularlo a personalidades menos controversiales:

> [Gangotena] mantiene cada vez más y más correspondencia con sus pares. Las cartas se cruzan, los mensajes de amistad llegan al número 15 de la Rue de la Pompe, y entre ellos, los de Cocteau, que no son particularmente apreciados por su entorno. La familia primero, Supervielle y otros amigos después, le aconsejan tomar distancia. (Castillo Berchenko 1992: 76)

Las cartas que llegaban a la casa de los Gangotena Fernández Salvador llevaban deseos de pronta mejoría. En 1924, el poeta sufrió una de sus más graves crisis de salud, y al verse inmovilizado en casa vio controladas sus relaciones por parte de sus padres, quienes empezaron a censurar su correspondencia. En ese entonces, Gangotena asistía a la Escuela de Minas en París, tras la negativa del padre de apoyarlo en sus estudios de Bellas Artes. Al mismo tiempo, empezaba a convertirse en un poeta francés reconocido en diferentes círculos, «pasatiempo» que la familia intentaba contener, sobre todo por la relación de Gangotena con artistas como Cocteau. La rebelión se halla en la escritura, como gesto y posibilidad de crearse un lenguaje personal como vía de emancipación. Junto a la simbolización, se hallaba el francés como materia prima del código.

Gustavo Pérez Firmat vincula la elección de una lengua determinada a la represión del escritor respecto a los padres. En el caso de Calvert Casey, escribe Firmat, el bilingüismo opera como una protección contra esta realidad. El escritor afirma su malestar y su rebelión contra la familia, pero no abiertamente, sino en su lenguaje privado. De esta manera tienen lugar, a la vez, la revelación, la rebelión y la circunspección: «El punto aquí no sería censura o aun autocensura sino una combinación peculiar de reserva y de exhibicionismo que hacía posible [...] alardear en una lengua verdades sobre sí mismo que apenas podían enunciarse en otra» (Pérez Firmat 2003: 95). El bilingüismo se convierte entonces en la conquista de un espacio para la expresión de un conflicto. El escritor bilingüe que se «autocifra», sugiere Firmat, es libre en tanto tiene facultad de enunciación.

Si bien el cambio de lengua respondía a múltiples circunstancias y a una combinación de azar y voluntad, este factor le permitía a Gangotena tomar distancia de los padres, ajenos al discurso literario y usuarios del francés en campos lejanos a la poesía. Así como el exilio se inicia antes del viaje efectivo, como se mencionaba anteriormente en palabras de Paul Ilie, en el cambio de lengua también podrían identificarse *a posteriori* motivaciones relacionadas con la indisposición de Gangotena contra su familia.

En 1924, año de la crisis de Gangotena e inicio de la separación del grupo de Cocteau, apareció «Orgie» en la revista *Intentions*[9]. Allí están presentes algunas de las imágenes de la obra de Alfredo Gangotena que forman un ámbito autónomo, pero raramente considerado: el odio contra los padres. En la lectura de la obra gangoteneana esta zona ha permanecido a la sombra de sus tendencias dominantes. Sin embargo, revela preocupaciones importantes del poeta, así como la elección del simbolismo para su lenguaje individual como un resguardo de la censura a la que estaban sometidos otros ámbitos de su vida. Los procedimientos estéticos son la expresión de una circunstancia existencial y no sólo una estrategia literaria.

En «Orgie», los símbolos sugieren un festín encabezado por un padre aristocrático e imponente donde se ofrecen venenos como parte del banquete. El hijo, que se ve a sí mismo como un huésped, expresa su desolación por la situación a la que se halla sometido:

> Corusca, en su boca, la panacea. Las venas del padre no son
> Sino cordeles de azur, ramaje del blasón. De su cráneo
>   el espíritu ha hecho
> La única brújula del pensamiento.
> ....
> Somos sus huéspedes de gran estirpe. Así pues nos sirven su ambrosía
> –El ajo, la estricnina, el sublimado.
> ....
> ¡Ah! Sobre mi rostro lamentable
> Mis lágrimas no son más que gotas de sangre! (I 44)

El remedio universal brilla en la boca del padre, poseedor de la verdad, la única dirección del pensamiento. La sangre azul que circula por sus venas, el linaje de los convidados, se ironizan con amargura.

---

[9] Los años y lugares de publicación de los primeros poemas siguen la organización de Adriana Castillo Berchenko.

Su ambrosía está viciada. Sólo el hijo, el «huésped» que rechaza su pertenencia a la familia, se da cuenta de lo obsceno de la fiesta, que continúa hasta el día siguiente mientras él se ha retirado al lado de los excluidos:

> Atareados a la sombra de los grandes caminos,
> Franquean de madrugada las puertas del Edén.
> En cuanto a mí, permanezco junto a Lázaro
> Para recoger sus costras y migas de pan. (I 45)

Estos dos últimos versos, ya mencionados, contrastan con la escena lujosa y delirante. El poema se convierte en un espacio en el cual el hijo puede crearse un margen, un lugar apartado de la orgía conducida por el padre. Lázaro, como leproso, era un muerto en vida, y entre sus renuncias se hallaba también el adiós a la familia a fin de que pudieran realizar sus funerales. El poeta no sólo se ubica a su lado, sino, como ya se mencionó, en el lugar de los perros que solían acompañar a Lázaro. La separación de la familia al verse como un huésped se suma a la elección de permanecer al otro lado del umbral de ese Edén corrupto y envenenado. Como se ve, las connotaciones del poema no emergen enseguida, la mediación de los símbolos crea una borrosa atmósfera de delirio, pero al abrir cada imagen, surgen significados que dan coherencia a la idea del encuentro familiar como una orgía.

En el mismo año aparece «Avent» en *Philosophies*. El padre figura nuevamente como una presencia negativa que reclama el deber con su linaje. Aparecen la censura al hijo, el reclamo y la autoridad sobre sus afectos. Aquí los símbolos se abren, de cierta manera, pero a la vez puede percibirse la voluntad de cifrar el sentimiento de frustración:

> A mis talones espuma la rabia del padre:
> Ve, corrómpete, miserable hijo,
> Bajo las ventosas de tus amigos.

El amor me extravía en la selva del verano.
¿No escuchas mi grito homérico
Desde mí, el único pájaro que trina
Sobre nuestro árbol genealógico? (2004b: 49)

El hijo, por su parte, habla con sus amigos, sus pares, y halla en la resistencia la única posibilidad de rebelión: «Resistid, hermanos míos, apretad los dientes / ... / Pues es el verdugo, es la familia» (2004b: 51). Tras esta declaración, a la presencia funesta del padre iracundo le suceden violentas imágenes maternas:

Esas damas en cinta descienden hacia nosotros, ¿de qué tumbado?
Coronas de espinas prometidas: ellas escupen en círculo.
Señor de las zonas y de las tempestades, Os imploro
....
¡Que ellas revienten estas digitales, estos odres de desgracias!
(2004b: 51)

Estas mujeres llevan dentro de sí el infortunio. En lugar de pedir por la vida de los hijos por nacer, él ora por «que revienten». Sus vientres son flores venenosas, lugares malditos. Estos símbolos evocan la imagen existencialista del ser arrojado en el mundo. Nacer de una flor envenenada como la digital significa llegar enfermo y sin salvación posible. Tras símbolos como estos recurre la pregunta por la hemofilia de Gangotena, que en su poesía aparece veladamente como la transmisión culpable de la madre.

«Allure de drame» continúa con imágenes terribles que se concentran en la figura materna. Aquí las madres son comparadas con llaves que todo lo conocen y todo lo posibilitan o impiden. El poeta clama por la destrucción de su boca, vehículo de decires, negaciones, «boca fecal», como aparece más adelante. La presencia femenina es portadora de rumores destructores:

> Pero el peor de los cataclismos
> Campea de nuevo en mi hogar
> Madres: lo mismo que mujeres de vida airada
> ....
> Flores nocturnas, llaves yacentes;
> Blasones en los muros vivaces del viento.
> ¡Que se os raspe el esmalte de los dientes!
> Que vuestra lengua se precipite en llamas (2004b: 37)

«L' homme de Truxillo» es otro poema de 1924. Junto al malestar y la impotencia, aquí se enuncia la necesidad de rebelarse, aunque la revuelta sea interior. El poeta parece haber hallado un lugar para su sublevación:

> Ni mural, plural, la presencia de mis padres, ¡Rejas enmohecidas!
> Me impedirán vencer las fronteras;
> ....
> No es cosa fácil
> Abrirse paso por el sombrío recinto de este bosque.
> Allí merodean las bestias, aliento de las flores salvajes (2004b: 19-21)

La familia es el muro, el verdugo, el orgía, lo negativo. Sólo cabe colocarse junto a Lázaro o, como en este último pasaje, al otro lado de la frontera, en donde ellos no se encuentren. Esa frontera está también marcada por la lengua, romper con la lengua de los padres.

Entre el símbolo y la náusea. Viajes del lenguaje entre siglos

En «Veillée», poema ya mencionado, Gangotena recurre a la náusea para hablar de su angustia: «En la nieve y en las cenizas, como el manto de las soledades, / El viento de la náusea me trastorna el ombligo» (II 52). Algo hostil sacude la conexión con el mundo que es el ombligo, marca corporal y agujero donde inicia la existencia. Deudor de Samain en la primera mitad del verso, en la segunda Gangotena se desplaza a una problemática filosófica situada en otro contexto. La náusea, asociada a Nietzsche, a Sartre y al existencialismo, marca, en contraste con los símbolos provenientes de Samain y el simbolismo, la coexistencia de dos tiempos y dos sensibilidades.

Esa misma náusea es aquí síntoma de la angustia. Al igual que aquélla, la desolación también es un movimiento interno de flujos corporales que se desvían de su dirección natural. Este flujo desordenado, imagen fisiológica del asco, es «el manto de las soledades» para Gangotena. La mención de los elementos de la naturaleza en el primer verso cobra una dimensión existencial cuando se conecta con el segundo. Todo vuelve al cuerpo, la experiencia comienza y termina en él. Este manto marca un horizonte interior, una línea en la existencia que separa como un cerco intangible al poeta del mundo.

Este par de versos es bastante contrastante: si en el primero aparece la naturaleza como un trasfondo que evoca el que pudieran haber utilizado los simbolistas o los modernistas, el siguiente se desplaza de un uso «decimonónico» de la imagen a la náusea, contraseña del pensamiento moderno. La náusea, síntoma de descomposición, de malestar, hace del filósofo y del poeta seres marcados por la enfermedad. Quien piensa, quien cuestiona, es quien padece, y dicho padecimiento es corporal e identificable en flujos, canales del cuerpo concreto. A la vez, la náusea es una metáfora de la tangibilidad de la existencia, de su dimensión más física.

En *Así habló Zaratustra* Nietzsche usa la imagen de la náusea cuando constata la existencia del mundo de los serviles, pacientes, derrotados: «Odioso es para el egoísmo, y nauseabundo, quien no quiere defenderse, quien se traga salivazos venenosos y miradas malvadas, el demasiado paciente, el que todo lo tolera» (2002b: 117). El mundo de los otros, el asco que sobreviene al constatar qué es la existencia, eso nutre las imágenes gangoteneanas. En «Veillée» se suceden el desasosiego y una profunda desolación frente al camino que constituye la existencia: «¿A dónde va el otro, el desesperado? / ¿A tientas hacia la noche, hacia las tumbas de qué selva siniestra?» (II 55).

La afinidad con Nietzsche, sin llegar a ser explícita, se percibe en cierta retórica del espanto y de imágenes concretas del cuerpo. En Zaratustra, la náusea es tanto filosófica como física: «Has cosechado la náusea como tu única verdad. Ninguna palabra es ya en ti auténtica, pero sí lo es tu boca, es decir: la náusea que está pegada a tu boca» (2002b: 158). Asimismo, el malestar es tangible en el cuerpo a lo largo de la poesía de Gangotena. No hay entidades etéreas para el pensamiento ni lugares ideales para el espíritu. El síntoma es la comprobación de la existencia y aquello que convierte al cuerpo en el espacio de la vivencia, del pensar. En «Veillée» el viajero desorientado también padece la angustia en la boca: «¡Misericordia! Ved cómo esta lengua de infierno se prende en su pústula» (I 56). Al encenderse en ese mínimo montículo de putrefacción, el cuerpo reacciona al malestar del existir.

La náusea sartreana, por otro lado, es una asociación probable con la obra de Gangotena producida en sus últimos años: «Resuenan en acorde, forjado por el poeta, casi forzado por él, Einstein, Sartre, Heidegger» (García Bacca 1953: 15). En *La nausée* (1938), Jean Paul Sartre define la náusea como la constatación de la contingencia en el mundo. La existencia es inmediata y no causa de sí, no hay causa: «Lo esencial es la contingencia. La existencia no es la necesidad. Existir es estar ahí, simplemente [...] Todo es gratuito: ese jardín, esta ciudad, yo mismo. Cuando uno llega a comprenderlo, se le revuelve el estómago y todo empieza a flotar... eso es la Náusea» (1938: 111). La definición de contingencia y de existencia se aproxima a la reflexión que Gangotena hace alrededor de estos temas en su *Hermenéutica*:

> En esta búsqueda del ser, yo contingente no me acumularé sino en una: ENTIDAD FORTUITA...

> Pues sometida a la contingencia,
> ... A MERCED DE ESCOMBROS
> ....
> ... LA NADA. (2004a: 249)

Lo fortuito y lo gratuito, el flotar y la búsqueda, pueden verse como pares fundados en la afinidad de Gangotena con el pensamiento existencialista, pero más allá de eso su preocupación por la contingencia se ve expresada en sus poemas, sobre todo, al hacer del cuerpo el lugar del existir, del pensamiento y de la experiencia. En Gangotena, la contingencia está dada por un cuerpo en padecimiento.

La inmediatez de dicha existencia y su constatación permanente a través del cuerpo es el conocimiento: «Mas, a un conocimiento físico, empecemos por un camino físico y para ello nuestra actualidad en un mundo físico. Y nuestra primera experiencia física nos la darán las sensaciones» (2004a: 245). En la escritura, lo recorrido queda cristalizado en el poema, que es al mismo tiempo aquello por recorrer. Aunque el poema se fije en una forma y ésta sea siempre la misma, lleva en sí la multiplicidad de su sentido, incompleto y cambiante. Allí se genera el movimiento hacia el conocimiento, percibido a través de la inmediatez de lo físico: los sentidos inquieren por el sentido.

El cuerpo y el mundo se relacionan a través de la sensación en aquello provocado por un cruce con la realidad. Ésta es la experiencia gangoteneana, se funda en la reacción del cuerpo frente a dicha realidad. La idea pasa por el ser físico y lo modifica. La poesía tiene lugar en los órganos corporales y el efecto del mundo en ellos es concreto y vívido: «Mi palabra, como hielo / En la boca, arde y se derrite» (II 56).

La boca, puerta por la cual el mundo entra al cuerpo, es el lugar donde se hospeda la palabra poética. Ella recibe la intensidad del mundo para recrearlo en la imagen. El mundo mismo se transforma dentro de la boca cuando pasa de lo sólido a lo líquido, de lo impenetrable del hielo a la minúscula corriente que éste, derretido, desencadena en la boca, como la palabra poética que se va forjando en esa misma oquedad hospitalaria y emisora. De esta manera, el cuerpo y el mundo son parte del mismo sistema circulatorio.

Los órganos corporales y sus síntomas son manifestaciones del pensamiento y viceversa. La existencia, marcada por la búsqueda de conocimiento, se materializa en el cuerpo y en el poema. El símbolo y la náusea convergen en el espacio de la escritura para unir dos intensidades: el trabajo del lenguaje y la carnalidad del cuerpo.

V.
HERMENÉUTICA DE PERENNE LUZ

Esbozo para indagar en la poetización de la ciencia

> ¿Qué me propongo? Nada más que el relato
> de mi ser en la existencia
> a lo largo, en el proceso de un poema. Este
> será PERENNE LUZ.
>
> Alfredo Gangotena
>
> Allí donde otros exponen su obra yo sólo
> pretendo mostrar mi espíritu.
>
> Antonin Artaud

No se conocen ensayos ni entrevistas de Alfredo Gangotena. Tanto Adriana Castillo Berchenko como Virginia Pérez, ambas autoras de tesis doctorales sobre el poeta, ubican *Hermenéutica de Perenne Luz* como el único texto en prosa del corpus gangoteneano que acompaña su obra poética. Tampoco se trata de una publicación planeada, ni siquiera concluida:

> «Hermenéutica de Perenne Luz» es un conjunto de anotaciones que sirvieron, en parte, a Gangotena para dictar verbalmente una auto-interpretación de su poesía a un grupo de amigos pocas semanas antes de su muerte. Del incompleto manuscrito se publicó el texto exacto en el número 2 de la magnífica revista quiteña *Presencia*, correspondiente a diciembre de 1950. (Arias 1960: 710)

Este texto, que Gangotena se encontraba esbozando a su muerte, es la explicación del poema «Perenne Luz», el último que publicó en vida[1]. Dicha exégesis se sostiene en un lenguaje filosófico, científico y poético. Se trata del ensamblaje de un código personal y múltiple por el cual el poeta transita libremente. La teoría de la relatividad, la teoría del espacio-tiempo, la contingencia, la duración, aparecen como claves de interpretación, no sólo de «Perenne Luz», sino también de su obra y de la misma *Hermenéutica*. Por momentos, Gangotena revela con tanto desahogo sus procesos de simbolización que parecería rozar con la destrucción de su propia obra. «Estos apuntes que pretenden explicar el poema, a veces línea a línea, a primera vista parecen empobrecerlo, pues nos ofrecen un recuento frío del raciocinio detrás de su creación» (Pérez 2006: 106).

Sin embargo, la *Hermenéutica*, al tiempo que opera como una especie de autotraducción del poema, es también un texto original en tanto indaga en una forma intermedia entre la poesía, la prosa y el comentario sobre el ser, la ciencia y la filosofía. Dicha obra en progreso, inconclusa e imaginativa, es coherente con la poesía de la que proviene y no cede ante la diafanidad. Se trata de la historia de un poema y del «relato de un espíritu» poco común que logra integrar a su sensibilidad encuentros significativos de su época. Gangotena va de su lenguaje poético a su lenguaje filosófico-científico a fin de indagar en las preguntas de su tiempo.

De modo que *Hermenéutica de Perenne Luz* es la expresión de otra dimensión del bilingüismo de Alfredo Gangotena, entendido como el tránsito por lenguajes forjados con el fin de sostener la coherencia de un universo poético único. En conjunto, el texto puede leerse como la traducción del simbolismo de Gangotena a la prosa. También es

---

[1] «*Perenne Luz* fue publicado en *Cuadernos americanos*, Vol. XVI, n. 4, junio–agosto 1944 (Reproducido en *País secreto*.No, 8, 2004). La segunda versión, corregida por el autor, fue publicada en Alfredo Gangotena, *Poesía*, ed. cit» (Pérez 2006: 103).

lo contrario: la construcción de un pensamiento filosófico-científico-poético muy particular, que recoge preguntas formuladas en varios lenguajes de su tiempo y las extrae a su propio código, muchas veces inaccesible. Por esa razón, en el movimiento de la reflexión tiene lugar una operación traductora, en tanto es exegética y se remite permanentemente a un texto fuente, el poema «Perenne Luz». De un lado se hallan los reinos discursivos de la ciencia, la filosofía y la poesía, que Gangotena organiza en su propio lenguaje. Como se ha visto, así es como se construye su bilingüismo, sostenido a su vez en las bases del francés y del español.

Aquí el poeta da un paso más allá. «Perenne Luz», espacio de concentración de estas preocupaciones, se convierte a la vez en pretexto de otra dimensión del lenguaje del poeta, desplegado sólo en *Hermenéutica*. El poema pasa a ser una contraseña, la antesala de un conjunto de claves que serán parcialmente expuestas en forma de apuntes. Gangotena se autotraduce: va de la ciencia y la filosofía a la poesía, y de ésta al conjunto de apuntes que conforman *Hermenéutica*. El suyo no fue un camino frecuente, pero su formación científica, su aguda sensibilidad respecto al presente y su circunstancia conformaron una perfecta combinación entre contingencia, azar y necesidad para que tuviera lugar, en 1944, la escritura de este texto.

El 6 de abril de 1922, en París, en las salas de la Sociedad Francesa de Filosofía, tuvo lugar un encuentro entre Albert Einstein, Henri Bergson, Jean Becquerel y un grupo de intelectuales destacados de la época. La Sociedad le había extendido a Einstein una invitación a fin de confrontar sus reflexiones científicas con varios problemas que ocupaban a sus miembros. En 1916, Einstein había publicado su teoría general de la relatividad, que había completado el año anterior. El Nobel de Física le fue otorgado en 1921, y al año siguiente formó parte del Comité de Cooperación Intelectual de la Liga de las Naciones. Su visita a Francia contribuyó a normalizar las relaciones entre ese país y Alemania. Einstein en París era un acontecimiento intelectual mundial. Su teoría, que sacudía todas las disciplinas del pensamiento, era estudiada vivamente por muchos intelectuales franceses. Entre ellos se encontraban el filósofo Henri Bergson y el físico Jean Becquerel.

En 1922, Alfredo Gangotena se estaba convirtiendo en un poeta de expresión francesa. Ese año fue el de sus primeras publicaciones y encuentros definitivos en París. A través de Jules Supervielle, Max Jacob y Jean Cocteau, los dos últimos convertidos al catolicismo, conoció la obra de Jacques Maritain, convertido, por su parte, en 1906. A estos poetas están dedicados varios poemas de su primera etapa. Maritain, guía de los intelectuales católicos en Francia, había rechazado la ciencia como único sistema de conocimiento del Universo, al renunciar a la Sorbona a inicios del siglo XX. Junto con Raissa Maritain, su esposa, hizo un juramento conjunto de suicidio si no encontraban otro camino para comprender la existencia. Afortunadamente, hallaron una salida en la obra de Henri Bergson. Gangotena vivió muy de cerca todos estos encuentros. Su obra absorbía preocupaciones de distinto orden que prevalecieron hasta su muerte. Entre 1922 y 1923, Jacob le dio a conocer la obra de Maritain y por medio de él conoció la de Bergson. Por otro lado, desde la Escuela de Minas experimentaba de primera mano las transformaciones y el enorme revuelo que generaba la presencia de Einstein en París.

Cuando Gangotena murió en 1944 se hallaba inmerso en la obra de estos autores. Bergson resuena mucho en su etapa final, es una presencia central en la cadena de acontecimientos que formaron la expresión gangoteneana, en la cual la conversación entre Einstein, Bergson y Becquerel es uno de los más extraordinarios. Durante veinte años el poeta se mantuvo fiel a sus preocupaciones. La experiencia intelectual en París, los estudios de Geología y Minas, le habían dejado una materia potente y de larga duración que lo llevaría, finalmente, al esbozo de la *Hermenéutica*. No sólo su infinita curiosidad y su capacidad de incorporar a su código poético el aire de su tiempo, sino también sus amistades son un factor importante en su obra. En buena parte, el itinerario de la amistad marcó el viaje intelectual de Gangotena. Otros amigos del poeta recuerdan otros elementos de su constelación:

> Según diversos testimonios –Michaux, Samaniego y Álvarez, Raúl Andrade, A. Arias, David García Bacca y otros– [...] Las últimas lecturas de Gangotena antes de su muerte, en 1944, según sus amigos más cercanos –C. Tobar, por ejemplo– habrían sido *Ser y tiempo*, de Martin Heidegger, poemas de Aragon, obras de Sartre y obras científicas como *El principio de la relatividad y la teoría de la gravitación*, de Jean Becquerel, así como las teorías del físico Minkowsky. (Castillo Berchenko 1992: 119n)

David García Bacca confirma esta afirmación de Castillo Berchenko:

> Se nos han conservado las notas marginales a *Le Principe de Rélativité et la Théorie de la Gravitation*, obra de Jean Becquerel; todavía recuerdo, allá por los años 40-41, en San José de Puembo, las noches en que nuestro poeta [...] por tierra, casi bajo las sillas, el ruido a cuenta de Chopin o de Debussy, [...] leía Becquerel, y anotaba junto a sus fórmulas matemáticas las poéticas que habrían de constituir no mucho más tarde la base de su *Hermenéutica de Perenne Luz*. (García Bacca 1953: 3)

En los capítulos anteriores aparecen Minkowsky, Sartre, Heidegger, el existencialismo como fuentes de la obra de Gangotena. La reinscripción de la ciencia y de la filosofía en la imagen poética es un elemento constituyente y posibilitador de esta expresión. En la *Hermenéutica*, en cambio, se ven el sustrato de esa poetización, su plan e intención. En cada apartado, el texto esboza la cuestión filosófico-científica que se aglomera detrás de los versos. Esta exégesis múltiple de las claves poéticas de «Perenne Luz» se inscribe en un periodo de la Historia de las primeras décadas del siglo XX, cuando la teoría de la relatividad desembocó en intensas confluencias entre la ciencia, la filosofía y, en el caso de Gangotena, la poesía. Estas nuevas relaciones que proponía el conocimiento llevaron a algunos autores a replantear las preguntas que sostenían su obra literaria y filosófica. La teoría de la relatividad era «matemática en su forma y física en sus contenidos, pero filosófica en su esencia» (Gordin 2008: 518).

El principio einsteniano más general de la teoría de la relatividad dice que el tiempo y el espacio dependen del observador y no del evento. Dos personas pueden tener diferentes percepciones del tiempo y del espacio dependiendo de su posición. Elemental y reducida como es esta aproximación a la teoría que Albert Einstein enunció en 1915, sirve como punto de partida para percibir los cambios en las preguntas que la filosofía y la ciencia se plantearon durante esas décadas. El conocimiento en sí quedaba revuelto en todos sus aspectos: «todo el conocimiento, era, en última instancia, revisable» (Galison 2003: 25).

Las ideas clásicas del tiempo eran superadas, y con ello, todo un sistema de percepción de la realidad se venía abajo: «[...] reflexionando en torno a los absolutos de espacio y tiempo que su teoría de la relatividad había destruido, Einstein escribió: "Newton, perdóname (*"Newton, verzeih' mir"*); tú hallaste la única vía posible en tu época para un hombre del más alto pensamiento y poder creativo"» (Galison 2003: 14). La teoría newtoniana, que se amparaba en la posibilidad de un tiempo absoluto, ya no era posible en el siglo XX. Además, cabe recordar de nuevo hechos como la caída del Imperio Austrohúngaro y la Primera Guerra Mundial como el otro ángulo del cambio de orden. Con un mundo devastado, la duda se instalaba en todos los ámbitos del pensamiento:

> Para un siglo filosófico marcado por vastos cambios en el conocimiento, en un clima hostil a lo eterno, a verdades inflexibles, no había

mayor recompensa. [...] De manera muy general, hacia la década del veinte, tanto físicos como filósofos reconocieron que la pregunta de Einstein, ¿qué es el tiempo?, fijó un modelo para conceptos científicos que demandaban algo más finito, más humanamente accesible que el tiempo metafísico absoluto de Newton. (Galison 2003: 26)

Por lo tanto, el pensamiento del sujeto ahora se veía confrontado a concepciones más concretas. La innovación en el terreno científico llevaba a la filosofía a absorber la problematicidad del tiempo, la imposibilidad de lo absoluto, y a dirigir nuevas preguntas al universo del ser. Remo Bodei ha llamado a estos nuevos reordenamientos «gramáticas de la mirada» (1985: 27). Ante la imposibilidad de confiar en un solo sistema, en un conjunto de reglas, las mentes preocupadas por el presente se veían confrontadas con el cuestionamiento total de la realidad:

Se extingue definitivamente la conveniente imagen de la existencia de normas fijas, naturales, que deben presidir el conocimiento y los comportamientos humanos: de pronto el mundo parece menos coherente, menos remitible a pautas de simplicidad. [...] Ahora, al contrario, los cambios son macroscópicos, ante los ojos de todos, y la ciencia, como vanguardia externa del sentido común, los toma a su cargo más directamente [...] Transmite a los «profanos» no sólo los resultados simplificados de sus operaciones, sino el sentimiento mismo de la inestabilidad, del carácter problemático de lo real. (Bodei 1985: 27)

El clima de los descubrimientos no afectó a Gangotena solamente por el lado de sus estudios geológicos, sino, en particular, en su centro ontológico. «Los profanos», como los llama Bodei, sentían el temblor que las ciencias habían provocado. Esto afectó al arte y la cultura en diferentes grados, pero es innegable que pocos poetas y artistas absorbieron con tal intensidad e intimidad los cambios como Gangotena. He ahí un valor particular e incuestionable de la poesía gangoteneana.

Henri Bergson y Jean Becquerel, pensadores predilectos de Alfredo Gangotena, pronto reaccionaron a la teoría de la relatividad. El poeta recurrió a sus reflexiones como materia para la suya propia, y articuló una compleja conglomeración con lo que le ofrecían la ciencia y la filosofía. Su «relato del ser» estaba dado por la relación entre ellas, la física y las matemáticas, de las que se apropiaba para crear su propio itinerario.

Alfredo Gangotena marchó paralelamente a las vanguardias y nunca se adscribió a ningún movimiento concreto. Ni siquiera con los poetas más cercanos como Michaux o Jacob estableció una tribu. Pero sí fue contemporáneo al surrealismo, algunos de cuyos miembros, como él mismo, siguieron el desarrollo de la ciencia muy de cerca. En esa medida, y por la profundidad con la que se relacionó con la ciencia, Salvador Dalí[2] aparece como un artista afín a Alfredo Gangotena. «La persistencia de la memoria», de 1931, también parte de sus reflexiones acerca de la teoría de la relatividad, y por eso Remo Bodei ilustra esta última a través de esa obra: «Si la velocidad de la luz es constante, son variables entonces los sistemas métricos. Como en ciertos cuadros de Dalí, donde relojes y reglas aparecen deformables, blandos, "licuados"» (Bodei 1985: 29). Los sistemas métricos a los que estamos sujetos son aproximaciones humanas para determinar el movimiento: no hay absoluto, y de ahí que el cuadro de Dalí haya causado tanto revuelo cuando fue develado. Sus relojes blandos expo-

---

[2] Dalí perteneció, de hecho, al surrealismo: «Los surrealistas son quienes sumergieron a Dalí dentro del mundo de la física. La nueva realidad que proponía la nueva teoría de la relatividad, seguida por las teorías de la física cuántica, eran algo extraordinario para los surrealistas» (López Ferrado 2006: 127). Aunque luego sobrevino una ruptura, el artista catalán se había volcado por completo a la exploración de la expresión plástica de la ciencia. Aunque no se puede pensar en temperamentos más opuestos que los de Alfredo Gangotena y Salvador Dalí, sus intereses y sensibilidad frente a la ciencia sí se aproximan, y no muchos artistas se sumergieron tanto en la física como ellos dos.

nían en una imagen lo que la ciencia estaba cambiando, y no sólo que el artista captó el hecho, sino que se dedicó a estudiarlo:

> Así, al amparo de la nueva física einsteniana, Dalí propuso en su primer libro publicado en 1930, bajo el nombre de *La femme visible*, una «nueva geometría del pensamiento poético» a través de la cual planteaba para la poesía una revisión idéntica a la que Einstein había realizado en el campo de la física. Con la propuesta de esta nueva geometría del pensamiento poético Dalí pretendía equiparar el surrealismo con la nueva física de Einstein (Santamaría de Mingo 2004: en línea).

«Todo pintor pinta la cosmogonía de sí mismo», decía Dalí en los años cincuenta (López Ferrado 2006: 126). Gangotena, por su parte, intentaba entender su existencia material y la circunstancia del ser en ese devenir cosmogónico del Universo. Tanto el pintor catalán como el poeta ecuatoriano hallaron en los nuevos impulsos de la ciencia preguntas similares a aquellas que la filosofía y el arte se planteaban a sí mismas. No esperaban del experimento científico la constatación ni respuestas fijas para la realidad, sino todo lo contrario: lo que los motivaba era el hecho de que lo conocido se hallaba en suspenso, y esa incertidumbre suscitaba la exploración en el acto estético. Así lo dijo el mismo Dalí, y con ello parecía, también, describir el proyecto literario de Alfredo Gangotena: «El fenómeno estético va estrechamente ligado a la historia de la ciencia, aunque tan sólo sea por el hecho de que en ambos se da la elección experimental» (López Ferrado 2006: 131).

En cuanto a la variabilidad de los sistemas métricos respecto a la constante universal de la luz, también es una preocupación central para Gangotena. La medida es aproximación y movimiento, calculada sobre las nociones de espacio y tiempo ante las cuales se impone la luz, fuente de las formas. Esta sistematización habla, al final, del movimiento del vivir, y parte de las medidas: «[La luz] como primera experiencia física. Y la física nos lleva a la idea de medida. Mas toda medida es fuente humana, se ve de hecho sujeta al movimiento. Medir es comparar y comparar es ir de un espacio a otro, es moverse» (2004a: 244). En ese movimiento se funda la existencia, así que la medida se convierte en lo que define y da nombre al tiempo y al espacio, y por ende, a la realidad. La duración de la noche, el volumen del cuerpo, la velocidad de la sangre, el recorrido de una herida, son todas medidas. Nombrar en Gangotena es medir las formas del mundo.

De esta manera, la *Hermenéutica* se inscribe en una tendencia del arte a avecinarse al discurso científico posterior a las definiciones clásicas de dato, comprobación y experimento –cabe recordar los experimentos literarios «sin verdad» de Giorgio Agamben mencionados en capítulos anteriores–. Sólo iniciado el siglo XX físico y matemático una poesía como la de Gangotena podía fusionar sus preguntas con la experimentación exacta, pues ésta mostraba ahora la importancia de la pregunta por sí misma y ya no de los datos positivos. Por otro lado, los experimentos de Einstein no eran realizables en el laboratorio ni en la realidad (Galison 2003 y Gordin 1926), sino sólo concebibles y expresables en fórmulas teóricas. De ahí que Einstein haya defendido la imaginación y el derecho de la ciencia a abstraer y conjeturar sobre lo que no se podía comprobar en la realidad. Con ello, el pensamiento se erigía como la dimensión más real de lo real. Einstein reivindicaba la fórmula teórica; Dalí, la experimentación al margen de las coordenadas de lo real; el psicoanálisis se sumaba a los discursos que lo llevaban todo del exterior al interior. Las regiones de la mente –en Gangotena, el ser, el espíritu, el cuerpo– se volvían preponderantes en el conocimiento del mundo.

Si se suma este conjunto de hechos al pensamiento filosófico del lenguaje presente en la poesía del ecuatoriano –Heidegger, Wittgenstein– se puede ver cómo todo un mundo interior cobraba no sólo coherencia sino total primacía frente al mundo externo. Por eso la interiorización permanente en esta obra. En un cuerpo como el de Gangotena, lúcidamente enfermo, consciente de sí mismo en un grado extremo, cabe pensar en la profundidad que alcanzan sus imágenes de la sangre, de la angustia, del exilio. Con el aspecto científico de la obra de Alfredo Gangotena se enriquece la comprensión de la dimensión intensamente real de su obra, y por eso no puede leerse como una mera retórica ni como un código hermético. Como Henri Bergson, Gangotena estudió Geología y Minas, así que su perspectiva de la ciencia no era sólo la del poeta. Hay un Gangotena científico, profesor de Mineralogía en la Universidad Central del Ecuador durante 1936.

En el ámbito de la poetización de la ciencia, «Perenne Luz» y la *Hermenéutica* merecen una indagación por lo menos germinal a fin de apreciar la hondura que alcanzan y cómo se forjan sobre la base material de lenguajes múltiples, de un bilingüismo de características diferentes a las que aparecen en su poesía y se han explorado en los capítulos anteriores.

En ese sentido, conviene tener en cuenta la *Hermenéutica* no sólo como una poética, sino como una declaración de principios en donde rige la tensión entre varios ámbitos del pensamiento. Al geólogo, formado bajo el orden de la comprobación y el dato, lo acompaña el poeta preocupado por la imagen y marcado por la idea. La *Hermenéutica* da cuenta de las preocupaciones más hondas del sujeto contemporáneo a Alfredo Gangotena, es una expresión de las sacudidas finiseculares y del cambio de situación que llegó con el cambio de siglo y se extendió al siglo XX. Gangotena no participó del realismo, del indigenismo ni de las vanguardias. No escribió manifiestos ni hizo uso público de su palabra. Pero sabía cómo la ciencia, la filosofía y la literatura, juntas, habían transformado al sujeto contemporáneo.

Esta es otra de las razones por las cuales es necesario resistir la definición de su obra bajo las categorías exclusivas del hermetismo, el simbolismo o el misticismo: el hecho de permanecer en esas afueras deja intacta toda una poderosa reflexión. En torno a la *Hermenéutica* en tanto texto poético se pueden establecer ciertas relaciones y especulaciones en cercanía de la ciencia. Es arduo ingresar en una reflexión fundada en el conocimiento de las matemáticas, la física, la geología y la filosofía. Los lenguajes, los conceptos y las definiciones escapan todo el tiempo, pero a la vez el texto tiene tal coherencia y densidad que permite desarrollar una lectura «profana», en términos de Bodei. A propósito de su incursión en los terrenos de la física cuántica y la geometría, Salvador Dalí afirmó la capacidad del espíritu artístico de conmocionarse y reaccionar al hecho científico, y su afirmación bien vale como descargo para una lectura amparada en la ciencia, pero no-científica, de la obra de Gangotena:

> Aunque no sea científico debo confesar que los acontecimientos científicos son los únicos que guían mi imaginación, al mismo tiempo que ilustran las intuiciones poéticas de los filósofos tradicionales, hasta el punto de conseguir una belleza deslumbrante de determinadas estructuras matemáticas [...] (López Ferrado 2006: 130)

Si la intuición filosófica antecede a la científica, si el arte se adelanta a ambas, las acompaña o se afectan mutuamente, puede resultar en una cavilación vaga. Pero, de hecho, en alguna región del espíritu, a lo largo de la Historia, tienen lugar temblores que obligan al cuestionamiento de lo conocido. Algo hace que la tendencia al movimiento sea más fuerte que la tendencia al reposo, y surgen nuevas preguntas. Gangotena fue una suerte de sensor para dichos temblores, y vinculó su poesía a la obra de otros autores que intentaban mantenerse atentos a los cambios de sensibilidad, y no sólo en el terreno de las ciencias. La *Hermenéutica* recoge, junto con las científicas, las intuiciones artísticas que el poeta recogía de su pasado y de su presente.

Juan David García Bacca, amigo cercano de Gangotena y muy afín al poeta en sus referentes literarios, expone en *Azar y necesidad* la idea del artista como un artefacto de su momento (como Dalí, que dejaba crecer un bigote perfilado, a manera de antenas, a fin de captar las vibraciones de su entorno). Esta máquina sensible que es la mente artística se halla en capacidad de captar ciertas ondas de la realidad que no son perceptibles para todo el mundo:

> [...] físicos cual Boltzman, Einstein... Born... y poetas como Mallarmé, ¿no serán algo así como excepcionales sismógrafos, contadores Geiger, electrocardiogramas –o electro-onto-gramas– que estén, de cuando en cuando, enchufados, coajustados con el estrato real básico –átomos, campos electromagnético, gravitatorio, nuclear, fotones...– de su cuerpo viviente y por medio de él con el fondo del universo, del que ellos son y están siendo parte, y sometidos a la vez a las mismas leyes infinitesimales y cuánticas? (García Bacca en Pérez 2004: 104)

Nada más lejos de lo etéreo. García Bacca trae a Mallarmé a habitar un lugar similar al de Einstein: ambos se hallan en la realidad más concreta, y de ahí precisamente su sensibilidad para extraer de ella lo más misterioso y sensible. Igualmente, Gangotena optó por situarse en la dimensión más grávida de un mundo. El poeta, a su vez, dejó registradas en su escritura las marcas de estos otros «electro-ontogramas» con los que trazó el suyo propio.

Principios de Hermenéutica de Perenne luz

Antes de empezar la traducción de su poema al lenguaje de la *Hermenéutica*, ya en el primer fragmento de su texto, Gangotena introduce la base de su poética y vector de su obra: «¿Qué me propongo? Nada más que el relato de mi ser en la existencia a lo largo, en el proceso de un poema» (2004a: 243). La escritura busca indagar en el ser más que en la realidad exterior. Como se ha visto en el alfabeto gangoteneano y en la caracterización de su obra, el cuerpo, la palabra, aun la tierra, son todos reflejos del ser interior. El relato que tiene lugar en los avances de un poema se refiere a la existencia misma: «Este será PERENNE LUZ». Enseguida, el relato que será este poema se define en una naturaleza concreta: «dos vocablos asimilados en un conjunto espacio-tiempo, en una presencia física» (2004a: 243).

Los vocablos «Perenne Luz» se fijan en una superficie espacio-temporal. Aquí aparece la obra de Minkowski, mencionada en el segundo capítulo a propósito del espacio que configura Gangotena para su poesía. La noción de la inseparabilidad del espacio y el tiempo, que el matemático alemán había introducido a la ciencia y que también aprovechó Einstein, aparece en la *Hermenéutica* a fin de situar coordenadas concretas para la existencia. «Para Minkowski la realidad no residía en lo que podemos asir con nuestros sentidos ordinarios (el espacio por sí solo, el tiempo por sí solo), sino en las distancias de esta fusión cuatridimensional de espacio y tiempo» (Galison 2003: 264). La presencia física del ser se mide, entonces, en la distancia entre sí y el mundo, pero esta distancia no es sólo espacial, sino espacio-temporal. En términos de la obra gangoteneana, la reclusión del ser respecto al entorno aplastante en el que vive está dada por una conciencia espacial –los Andes, los otros, Ecuador– y en cuanto al tiempo hay un desfase, pues el sujeto se siente fuera de su propio presente. A su vuelta a Ecuador Gangotena vivió una existencia diferida al dirigir todas sus acciones a París, fuera de su tiempo y de su espacio. La lucidez con que el poeta concibe su presencia en el mundo es, a la vez, la fuente de una angustia bastante concreta, despojada de toda retórica. La *Hermenéutica* continúa con una exploración cada vez más científica. El espacio-tiempo cobra importancia en relación con el tema fundamental de la reflexión: la luz.

En el segundo fragmento, el poeta continúa: «Bien veo que el paralelismo lo descubro como consecuencia de una acción: esta luz infra-roja, esta ultra-violeta, ambas como constancia de velocidad propia, ambas reveladoras en cuanto activas por tal o cual sustancia; paralelismo en constancia de velocidad» (2004a: 243). El poeta constata su propia existencia en su dimensión más concreta por la presencia de la luz. Pero la luz infrarroja y la ultravioleta no son partes visibles del espectro, pues no son colores. De esta manera, la *Hermenéutica* hace a la luz fundadora de la experiencia de estar en el mundo, pero al mismo tiempo evidencia que sólo podemos ver una parte del gran espectro luminoso. La descomposición de la luz se traduce en la imposibilidad de acceder a un absoluto. Aun así, aquello que no podemos ver es «revelador», hay una parte no perceptible que, sin embargo, revela algo. Quizá lo único que podemos constatar a través de lo no visible es la presencia del misterio.

Como la definió Einstein, la luz tiene velocidad propia y es una constante universal. Dicha constante es un dato exacto, lo único permanente e invariable en el Universo. A la vez, es el fenómeno que funda la realidad en el sentido de la vista. Así lo afirma la *Hermenéutica*: la luz es «hacedora de modalidades en las acumulaciones físicas, como una virtual categoría física, la que hace que las formas se nos aparezcan» (2004a: 244). La luz da carácter a las formas al amontonar sus partículas en ellas, y así surge la realidad, a través de la percepción. Pero Gangotena no concibe esta constante como un equivalente del conocimiento absoluto. Justamente en la revelación del dato científico reposa lo misterioso: «Un mundo en el que la luz, únicamente ella, guarda esta (misteriosa) fórmula de una velocidad constante en toda circunstancia física (Interna)» (2004a: 244). Lo físico no es sólo exterior, sino interior. Sin embargo, y como en la poesía gangoteneana del cuerpo, lo interior sólo puede ser superficie. El ser se halla destinado a la exposición de su interior a través del cuerpo, la materia que lo constituye. De los sentidos al sentido, las formas del mundo –el cuerpo, la materia– sólo cobran significado en relación con quien las ve. Al organizar las superficies y espacios por donde transita el ser, el ojo, lo visible, se convierte en categoría de conocimiento: «La luz en cuanto tal y su significado conceptual y de ahí su presencia en el conocimiento» (2004a: 244).

Hasta aquí, la poética de Alfredo Gangotena se sitúa en el reconocimiento de una realidad material, organizada en categorías científicas. El ser habita en el espacio-tiempo fundado en la luz. Las medidas de la realidad regulan los movimientos del ser en el mundo: «Mas toda medida es fuente humana, se ve de hecho sujeta al movimiento» (2004a: 244).

La realidad constituye una superficie, un tablero en donde se trazan las líneas del devenir de la existencia. Como se vio antes, en su poesía Gangotena se percibe como el «acróbata» que transita por «geodésicas y meridianos». Toda medida es forma dada por la luz, y en ella se sostiene la existencia misma. «Perenne Luz» dice:

> ¡Oh Tiempo me defines de presencia y de universo!
> Hoy cuán bien, ¡oh luz!, aciertas entre tejidos y asperezas
> a descontarme espacios,
> A circundarme de vecindades el corazón. (2004a: 240)

La luz acumula espacios ásperos y tejidos. Entre estos últimos, el más próximo es la piel, la parte de la materia que se roza con la realidad. Las «vecindades del corazón», por su parte, recuerdan la noción de «vecindad de los cuerpos», presente en las leyes del movimiento. Todo cuerpo se halla vecino a otro, y su movimiento se define por la distancia entre los respectivos contornos. La idea de la vecindad de la materia aparece en las ciencias como recurso para entender el movimiento. Jean Becquerel, a quien Gangotena se hallaba leyendo a su muerte, explica: «El Universo se caracteriza, en cada punto-evento, por sus propiedades geométricas, vinculadas a la presencia o a la vecindad de la materia» (1922: 129). Aquí Becquerel aclara la relación de esta noción con el espacio-tiempo de Minkowski: «el campo de gravitación que reina en la vecindad de la materia (o de la energía) no es otra cosa que una deformación del Espacio-Tiempo» (1922: 125). En la poesía de Gangotena, la vecindad de la materia que constituye la realidad empieza en el cuerpo mismo, vehículo de las acciones que el ser desencadena en su existencia.

En estos versos puede verse la pertinencia con que Gangotena utiliza cada concepto de la ciencia para poetizarlo. Aunque se dificulte abrir todas las claves, imágenes como ésta evidencian su objetivo: ir hacia una nueva retórica para la escritura de la existencia en la poesía. En este planteamiento de la *Hermenéutica* aparece nuevamente Henri Bergson, autor fundamental en la obra de Gangotena.

También Bergson había tratado de demostrar que los contornos fijos que atribuimos a las cosas no son más que el esquema de una influencia que podríamos ejercer sobre ellas, los programas de posibles manipulaciones:

> Cuando percibimos las superficies y las aristas de las cosas, no vemos, en realidad, más que el plan de nuestras acciones posibles, que es devuelto a nuestros ojos como un espejo [...] Decíamos que los cuerpos brutos son cortados en el tejido de la naturaleza por una percepción cuyas tijeras en cierto modo van siguiendo el puntillado de las líneas por las cuales la acción pasaría. (Bodei 1999: 11)

La acción, de acuerdo con lo que Remo Bodei cita de Bergson en *La evolución creadora,* se moviliza a partir de las formas, y nuestra percepción recorta, es decir, selecciona lo que ve para establecer su circunstancia. El contorno de las cosas, afirma Bodei, es en definitiva el accionar en la realidad. En el lenguaje de la *Hermenéutica*, lo que Bergson llama «acción» se traduce en el movimiento del espíritu, y el camino físico de dicho espíritu constata su existencia por medio de la sensación. Las sensaciones son como el espejo que nos confirma la tangibilidad de la existencia:

> En suma, el descubrimiento por el espíritu, en este mundo y en mi implicación vital, de esta existencia. Mas, a un conocimiento físico, empecemos por un camino físico y para ello nuestra actualidad en un

mundo físico. Y nuestra primera experiencia nos la darán las sensaciones. (2004a: 245)

Esta idea forma parte del tercer fragmento de la *Hermenéutica*. Su parte intermedia resulta un tanto vaga, por repetitiva, y da cuenta del estado en que se hallaban los apuntes a la muerte de Gangotena. Sin embargo, es importante apreciar en esa repetición que la actualidad de la existencia es física y se confirma en las impresiones proporcionadas por los sentidos. Los umbrales sensoriales dispuestos en la membrana del cuerpo –como se ve en las imágenes del cuerpo del código gangoteneano– dotan de materialidad a la existencia al organizarse en la percepción, la intuición, el conocimiento.

Es todo lo que Gangotena dice respecto de la sensación. En el mismo párrafo, la reflexión toma un giro un tanto inesperado. La *Hermenéutica* es de la «perenne luz», de la constante que funda la existencia y el mundo. La luz es el origen del mundo, su posibilidad. Dios no puede dar forma a su mundo sin ella, y su omnipotencia no es traducible en las formas que crea sino por la acción de ésta en el espacio:

> La tierra era algo informe y vacío, las tinieblas cubrían el abismo, y el soplo de Dios se aleteaba sobre las aguas. Entonces Dios dijo: «Hágase la luz». Y la luz se hizo. Dios vio que la luz era buena, y separó la luz de las tinieblas; y llamó Día a la luz y Noche a las tinieblas. Así hubo una tarde y una mañana: este fue el primer día. (Génesis 1: 1-5)

La luz es origen y nacimiento, coherencia en donde puede manifestarse el espíritu divino. Las tinieblas constituyen, por el contrario, la imposibilidad y el caos. La luz es lo que se desea: «hágase la luz» frente a la oscuridad, que le antecede, pero que en la creación se vuelve posterior: primero es el día, y después es la noche. La ciencia no puede sustraerse a la explicación bíblica y mitológica de la luz completamente, tampoco la mente humana.

La luz es el conocimiento. Pero inmediatamente después de nombrar la sensación, y de haber reflexionado en torno a la luz como el origen de la coherencia del existir, Gangotena se vuelca hacia su contrario. La manera más profunda de acceder al ser es la oscuridad. El fragmento tercero continúa:

> Y para mejor llegar a una entidad existencial, nada más conducente que la anulación, en sus circunstancias de ella de todas las otras posibilidades existenciales. En este afán nuestro de todas las posibilidades físicas a las cuales esta entidad, la luz, se halla concomitante y esta anulación, o tal vez sustentación en su anonadamiento, más íntegra sensorial y vitalmente, ¿qué más sino en la tiniebla?, la noche, vitalmente:
> LA NOCHE TAN DE CERCA… (2004a: 245)

Para ver cómo se forma la entidad del ser, es necesaria la anulación de todas las posibilidades que la vida le presenta, es decir, retirarse de las formas, los contornos, la percepción que la luz permite. La vecindad de la materia, siempre presente, reclama, justamente, un repliegue más «íntegro sensorial y vital». Para acceder al ser, la luz llama a la oscuridad: «La noche tan de cerca». Esta es la primera imagen de «Perenne Luz».

Para hablar de la luz, Gangotena revierte el orden del mundo y empieza por la noche. A continuación, en el fragmento cuarto, hay en efecto un desplazamiento del ser, que se veía a sí mismo en el mundo de la luz, hacia un interior que se ve en la necesidad de alejarse del mundo para comprenderlo:

> ¿A dónde van mis pasos? Me veo entrar de lleno en esta soledad, en esta irreversible acumulación de mí mismo, del ser en mí, entrar tan cargado de relación, de experiencias concomitantes a un mundo que en esta circunstancia, sin embargo, trato de eludir, en voluntad expresa de primeramente encontrarse en mí mismo, y en vista de la ulterior y capital experiencia, aquella de la vuelta al mundo. (2004a: 245)

La existencia adquiere una dinámica en la medida en que establece relaciones. El cuerpo con sí mismo, con los otros, con el mundo, suma experiencias, y en la *Hermenéutica* la suma de los encuentros y desencuentros que implica el existir adquiere un peso específico, la «acumulación». Vuelven a resonar Bergson y su reflexión en torno a la duración. La acumulación del ser, al tener una cualidad temporal, es también espacial si se sigue el planteamiento gangoteneano proveniente de Minkowski de que todo sucede en el espacio-tiempo. La acumulación es así el recuerdo de las experiencias sucedidas, la capacidad de almacenar lo vivido. Para Bergson, dice Gilles Deleuze, «la duración es esencialmente memoria, conciencia, libertad. Es conciencia y libertad porque, primero, es memoria. Ahora bien, esta identidad de la memoria con la duración misma, Bergson la presenta siempre de dos maneras: "conservación y acumulación del pasado en el presente"» (Deleuze 1991: 45). La duración de la experiencia se desplaza en el tiempo de manera acumulativa. Así, la acumulación del pasado en el presente, que para Gangotena es la acumulación de sí mismo, constituye la suma del ser, que ha percibido e interpretado en la intelección de su conocimiento del mundo. En un momento determinado, su duración, su circunstancia, busca interrumpir los estímulos del presente para comprenderlos.

El verdadero conocimiento consiste en el distanciamiento temporal del mundo a fin de indagar en las regiones más internas de la conciencia, «en vista de la ulterior y capital» vuelta al mundo. Si bien el viaje a las zonas interiores del ser es el movimiento necesario para la comprensión de lo vivido, siempre se impondrá un retorno al mundo de la luz y las formas. En esta tensión aparece la unión del ser consigo mismo. Como se ha mencionado antes, el misticismo de Gangotena no necesariamente tiene objeto, y en la *Hermenéutica* se ve de manera mucho más clara la preocupación material y científica de su viaje intelectual. Al mismo tiempo, el poeta afirma que hay un éxtasis en el conocimiento de sí mismo y del mundo. El fragmento cuarto finaliza así: «Me encuentro en dualidad, entonces, con lo presente físico y la luz, en este encuentro, como hacedora en mí de las formas actuales de las cosas en cuanto yo extático» (2004a: 246).

Aquí aparece una nueva dimensión de la dualidad en la obra de Alfredo Gangotena. El ser-noche y el mundo-luz conforman las estaciones por donde transita la conciencia, de las regiones más íntimas a las más luminosas. Esta distinción es fundamental en tanto, en la obra de Gangotena, la luz no es solo interior, no es la luz de San Juan ni aquella alcanzada por la iluminación religiosa, ni tampoco es únicamente la luz del conocimiento. La luz es, sobre todo, aquello que nos devuelve los contornos del mundo, y demanda justamente un retorno a la interioridad para poder apreciarla y cristalizarla en el poema. En *Orogénie*, diecisiete años antes de la *Hermenéutica*, Gangotena ya tenía esta certeza:

> Y como el topo
> Que mina las bóvedas de la tierra,
> La frase, urgente misiva, desgarra su envoltura. [...]
> El alfabeto del bosque me restituye las palabras sonoras,
> todas pronunciadas. (II 47)

Las imágenes de la *Hermenéutica* no se orientan hacia un entendimiento diáfano ni comprobable del mundo. El mundo se halla a la mano a fin de proporcionar al poeta la materia para su escritura, pero ésta sucede en la oscuridad. De la ciencia, la luz, el espacio y el tiempo, el poeta termina vindicando el misterio y las formas palpables —no necesariamente visibles— de la noche.

Tras los fragmentos I, II, III y IV, que contienen el planteamiento general de la poética-científica de Gangotena, se suceden los fragmentos numerados «3-4», «5-6» y «7-8 y 9-10-11», que conforman una segunda parte de la *Hermenéutica* y se refieren a versos específicos.

Del poema al lenguaje de la Hermenéutica. Traducción

«Perenne Luz», como el resto de la poesía de Alfredo Gangotena, es un texto extremadamente cifrado, pero la autointerpretación que desarrolla en *Hermenéutica de Perenne Luz* hace posible acceder a sus procedimientos poéticos y hacerlos extensivos a principios de su obra en general. En su exégesis se puede ver la traducción de las ideas científicas a los símbolos e imágenes del poema.

Si en el lenguaje matemático la fórmula sintetiza la idea y su lectura supone un despliegue intelectivo en el lenguaje «común», el símbolo poético se desdobla de manera similar. Quizás aquí exista otra confluencia entre la ciencia y la poesía en Gangotena, conocedor del lenguaje formulaico de las ciencias. Así como las medidas de la realidad se pueden cifrar en una fórmula, las formas de la realidad también se condensan en el poema. Tanto la fórmula matemática como el símbolo poético se relacionan con la exactitud y el misterio de distintas maneras: dialogan.

De esta manera, las imágenes y los símbolos de «Perenne Luz» son extraídos por Gangotena de su lugar en el alfabeto para trazar el sistema de relaciones que establece en el texto, del cual deriva la escritura de la poética que los antecede, sellando un vaivén entre sus dos lenguajes. A pesar del sustrato científico, la intención de la *Hermenéutica* no es la aseveración, sino la exposición de una pregunta. En ella se ve su formalización por medio de la materia del lenguaje. El poema comienza:

> La noche tan de cerca, y tan desnudo golpe a expensas de mi corazón. ¡Dolorosa mano mía no aciertas a caer,
> suspensa en aquel trasluz de movimiento,
> de tu imprescindible exclamación! (2004a: 238)

El ser se encuentra expuesto a la opacidad de la realidad. El relato de la existencia inicia en la noche y en el cuerpo, *in medias res*, al contrario de las mitologías de la creación, que suelen comenzar con la luz del día. No hay un punto de inicio ni una temporalidad clara. Cuando tiene lugar la invocación al cuerpo, el paso del tiempo se ve sólo en el «trasluz de movimiento», aparentemente estacionado y repetitivo, como el latido del corazón. En *Hermenéutica*, Gangotena procede descomponiendo los versos e introduciendo una contraseña para su desciframiento. El fragmento 3-4 dice:

> Me encuentro en dualidad, entonces, con lo presente físico y la luz, en este encuentro, como hacedora en mí de las formas actuales de las cosas en cuanto yo extático.
> ¿En qué? En este cuerpo que me encierra. Pero dotado de vida y la vida es movimiento. Y este tal movimiento circundante, en ciclos; polarizado, ¿quién lo agita? Mi corazón... Y TAN DESNUDO GOLPE A EXPENSAS DE MI CORAZÓN. [...]
> Y el tránsito y entonces el movimiento en un trasluz; la presencia de lo anterior, la presencia de lo consecuente, acumuladas y esta vez suspendidas en el movimiento, en el existir: ...SUSPENSA EN AQUEL TRASLUZ DE MOVIMIENTO... (2004a: 246)

La concentración de conceptos y las elipsis en la elaboración del texto dificultan ordenar y situar sus posibles relaciones con las fuentes que los informan. Aunque sea exegética y traduzca el poema a sus fragmentos, la *Hermenéutica* no sale del lenguaje gangoteneano hacia uno más abierto. La traducción es muy cercana a su fuente y no descifra los símbolos, los despliega en su complejidad, haciendo del desplegar un replegar y siguiendo los mismos movimientos que rigen la obra como un universo.

El encuentro del cuerpo con la luz produce una unión, hay un «yo extático» que alcanza un estado. Aunque sea quizás un cerco, el cuerpo funda la vida; he ahí el movimiento repetitivo y estacionado de los latidos del corazón: el ritmo cardíaco es el ritmo del mundo. Mínimo movimiento vital, el latido es el paso del tiempo. El palpitar del cuerpo marca su propia duración; el cerco del cuerpo es por ende temporal. La medida del tiempo en Gangotena es la duración de su propia circunstancia física y en ese sentido se asemeja a las consideraciones del tiempo presentes en Henri Bergson: «La duración se expresa siempre en extensión. Los términos que designan al tiempo son tomados de la lengua del espacio. Cuando evocamos al tiempo, es el espacio el que responde al llamado» (Bergson 1987: 5). Cuando evocamos el latido del cuerpo, es el espacio del cuerpo el que responde al llamado: la cavidad del corazón.

Dice Bergson también que la duración es una experiencia interior, se siente y se vive (1987: 4). Para Gangotena, el tránsito del cuerpo en la realidad está dado por la acción de la acumulación. Mientras el cuerpo late, la mano se halla «suspensa en movimiento», es decir, no hay desplazamiento, y la materia física que se acumula en el espacio respira como un péndulo interior. En Gangotena, este péndulo es líquido: el corazón produce el movimiento circular de la sangre que, en ciclos, pasa por el cuerpo obedeciendo al latido, al movimiento estacionado que marca su propia duración. En su *Bergsonisme*, Gilles Deleuze define la duración en Bergson como la «identidad [de ésta] con la memoria» (1991: 45), el recuerdo y la suma de lo que se experimenta. Esta identidad, escribe Deleuze, «Bergson la presenta siempre de dos maneras: "conservación y acumulación del pasado en el presente"» (1991: 45). Aparece de nuevo «la irreversible acumulación de mí mismo» (1991: 245) que es la experiencia existencial en la *Hermenéutica*. El ser «cargado de relación» acarrea su memoria.

La imagen del cuerpo como medida del tiempo que expone su propia duración es muy cercana a la concepción espacio-temporal de la duración en Antonin Artaud. Se podría decir que en *El Pesa-nervios* hay fragmentos gangoteneanos. La exposición del cuerpo como materia orgánica, el cuerpo como espacio de la angustia, se convierten en temas compartidos por un sensorio común a ambos, el cual los lleva a la escritura del malestar y de lo corporal en formas distintas pero que parten de una relación similar con la realidad. Para Artaud el espíritu, la palabra y el cuerpo son también indisociables, y como entidad conjunta, se hallan marcados por la duración. En él, como en Gangotena, la vida, el cuerpo, son una superficie circular por donde transita el ser:

> Me hablan de palabras, pero no se trata de palabras, se trata de la duración del espíritu. Esta corteza de palabras que cae, no hay que imaginarse que el alma no esté allí implicada. Al lado del espíritu está la vida, está el ser humano en el círculo por el cual gira este espíritu, unido a él por una multitud de hilos. (André-Carraz 1973: 52)

Artaud escribió *El Pesa-nervios* en 1927. En 1930, Gangotena le envió *Absence.1928-1930*, y tuvo lugar un encuentro real de dos sensibilidades que se confirmaban una a la otra. Como se vio antes, a ambos poetas los hermanaba la experiencia de la enfermedad y el dolor. El espejo que ambos colocaban frente al otro producía imágenes con contornos diferentes pero reconocibles, sobre todo en la relación que establecían con la escritura para verter allí su cuerpo. La reflexión en torno a este tema es muy próxima en ambos, y Bergson aparece como la confirmación en el pensamiento de lo que ellos sienten y poetizan: el cuerpo afectado que los contiene es materialidad que da cuenta del paso del tiempo.

La similitud entre algunos pasajes de la *Hermenéutica* y algunos de *El Pesa-nervios* es asombrosa. En donde Gangotena habla del relato del ser «a lo largo», Artaud dice «en el tiempo», pero ambos, desde ángulos diferentes, intentan comprenderse dentro de las coordenadas materiales del espacio-tiempo. Respecto al tiempo interior –que se asemeja al concepto de duración en Bergson– Artaud escribe:

> En cada uno de los estados de mi mecánica pensante, hay agujeros, interrupciones, no quiero decir, compréndanme bien, en el tiempo, quiero decir, en una suerte de espacio (yo me comprendo); no quiero

decir un pensamiento a lo largo, un pensamiento en duración de pensamientos, quiero decir UN pensamiento, uno solo, y un PENSAMIENTO INTERIOR. (1970: 119)

También en Artaud la memoria en tanto comprobación de la acumulación del tiempo es corporal, y se presenta de manera palpitante en los estados de la mecánica de su cuerpo, sus engranajes. Justamente de ahí su «pesa-nervios»: la medida del cuerpo es el cuerpo.

Le Pèse-nerfs pasó al inglés como *The Nerve Meter*, algo así como el «nervómetro», el registrador de un cuerpo en constante funcionamiento, y por ende, en constante lucha. En la traducción al inglés se ilumina la cuestión de la medida: como afirma Gangotena, la existencia está irremediablemente ligada a la medida, y el cuerpo de Artaud, sujeto al electroshock, al opio, conocía bien lo arduo que podía resultar medir en su propia carne el paso del tiempo y el peso de la realidad. «No he apuntado sino a la relojería del alma, no he transcrito sino el dolor de un ajuste abortado» (1970: 104), dice en su *Pesa-nervios*. En efecto, la sujeción a la medida nos confronta a la fragilidad de la existencia.

En Gangotena, el fragmento 5-6 es más hermético que el anterior, pero hay un giro que se diferencia del resto del texto: una salida. Dentro de este cerco espacio-temporal que es la existencia, el amor es un camino legítimo para el autoconocimiento:

>Exteriorización y pertenencias de la luz.
>...DUREZAS EN EL ALMA...
>Después de descubrir el mundo, descubro un camino mejor hacia el ser: el cumplimiento de toda suma en el amor. Y, por lo tanto, vuelvo a ti acumulado a una SOLEDAD CUMPLIDA.
>Y lo exterior, esta luz buscada:
>MENGUADA , entonces y
>...DE ESCASO ASILO. (2004a: 247)

Sorprende la aparición del amor como camino alternativo pues el resto del texto se concentra en los temas mencionados hasta ahora. Sólo en este breve fragmento el poeta se desvía hacia el no-pensar, al arrobamiento del amor como posibilidad de ligereza. Las «durezas en el alma» se ven aliviadas por el encuentro amoroso con la Amada, y quizás ésa sea la «soledad cumplida», la unión en un solo ser: de ahí que se trate de una soledad consumada como unión.

La poesía amorosa de Alfredo Gangotena alcanza momentos altísimos. Las dos versiones de *Crueldades*, *Jocaste*, el poema que le dedicó a Marie Lalou, y algunos fragmentos de *Absence.1928-1930*, dan cuenta de la intensidad con que el poeta era capaz de escribir sobre la pasión. Estos momentos son, sin embargo, una suerte de descansos dentro del conjunto de su obra, inscrito, como se ha visto, en otras derivas. Gangotena no es precisamente un poeta de la pasión amorosa, sino de la existencia. El hecho de que afirme sólo hacia el final de su vida que el amor es otro camino para la indagación en la existencia hace más visible su signo trágico. Tras un breve matrimonio que pasó inadvertido y la pérdida de Marie Lalou, no se conocieron otras relaciones del poeta.

Por otro lado, la poesía amorosa de Gangotena no es puramente amorosa. Es decir, sus poemas van de la pasión a la nostalgia, al desamor, y es necesario situar en ellos los momentos de erotismo a fin de tratar el tema, que no suele extenderse por fragmentos muy largos. En «Perenne Luz», los fragmentos eróticos alternan con los otros, que se refieren, como se ha dicho, a la existencia, a la materialidad del tiempo y el espacio. Así, el amor generalmente aparece en la poesía de Gangotena como un fragmento dentro de sus temas mayores y más recurrentes. Como lo ha señalado Virginia Pérez, la *Hermenéutica* no revela ninguna clave erótica ni elabora en torno el tema: «El poeta omite, esconde detrás de la estructura física de la luz la pasión y los sentimientos anárquicos que articula» (2006: 106).

Así, fragmentos como éste de «Perenne Luz» quedan sin interpretar en la *Hermenéutica*:

> ¡Oh metal tan fresco
> Bajo el calor de la epidermis!
> ¡Oh clara huella de su tránsito
> En el campo deseado,
> en las congruentes potestades de tu sexo!
> De clamores y destellos me consuma,
> Habiendo de sosegar tu desnudez. (2004a: 238)

La piel es superficie cómplice que cobija la circulación excitada de la sangre animada por los efectos del deseo en el cuerpo. Este cuerpo otras veces enfermo se comporta de manera diferente, su estímulo ya no es el dolor, sino la presencia de otro cuerpo, «huella de tu tránsito», junto con el poder de la pasión amorosa. Sin embargo, en el fragmento 7-8 el cuerpo vuelve a su estado más recurrente. La vida está afectada de antemano:

> Como una herida de pluralidad a la unidad totalizante y buscada. Así en todo mi vitalidad:
> ...DE MI CUARTEL DE SANGRE,
> Con todos sus atractivos, la tierra, mi sustento, se me aparece. Pero esta tierra es una limitación, una contingencia y mi cuerpo, concomitante en ella,
> ...SE DESPRENDE DE CENIZAS.
> (En resolución de cesación). (2004a: 248)

La primera línea del fragmento no hace sino confirmar la condición del poeta que aparece a lo largo de toda su obra. El espacio en donde se sucede esta existencia marcada por la pérdida de unidad es el cuerpo mismo: «cuartel de sangre», lugar de lucha y refugio.

Antes apareció un yo extático, es decir, una unión. Sin embargo, ésta parece ser sólo momentánea, quizá posible en el encuentro amoroso o en la escritura. Ahora, en este fragmento, aparece el reconocimiento de la condición más permanente del ser, que es la escisión.

Acuartelado en sí mismo, el ser no encuentra para la liberación del cuerpo otro camino que el desprendimiento de sus propios despojos. La ceniza es siempre un *a posteriori*, el resto de una combustión. Del cuerpo no quedan en ella sino sales y óxidos. La única rebelión posible contra los límites de la materia es la cesación, el silencio que sigue a la incineración. Por otro lado, las partículas de ceniza habitan la atmósfera e interactúan con la luz a su paso. Un cuerpo que se desprende en cenizas es parte del proceso natural de la materia, una manera de percibir su duración es mirar en el aire las partículas muertas que despide.

En cualquier caso, una llamarada antecede a las cenizas. Quizá dicho fuego sea la pasión erótica o la llama sanjuanina del conocimiento. Lo cierto es que ninguno de estos fuegos encierra en su ardor la posibilidad de salvarse. El fragmento continúa: «Aparición en sospecha, en latencia, de la muerte» (2004a: 248). Con ello, el «cuartel de sangre» es también el lugar de la derrota, en tanto reconoce en el peso del mundo y en la contingencia la imposibilidad de salir del cuerpo enfermo. Sin embargo, hay algo que insiste en la sucesión de los momentos que conforman la existencia de este cuerpo acuartelado:

> Aparición en sospecha, en latencia, de la muerte y aunque (nuevamente) esta angostura, estas tinieblas (exteriores), el pensamiento, como un invariante, continúa:
> ...ESTA GOTA PERTINAZ DEL PENSAMIENTO... (2004a: 248)

Lo único que se equipara a la constante de la luz es el pensamiento, que insiste más allá de la contingencia, la herida de totalidad y el cuerpo: la «gota pertinaz». El único flujo continuo de la existencia es la conciencia, el pensamiento que no deja de suceder. El fragmento continúa con lo que podría ser una coincidencia de Gangotena con el surrealismo y el psicoanálisis. El pensamiento no es sólo racional o lógico, sucede sobre todo en el sueño:

> Lo que mi anterioridad ha acumulado, EL SUEÑO lo reposa, lo pone como descubrimiento activo, volviendo a su primitiva circunstancia mi instinto, mi inteligencia activa. (2004a: 248)

Esta clave es sumamente reveladora dentro del conjunto de la obra. La idea no es la articulación racional del símbolo, ni sólo su lógica. Tras del lenguaje se halla siempre el misterio del tiempo y el espacio, la acumulación de la memoria, lo que Gangotena llama anterioridad. El sueño despierta en la experiencia su aspecto nocturno y onírico, y allí, en la noche, tiene lugar el descubrimiento. Aunque la *Hermenéutica* es de inicios de los cuarenta, se sigue reconociendo en este párrafo el elemento que los surrealistas rescataron: el sueño como una posibilidad de acceder al conocimiento. También aparece el valor del inconsciente en relación con la liberación de la idea.

Varias pueden ser las fuentes para la valoración del sueño en la poesía de Gangotena. En cualquier caso, lo importante es que el conocimiento sucede también en el inconsciente, y en esta obra la importancia de ello radica en el hecho de que el dolor y la enfermedad no dejan de trabajar en la experiencia al llegar el sueño. Cuando el cuerpo descansa físicamente del padecimiento, el espíritu lo sigue interpretando. Al hablar de los viajes al dolor y a la locura de Hölderlin, Remo Bodei hace del sufrimiento un viaje órfico hacia el conocimiento que sucede fuera de la racionalidad y la conciencia:

> Ir hasta el fondo, aceptar experimentar lo inexperimentable, el caos fermentador de la conciencia, sus zonas oscuras, abandonar el centro de la consciencia poniéndose en una «órbita excéntrica» para hacer hablar

al que aún no tiene voz: esta es la tarea del filósofo y del poeta, que «más distingue, piensa, confronta, forma, organiza y es organizado, cuanto menos es preso de sí mismo y menos es consciente de sí; así en él y por él, lo ignorante asume la forma de la consciencia y de la particularidad». En tal descenso del pensamiento a los infiernos de lo informe y de lo inconsciente el lenguaje se tuerce y se tritura, pero al final renace en toda su potencia poética trastornada. (Bodei 1999: 3)

Lo que «el sueño reposa» en Gangotena es la materia de lo vivido, y en Hölderlin, «lo ignorante». Aquello que no emerge en el día se vuelve «descubrimiento activo» en la región nocturna del sueño. El cerco que es para el poeta ecuatoriano «el cuartel de sangre» parece encontrar allí una vía de liberación; sin embargo, el cuerpo no es capaz de abandonar la conciencia de la enfermedad y la angustia; éstas lo constituyen. Así, la entrada al inconsciente es, a la vez, el reverso de la «gota pertinaz del pensamiento», su lado caótico, marcado por el mismo signo. El poeta va de lo consciente a lo inconsciente para elaborar el lenguaje del dolor y la enfermedad, y asume para sí la experiencia de lo inexperimentable, como la llama Bodei. Así cierra este fragmento de la *Hermenéutica*, reconociendo que la existencia tiene lugar en la oscuridad:

> EL ESPÍRITU...
> Como una perennidad.
> ...SE ARRANCA...
> A toda contingencia, a la dolorosa circunstancia.
> Sin embargo, afrontando la acción, la contingencia, el movimiento: esta presencia de negación (luz).
> ...LA MÁS ARDUA NOCHE... (2004a: 248)

Si el espíritu intenta escapar de la contingencia, el cuerpo se le interpone en su materialidad. En Gangotena, la contingencia aparece cada vez que la existencia se ve confrontada a su concreción inmediata en lo material. «Afrontando la acción», la acumulación en el mundo, «el movimiento», es decir, la medida de lo humano, el espacio-tiempo, le recuerda al espíritu que, ante todo, se encuentra atado a lo contingente. Pero la materialidad de la existencia es negativa y se halla despojada de luz. Del pensamiento, del sueño y del amor, el poeta retorna al espacio oscuro donde se sucede la existencia, en «la más ardua noche».

En el fragmento 9-10-11, el último de la *Hermenéutica*, estas preocupaciones se juntan para cerrar el texto: «En esta búsqueda del ser, yo contingente no me acumularé sino en una: ENTIDAD FORTUITA...» (2004a: 249). El poeta asume la inevitabilidad del peso del mundo en su propio cuerpo, cuya acumulación en la realidad –su forma– es, a la vez, producto del azar. El texto continúa:

> [Pues] sometida a la contingencia,
> ...A MERCED DE ESCOMBROS,
> Después de tantos fracasos: escombros (lo realizado pero no cumplido). Como en una RUPTURA.
> CUANDO ESTE GOLPE...
> (Algo encuentra algo)
> ...DE MI TOTAL CAÍDA,
> De mi anonadamiento, descubre esta categoría del ser
> (este sustentamiento [del ser en total),
> ...LA NADA. (2004a: 249)

Al igual que las cenizas, los escombros son el resultado de las combustiones y accidentes de la existencia. La contingencia pone al cuerpo a merced de sus propios restos. La vida se sucede, y la acumulación de instantes termina en despojos: «lo realizado pero no cumplido». En este punto el poeta se desdice, pues anteriormente el amor aparecía como «cumplimiento de toda suma». La pasión amorosa era una posibilidad que ahora es negada, pues la existencia no es la constatación de haber alcanzado algo, sino de haber sobrellevado la contingencia.

En la *Hermenéutica* queda declarado que el ser no puede vivir su existencia sino a partir de una ruptura. Aquí, en la imagen de la caída, convergen las líneas que venía trazando la reflexión. El movimiento está dado por la medida; ahora, dicho movimiento en el espacio-tiempo toma la forma de una caída. Así, la acción de la gravedad, es decir, la única manera de estar en el mundo, es violenta en tanto es siempre descendente. La caída sólo se detiene cuando el cuerpo en movimiento choca contra el cuerpo en reposo del mundo: «algo encuentra algo». Los encuentros del ser con la realidad están dados por ese descenso: la nada. En este punto, como respuesta a la nada, aparece la declaración del principio de la escritura:

> Mas mi voz, el camino del lenguaje, del espíritu, prevalece en esta acumulación de dualidades:
> ...EN MI ESPESURA. (2004a: 249)

En la acumulación de rupturas y escisiones, la vía posible para la existencia es el lenguaje, que se manifiesta «en la espesura». A continuación, el poeta vuelve a desdecir las reflexiones acerca de lo cumplido. La existencia va de lo cumplido en el amor a lo fallido y reducido a escombros.

> Ahora:
> Lo realizado, como suma e imagen del placer de lo cumplido, Mas, ¿cómo? ¿quién hace?
> EL TIEMPO: ME DEFINE en mi contingencia.
> ...DE PRESENCIA... (Posibilidad del ser en mí, de unidad) ...Y DE UNIVERSO.
> De la totalidad en su multiplicidad: la totalidad contingente. Pero algo en este ir de contingencias aparece como invariante: la luz. (2004a: 249)

Lo realizado se iguala a lo cumplido. Quizás el único cumplimiento posible es lo realizado, y en el lenguaje de la *Hermenéutica*, eso supone el fracaso, los escombros. Sin embargo, el poeta menciona el placer de ese cumplimiento. A continuación, se retoma la constante: la contingencia, que puede suceder sólo en la multiplicidad de lo total, y por tanto no hay Absoluto, aun si la luz es lo único invariante. Al final, la luz es la que confirma la incerteza de la existencia al iluminar la nada. El párrafo final dice:

> Luz que da forma a los objetos. La luz como una categoría. Mas, si definirme y encerrarme y limitarme, así mismo, esta luz que al definirlo disgrega al mundo y al disgregarlo se ve sujeta a este trabajo de dominar tales disgregaciones, de anonadarlas, un mundo entonces ENTRETEJIDO y como un oponerse, una ASPEREZA, esta... (2004a: 250)

Una cualidad de la materia es su capacidad de absorber, reflejar o refractar el color. El color existe como ondas de la luz, permite ver las formas y de ahí organizar en la realidad un sentido en torno a ellas. Los límites físicos del mundo son, en cierta medida, los límites de lo que podemos ver –de ahí la idea de la «ceguera» como una mutilación, no sólo del cuerpo, sino del conocimiento–. El ser se ve cercado por los contornos de su cuerpo que la luz hace aparecer; al mismo tiempo, ve cómo la luz se dispersa y las partículas luminosas permanentemente se aglomeran y se separan. La luz se halla a cargo de esta suerte de código morse que consiste en alternar la dispersión y la acumulación para informar la realidad. «Toda apariencia por realidad», dice Bergson (1987: 36).

El mundo «entretejido» tiene varios niveles: el cuerpo, la tierra circundante, el lenguaje. Las superficies iluminadas que circulan por él son materia de escritura, y en Gangotena, tentativas de sentido irresueltas y abiertas. La *Hermenéutica* apunta, si se quiere, a la materialidad de lo material, al trabajo que hace la luz para ofrecer estas superficies al ser para que construya su relato. Al mismo tiempo, la materialidad del mundo está informada también por sus cualidades no visibles: su conceptualización, su significado, su misterio, el mundo «entretejido».

Bodei llama «valencia» a la acumulación de los niveles de que está dotada la realidad. Éstas son las capas que componen el cuerpo del mundo, el mundo inmediato, tal como lo concibe Gangotena. «¿Y cómo recuperar, por debajo de las estratificaciones culturales e históricas, el sustrato material de la "cosa"? El mundo circundante tiene distintas valencias, incluso prácticas» (Bodei 1985: 89). En el mundo inmediato se pone en «práctica» lo que la memoria reconoce como experiencia y relación con los otros. Lo material está rodeado de otras dimensiones, no todas tangibles, pero igualmente importantes. Para esta obra, ese mundo complejo es contrario al ser. El espíritu se hace contra el mundo, es «un oponerse». El texto cierra con la palabra «aspereza», imagen de la parte intermedia de «Perenne Luz». El desplazamiento por la realidad constituye siempre un avanzar contracorriente, y es lo que parecen sugerir los versos que rodean este vocablo:

> ¡Oh Tiempo me defines de presencia y de universo!
> Hoy cuán bien, ¡oh luz!, aciertas entre tejidos y asperezas
> a descontarme espacios,
> a circundarme de vecindades el corazón. (2004a: 240)

El tiempo define al ser tanto en lo inmediato como en la totalidad inabarcable del Universo. La realidad espacio-temporal junta todas las valencias para exponer al ser a la luz, que «entre tejidos y asperezas» va descontando espacios hasta dejar al ser en su lugar más reducido. El cuerpo, espacio mínimo posible para habitar, se ve rodeado de las que parecen ser proximidades desafortunadas; las vecindades cobran un aura vallejiana de lamento.

Alfredo Gangotena no interpretó todos los versos de «Perenne Luz». Tampoco escribió la *Hermenéutica* siguiendo un orden estricto. Su reflexión llegó a la mitad del poema. Con ella, dejó escritas su poética y su proyecto. En este *work in progress* abarcador, complejo y exigente, el poeta se proponía materializar en el lenguaje poético la convergencia del asombro frente a los fenómenos físicos, la inquietud de la idea y los laberintos del símbolo.

Epílogo

Hermenéutica de Perenne Luz revela la diversidad de la búsqueda de Alfredo Gangotena. La trayectoria que describe su voraz exploración filosófica, científica y poética lo sitúa como una voz de la modernidad que abarca las coordenadas ecuatorianas, latinoamericanas y aun francesas. Su concepción de la poesía y del mundo permite establecer relaciones estrechas entre su obra y la de algunos de sus contemporáneos.

En la poesía de Alfredo Gangotena persiste una interrogante que no desaparece en ninguno de los aspectos que comprende su voraz indagación de la realidad: la forma de lo material y la relación entre las formas del mundo y el sentido de la existencia. La perenne luz que define los contornos de los seres y las cosas es la base de su concepción de la poesía. La escritura sólo puede tener lugar a partir de la conciencia de la materia. Lo orogénico, lo corporal y lo poético se unen en su concreción y son capaces de ejercer su peso sobre la existencia.

Los Andes interiores y exteriores de Gangotena y la materialidad del lenguaje conforman un cuerpo que se aleja deliberadamente de las circunscripciones retóricas de la escritura poética para convertirla en sustento vital. El trabajo antisimbólico de su obra se asienta en la voluntad de indiferenciar el texto y el tejido, en donde lo fisiológico es lo poético. Fue lo que destacaron sus contemporáneos de su poesía. «No hay poesía moderna sin un rasgo fisiológico», escribió el poeta Julien Lanoë al leer *Absence. 1928-1930* (en Gangotena 1992: I 120). Allí sentía la fuerza gravitacional del macizo de los Andes, «esta pesadez, esta opacidad» y veía al poeta de cuerpo entero: «Alfredo Gangotena expresa como nadie los tejidos del cuerpo humano, estos tejidos que son la sede de los sufrimientos morales tanto como físicos: la angustia, el hastío, la melancolía, el deseo o la frialdad» (I 120). También para Adriana Castillo Berchenko el carácter fisiológico de la poesía de Gangotena es importante. Según la autora, esta obra no tiene igual en la poesía latinoamericana:

> Lo que hay de notable en esta escritura, es la concepción fisiológica del discurso lírico. De una manera muy original e indiscutiblemente hermosa, Gangotena poetiza el cuerpo humano: las venas, las arterias, los huesos, la boca, los párpados, las manos y las rodillas se convierten entonces en tejido poético. (1992: 266)

Al hablar de su frágil salud y de su diagnóstico de tuberculosis en 1968, Gilles Deleuze se refería a la enfermedad como un estado que se volvía afortunado en la medida en que abría «la escucha de la vida» (1989), no sólo del propio cuerpo, sino de la vida en toda su extensión. En la poesía de Gangotena, aunque no sea afortunada, la poetización de la enfermedad denota, sin embargo, una aguda conciencia del estar vivo en la sucesión de los estados que describe. Su lucidez y penetración en el mundo de lo fisiológico se fundan, principalmente, en el padecimiento cotidiano de la enfermedad.

La relación entre Alfredo Gangotena y Antonin Artaud se establece justamente a partir de su idea del cuerpo. Si bien el poeta ecuatoriano gozó de la amistad cercana de Max Jacob y Jean Cocteau, y su escritura es muy cercana a la de Paul Claudel y Henri Michaux, en la literatura francesa su lugar se encuentra al lado de Artaud. El inventor del «nervómetro» desplazó la reflexión sobre la existencia al territorio del cuerpo. Es éste y no otro espacio el que expresa los avatares de la enfermedad y la locura. Con ello, Artaud cambió el signo de la poesía: «Baudelaire había escrito *Mi corazón puesto al desnudo*. Artaud es mi carne puesta al desnudo» (André-Carraz 1973: 147). Lo que hizo Artaud con su pesa-nervios Gangotena lo hizo en su «malla de nervios», como describía Jules Supervielle el cuerpo de la poesía del ecuatoriano.

Con Henri Michaux, Gangotena compartió el sentimiento de la extranjería en París. Michaux, de origen valón, emigró a París y nunca volvió a Bélgica. La región valona eran sus Andes. En la escritura de Ecuador, el sentimiento de asfixia y la dificultad para relacionarse con el mundo tienen que ver con los Andes, pero es una incomodidad anterior la que dicta este diario de viaje. En realidad, es el diario de una incursión interior que encuentra en los Andes el reflejo del estado de angustia. Para Michaux y para Gangotena, la cordillera andina era la metáfora necesaria para construir su Hades, que se originaba en los «movimientos del ser interior» (Bellour 1986: 58).

Michaux padecía del corazón. La temporada en las alturas ecuatorianas fue dificultosa y le provocó frecuentes ataques de asfixia, agotamiento y ansiedad. Esto posibilitó algunos de sus mejores poemas de la década del veinte. «Nací agujereado» no habría sido posible fuera de los Andes, o en la alegre urbanidad de París. En Michaux, Gangotena hallaba la confirmación de su propio odio por los Andes y por un lugar que percibía como absurdo. Michaux, el extranjero, le daba a Gangotena su propia extranjería. Por eso su retrato en Ecuador como un terrateniente despojado de su personalidad parisina y convertido en ecuatoriano fue una tragedia para el poeta, como si Michaux lo hubiera delatado al verlo desenvolverse (envolverse, quizás) en su lugar de origen. *Ecuador, diario de viaje* y *Absence.1928-1930* comparten el infierno al que descendieron juntos sus autores en las alturas andinas.

El franco-uruguayo Jules Supervielle, amigo íntimo de Michaux y de Gangotena, se diferenció de estos poetas en cuanto conservó las pampas y la estancia como un paraíso perdido al que volvió durante la Segunda Guerra Mundial, además de hacerlo en sus evocaciones parisinas. Sin embargo, supo entender muy bien el exilio en el que se veía sumido Gangotena. Tras la muerte del poeta, en 1945,

Supervielle le dedicó un homenaje radial desde Montevideo. Allí leyó «Message», antes mencionado. Supervielle también hablaba del cuerpo afectado de su amigo:

> ¿Sabes que te hace sufrir?
> Es tu armadura de poeta que duele tanto en las cisuras.
> Es nuestra cota de malla toda en nervios, venas y arterias,
> Hábil para martirizarnos,
> Hay que acomodarse, no conocemos otra,
> Pero tú lo sabes mejor que yo en tu profundo, secreto coraje. (II 167)

Supervielle y Gangotena no compartieron el mismo lenguaje, pero sí las mismas preocupaciones. Lo que los aproximó significativamente en el contexto francés, frente a su distancia común de los surrealistas y los grupos vanguardistas, fue el catolicismo. Paul Claudel, Max Jacob, Pierre-Louis Flouquet y Jacques Maritain compartían con Supervielle y Gangotena una búsqueda filosófica y estética en la que el catolicismo era un componente central. Al citar a estos escritores, Iván Carvajal traza toda una línea en la poesía de Gangotena que se sostiene en el elemento católico:

> Gangotena frecuentó círculos literarios católicos en los que pesaba con fuerza la inquietante presencia de Kierkegaard y Nietzsche; [...] La experiencia religiosa de Gangotena, tal como se despliega en su obra, se inicia en una radical angustia que surge de las fuentes pascalianas, atraviesa la tensión agonística entre anhelo y desolación de *Tempestad secreta* y desemboca en el tono filosófico existencial, místico y erótico de «Perenne luz». (2007: 202)

Junto a los poetas católicos, al lado de Henri Michaux y con una obra muy cercana a la de Antonin Artaud, Alfredo Gangotena halló un lugar en la literatura francesa. Pero el signo trágico que lo persiguió durante toda su vida hizo que sus poemarios empezaran a publicarse justamente tras su retorno a Quito. La ausencia de Gangotena de París lo convirtió en un poeta espectral que se fue poco a poco olvidando. El recuerdo del poeta desapareció, mientras que en Ecuador su obra aún no encontraba lectores por el efecto de dislocación que se producía entre una poesía escrita en francés y una comunidad de lectores fundada en el español.

En cuanto al lugar en la poesía latinoamericana, Gangotena se ubica, en primer lugar, cerca de César Vallejo. Su obra resuena en imágenes del cuerpo fragmentado, las manos y, curiosamente, los ayes. «Ha triunfado otro ay», dice Vallejo en *Trilce*. Gangotena, en «Perenne Luz», habla de su «boca de ayes» (2004a: 240). Este es sólo un ejemplo de los timbres que ambos imprimen a su poesía. Es la última etapa de Gangotena la que más se aproxima a César Vallejo. El poeta ecuatoriano también lleva el lenguaje a los extremos, fuerza la sintaxis y crea ritmos vertiginosos.

En el contexto latinoamericano, Castillo Berchenko sitúa a Alfredo Gangotena «justo al lado del que ocupa la poesía de un Neruda, de un Vallejo o de un Huidobro» (1992: 268). Sólo de cierta manera, la obra de Alfredo Gangotena comparte con el Neruda de *Residencia en la tierra* su exploración del mundo material. El mismo Neruda reconocía el valor de la obra de Gangotena y lo calificaba como «un maravilloso poeta olvidado» (Castillo Berchenko 1992: 268n), en una afirmación más diplomática que comprometida con la lectura de una obra como la del ecuatoriano. Neruda también poetiza el cuerpo y su relación física con el espacio que, como en Gangotena, es un cerco: «eternamente me rodea / este gran bosque respiratorio y enredado» (1999: 86)[3]. Es inevitable asociar esta imagen con los

---

[3] «Neruda, en cambio, convertido al optimismo militante, querrá renegar de su *Residencia en la tierra*, del ensimismamiento de una poesía oracular signada por el descenso hacia lo oscuramente entrañable, hacia lo preformal, hacia lo preverbal. Renegará de la visión desintegradora y de la angustiosa introspección para intentar una poesía de legibilidad popular» (Yurkiévich 2007: 30).

asfixiantes Andes de la poesía gangoteneana. Tristemente, Neruda renegó de lo que había escrito en nombre de su fama política[4].

Cuando Supervielle le dice a Gangotena que debe permanecer dentro de su armadura de poeta, porque «no conocemos otra», aparece Huidobro. En su poesía no hay otro mundo, estamos confinados a éste. Y tampoco hay otra realidad que el poema, origen y destino de todo. Así como para Huidobro el mundo se crea en la poesía, Gangotena, que no tiene otra armadura, no tiene otro cuerpo que el que se hace entre la carne y el texto. Este sentido de inexorabilidad del mundo material acerca a Alfredo Gangotena y Vicente Huidobro. En las dos obras, este mundo, su gravedad y la escritura son ineludibles, «no hay otros».

Además de estos poetas, cabe relacionar la obra del ecuatoriano con *Muerte sin fin* (1939), de José Gorostiza, central de la literatura en lengua española. El poema bien podría ser el fundamento para *Hermenéutica de Perenne Luz*. Sólo su primer verso concentra las preocupaciones fundamentales de la obra de Alfredo Gangotena: «Lleno de mí, sitiado en mi epidermis» (1999: 65). Esta breve imagen es de una hondura sorprendente. En ella aparecen el cuerpo expuesto en su propia piel, sitiado, acumulado en su ser y que, a lo largo del poema, se verá poetizado de manera inigualable. La reflexión que construyó Gorostiza alrededor de las maravillosas imágenes del agua y el vaso debió ser una fuente importante para el pensamiento de Alfredo Gangotena. Por lo menos, es difícil pensar que no lo fue. En una breve nota al pie se señaló anteriormente las coincidencias que

---

[4] Si Neruda poetizó el cuerpo, igualmente fue capaz de narrar la violación a una mujer en *Confieso que he vivido* y, por la forma que ese pequeño cuerpo tenía, renegó de su hija Malva, quien padecía de hidrocefalia y razón por la cual él la llamaba «punto y coma». La violación de Neruda a una mujer tamil en Colombo se puede leer en el capítulo «Ceilán» de sus memorias, y la negación de su hija acaba de ser novelada por Hagar Peeters en *Malva* (Amsterdam, De Bezige Bij, 2017), y espera su traducción al español. He aquí lo que Neruda realmente hace con el cuerpo.

presentan Gorostiza y Gangotena en ciertas imágenes. En realidad, dichas coincidencias denotan que ambos persiguieron durante toda su vida preguntas similares que tienen que ver con la concepción misma de la poesía y la existencia[5].

La obra de Alfredo Gangotena se inscribe en el mundo de lo material. Esta fue también su tragedia. Gangotena fue un poeta católico invadido al tiempo por la duda y la certeza de que no había un más allá del cuerpo. Su enfermedad, el paso del tiempo en la carne, le demostraban que la realidad no le presentaba una posibilidad más allá de su propia circunstancia. Como subterfugio, creó un universo poético donde habitar. Hizo de su desarraigo, de su bilingüismo y de su autoexilio un espacio en el cual construir un sentido frente a una noción de la existencia que lo afectaba desde varios frentes. Se rebeló contra el padre, puso su cuerpo enfermo al desnudo y forjó un lenguaje: su reino y su laberinto. Paradójicamente, la creación de este mundo propio con un lenguaje único tuvo lugar en el confinamiento en que lo sumían sus Andes interiores.

Al inicio de este trabajo, el corpus gangoteneano se presentaba como un universo completamente cifrado. Pero a medida que se sucedían las lecturas, el sentido de esta obra iba surgiendo por sí mismo, gradualmente. El bilingüismo dado por el francés y el español, que parecía el problema central, se convertía en uno de los varios elementos del verdadero bilingüismo de Gangotena: la lengua que construyó para oponerla al lenguaje común de los otros. A medida que la obra disponía de nuevas entradas, empezó a surgir con su propia lógica interna la gramática gangoteneana, junto con su alfabeto.

Gangotena recurre a su repertorio de símbolos herméticos cuando aborda, en especial, dos temas específicos: la rebelión contra los padres y la figura de la Amada. Con su alfabeto, se apartaba de su familia

---

[5] El trabajo de Jorge Aguilar Mora sobre *Muerte sin fin* es particularmente iluminador. Véase, por ejemplo, Aguilar Mora 2002.

por medio del lenguaje y le podía dedicar de esa manera algunos de sus versos más brutales. En el símbolo, Gangotena se emancipaba de la autocensura y de la represión exterior. Su lenguaje hermético era un espacio de libertad para dar rienda suelta al odio contra la familia. En especial en los poemas de 1924, cuando el poeta tenía veinte años, el trabajo del símbolo es la creación de un espacio para la expresión propia, alejada de la autoridad paterna.

También para poetizar el cuerpo femenino aparecen imágenes cifradas. La difusa Amada presente en la obra de Gangotena es evocada en un lenguaje mediado por los ocultamientos de los símbolos eróticos. La amada del poeta es por lo general nocturna, habita el revés de la luz o está ausente.

La escritura antisimbólica en Gangotena, especialmente de *Absence. 1928-1930*, constituye una exposición sin pudor de su condición trágica y una confrontación con los otros. Su *ecce homo* poético contrasta con los símbolos contra los padres. Su poesía va del odio oculto en su «recóndito espacio» a la imprecación. Las intensidades del lenguaje oscilan entre el ciframiento extremo y la literalidad para expresar una condición trágica. Al tiempo que se ve corroído por el odio y la angustia, que vive solitariamente en el cuerpo, el poeta sale a los otros para exhibir su circunstancia.

El lenguaje de Alfredo Gangotena es una expresión trágica del sujeto moderno. Su mundo se asemeja a los mundos creados en *Altazor*, en *Le pèse-nerfs*, en *Muerte sin fin*, en Vallejo. Todos ellos son universos de sentido autónomos que construyen justamente un sentido para la existencia a partir de la palabra poética, y llevan un signo trágico. *Hermenéutica de Perenne Luz* es el lugar de convergencia para las interrogantes que crecen y se diseminan en todos esos diferentes mundos. Todas las obras de Gangotena llevan en sí su propio bilingüismo, su hermenéutica interior, y se erigen en su unicidad como lenguajes únicos frente al otro lenguaje, el de los otros, «los profanos».

Bibliografía

Adorno, Teodoro (2004): *Teoría estética*. Madrid: Akal.
Aguilar Mora, Jorge (2002): «En los márgenes de *Muerte sin fin*». En *Hispamérica* 31 (92): 3-19.
Alatorre, Antonio (2003): *Los 1001 años de la lengua española*. México: Fondo de Cultura Económica.
Agamben, Giorgio (1998): *Idée de la prose*. Paris: Christian Bourgois.
Agamben, Giorgio & Deleuze, Gilles & Pardo, José L. & Melville, Herman (2000): *Preferiría no hacerlo: Bartleby el escribiente, seguido de tres ensayos sobre Bartleby*. Valencia: Pre-textos.
Amati-Mehler, Jacqueline & Argentieri, Simona & Canestri, Jorge (1993): *The Babel of the unconscious: mother tongue and foreign tongues in the analytic dimension*. Madison: International Universities Press.
André-Carraz, Danièle (1973): *L'expérience intérieure d'Antonin Artaud*. Paris: Éditions Saint-Germain-des-Prés.
Anzieu, Didier (1998): *El yo-piel*. Madrid: Biblioteca Nueva.
Aranguren, José Luis (1973): *San Juan de la Cruz*. Madrid: Júcar.
Arias, Augusto (1960): *Poetas parnasianos y modernistas*. Quito-Puebla: J.M. Cajica.
Artaud, Antonin (1965): «Le temps, comme il passe». Carta a Alfredo Gangotena. En *La nouvelle revue française* 149: 941-942.
— (1970): «Le pèse-nerfs». En *Oeuvres complétes*, Vol. I. Paris: Gallimard.
Bataille, Georges (1978): *L'expérience interieure*. Paris: Gallimard.
Baudrillard, Jean (1979): *De la séduction*. Paris: Galilée.
Barros, Pedro Teobaldo (1889): «La uta del Perú o lúpus». En *Anales de la Universidad Mayor de San Marcos* 23-24: 495-534.
Becquerel, Jean (1922): *Les idées nouvelles sur la structure de l'Univers*. Paris: Payot.
Bellour, Raymond (1986): *Henri Michaux*. Paris: Gallimard.

— (1966): *Henri Michaux*. Paris: L'Herne.
BENN, Gottfried (1999): «Problemática de la poesía». En *El yo moderno*. Valencia: Pre-Textos.
BENEDICTO, Marcos (2006): «En el espejo del otro: la poesía entre dos mundos. José María de Heredia y Leopoldo Díaz». En Bruña Cuevas, Manuel (ed.): *La cultura del otro*. Sevilla: Universidad de Sevilla.
BENNANI, Jalil (1985): *Du bilinguisme*. Paris: Noël.
BERGSON, Henri (1987): *La pensée et le mouvant*. Paris: Quadrige-PUF.
BINNS, Niall (2002): «Reivindicación y repudio de la delgada patria. El (anti)nacionalismo en las vanguardias chilenas». En *Nacionalismo y vanguardias en las literaturas hispánicas*. Huelva: Huelva UP.
BLANCHOT, Maurice (1955): *L'espace littéraire*. Paris: Gallimard.
— (1999): *Henri Michaux ou le refus de l'enfermement*. Tours: Farrago.
— (2007): *La amistad*. Madrid: Trotta.
BODEI, Remo & Jervis, Giovanni (1985): *La cultura del novecientos. Filosofía y psicología*. México: Siglo Veintiuno.
BODEI, Remo (1999): «Dolor y pasiones como forma de conocimiento». En *Nómadas: revista crítica de ciencias sociales y jurídicas*, 0: <http://auladepsicoanalisis.com>.
BOILEAU, Nicolás (1907): *L'art poétique*. Cambridge: Cambridge University Press.
BORGES, Jorge Luis (1996): «Kafka y sus precursores». En *Obras completas: 1952-1972*. Buenos Aires: Emecé.
BOSSHARD, Marco (2013): *La reterritorialización de lo humano: una teoría de las vanguardias americanas*. Pittsburgh: Instituto Internacional de Literatura Iberoamericana.
BRAMI, Joseph (1987): *Les troubles de l'invention. Essai sur le doute poétique de Joë Bousquet*. Birmingham: Summa Publications.
BÜRGER, Christa & Bürger, Peter & González, Ruiz A. (2001): *La desaparición del sujeto: una historia de la subjetividad de Montaigne a Blanchot*. Madrid: Akal.
CANETTI, Elias (1979): *The Conscience of Words*. New York: Seabury Press.
CARRERA Andrade, Jorge (1951): *Poesía francesa contemporánea*. Quito: Casa de la Cultura Ecuatoriana.

CARRIÓN, Alejandro (1978): «La traducción: delicia y suplicio». En *Revista de la Sociedad Jurídico Literaria* 24 (1): 185-198.
CARVAJAL, Iván (2004): «Jorge Carrera Andrade en el contexto de la poesía ecuatoriana contemporánea». En *Poligramas* 51-65: <http://poligramas.univalle.edu.co>.
— (2007): «Alfredo Gangotena, poeta del extrañamiento». En *Fórnix* 5-6.
CASANOVA, Pascal (2001): *La república mundial de las letras*. Barcelona: Anagrama.
CASTILLO BERCHENKO, Adriana (1992): *Alfredo Gangotena, poète equatorien (1904-1944) ou l'écriture partagée*. Perpignan: Presses Universitaires de Perpignan.
CERVERA, R. & JIMÉNEZ-ALONSO, J. (2008): *Terapias biológicas en el lupus eritematoso sistémico: Avances en lupus eritematoso sistémico*. En <http://site.ebrary.com/id/10957917>.
CHURATA, Gamaliel (2012): *El pez de oro*. Madrid: Cátedra.
CHURATA, Gamaliel & Usandizaga, Helena (2012): «La batalla de las palabras». En *Revista semanal* IV: 147.
CIXOUS, Hélène (2003): «Conversation avec l'âne. Écrire aveugle». En *L'amour du loup et autres remords*. Paris: Galilée.
COLOMBI, Beatriz (2006): «La gesta del letrado (sobre Ángel Rama y La ciudad letrada)». En *Orbis Tertius: Revista de teoría y crítica literaria* 11 (12): <http://www.fuentesmemoria.fahce.unlp.edu.ar/art_revistas/pr.203/pr.203.pdf>.
CRAGNOLINI, Mónica (2000): «Identidad, enfermedad y lenguaje en Nietzsche: la máscara de la locura». XVI Congreso Argentino de Psiquiatría. Simposium Nacional «Corporalidad y fenomenología», Mar del Plata.
CUEVA, Agustín (1968): *La literatura ecuatoriana*. Buenos Aires: Centro Editor de América Latina.
DARÍO, Rubén (1950): «La caravana pasa». *Obras completas* Vol. 3. Madrid: Afrodisio Aguado.
DELEUZE, Gilles (1970): «Prefacio». En Wolfson, Louis: *Le schizo et les langues*. Paris: Gallimard.
— (1988-1989): «M de Maladie». En *L'abécédaire de Gilles Deleuze*.
— (1991): *Le bergsonisme*. Paris: PUF.

— (2005): *Lógica del sentido*. Barcelona: Paidós.

DELEUZE, Gilles & GUATTARI, Félix (1978): *Kafka: Por una literatura menor*. México: Ediciones Era.

DERRIDA, Jacques (1996): *El monolingüismo del otro*. Buenos Aires: Manantial.

DÍAZ, Leopoldo (1902): *Les ombres de Hellas/Las sombras de Hellas*. Paris-Genève: Ch. Eggimann & Cie.

DONOSO PAREJA, Miguel (2010): «Noticia sobre Alfredo Gangotena». En *Serie Poesía moderna* 70: <http://www.materialdelectura.unam.mx/images/stories/pdf5/alfredo-gangotena-70.pdf>.

ECHEVERRÍA, Bolívar (2008): «El ethos barroco y los indios». En *Revista de Filosofía Sophia* 2: <http://www.flacsoandes.edu.ec/sites/default/files/agora/files/1260220574.elethos_barroco_y_los_indios_0.pdf>.

EINSTEIN, Albert & BECQUEREL, Jean & BERGSON, Henri et al. (1922): «La théorie de la relativité». En *Paris: Bulletin de la Société Française de Philosophie* XXIII, 3: 102-113: <www.sofrphilo.fr>.

ESPINOSA Contreras, Ramón (2007): *La violencia en la modernidad. Hacia una alternativa de paz*. México: Universidad Iberoamericana.

EYMAR, Marcos (2015): «El suave yugo de Cervantes: Latinidad, hispanidad y soberanía lingüística en Hispanoamérica». En *Revista de estudios filológicos Verbeia*, Abril.

FELL, Eve-Marie & FELL, Claude (1990): «Evolución del latinoamericanismo en Francia». En *Revista de crítica literaria latinoamericana* 16 (31/32): 307-317.

FAVARON, Pedro (2003). *Caminando sobre el abismo: Vida y poesía en César Moro*. Lima: Antares Artes y Letras.

FERNÁNDEZ COZMAN, Camilo (2006): «César Moro y los ecos del surrealismo francés en el Perú». En *Academia Peruana de la Lengua*: <http://acamediaperuanadelalengua.org>.

FERNÁNDEZ MORENO, César (1974): *América Latina en su literatura*. México: Siglo XXI.

FERRARI, Américo (1979): «Moro, el extranjero». En *Hueso húmero* 1 (2): 106-109.

— (1990): *Los sonidos del silencio. Poetas peruanos en el siglo XX*. Lima: Mosca azul.

FLEISCHER, Alain (2005): *L'accent, une langue fantôme.* Paris: Seuil.
FOUCAULT, Michel (2006): *Los anormales. Curso en el Collège de France (1974-1975).* México: Fondo de Cultura Económica.
GALISON, Peter (2003): *Einstein's clocks, Poincaré's maps. Empires of time.* New York: W. W. Norton and Company.
GANGOTENA, Alfredo (1978): *Poesía completa.* Guayaquil: Casa de la Cultura Ecuatoriana.
— (1991-1992): *Poèmes français* Vols. I y II. Paris: Orphée/ La Différence.
— (1992): *Orage Secret.* Quito: Libri Mundi-Servicio Cultural de la Embajada de Francia.
— (2004a): *Poesía.* Quito: Casa de la Cultura Ecuatoriana.
— (2004b): *Crueldades.* Quito: Orogenia.
— (2005): *Antología poética.* Madrid: Visor.
GARCÍA BACCA, Juan David (1953): «Prólogo a la proyectada edición de las obras de Alfredo Gangotena». En *Letras del Ecuador* Mayo-Junio: 3-4.
GASPARINI, Pablo (2007): *El exilio procaz: Gombrowicz por la Argentina.* Rosario: Beatriz Viterbo.
GIUSTI, Roberto & COSTA DU RELS, Adolfo (1941): *La obra de Costa Du Rels. El drama del escritor bilingüe.* Buenos Aires: P.E.N. Club Argentino.
GOIC, Cedomil (1974): *Vicente Huidobro.* Santiago: Universidad Católica de Chile.
GONZÁLEZ, Carina (2007): *Virtudes de la errancia. Escritura migrante y dispersión en Juan Rodolfo Wilcock.* Disertación doctoral. College Park: Universidad de Maryland, College Park.
GOROSTIZA, José (1999): *Poesía y poética.* San José: Editorial Universidad de Costa Rica.
GORDIN, W. (1926). «The Philosophy of Relativity». En *The Journal of Philosophy* 23 (19): 517-524.
GORDIN, Simon (2008): *Psychology of time.* Bingley: Emerald.
GUILLÉN, Jorge (1972): «San Juan de la Cruz o lo inefable místico». En *Lenguaje y poesía.* Madrid: Revista de Occidente.
GUTIÉRREZ, Carlos (1990): «América en la filosofía hegeliana de la Historia». En *Memorias del Congreso Internacional Extraordinario de Filosofía.* En *Historia crítica* 3: 127-131.

HADATTY MORA, Yanna (2010): «¿Vanguardia andina en Ecuador?». En *Jorge Icaza, Pablo Palacio y las vanguardias latinoamericanas*. Quito: Universidad Andina Simón Bolívar.

HAHN, Óscar (1998): *Vicente Huidobro o el atentado celeste*. Santiago: LOM.

HEGEL, Georg W. F. (1998): «Le fondement géographique de l'histoire». En *La raison dans l'histoire*. Paris: Hatier.

HEIDEGGER, Martin (2005): *Ser y tiempo*. Santiago de Chile: Editorial Universitaria.

HEMINGWAY, Ernest (1996): *A Moveable feast*. New York: Scribner.

HERNANDO MARSAL, Meritxell (2010): «Una propuesta lingüística vanguardista para América Latina». En *Estudios* 18 (35): 49-75.

HUIDOBRO, Vicente (1997): *Epistolario*. Santiago de Chile: Dirección de Bibliotecas, Archivos y Museos.

HUIDOBRO, Vicente & COSTA, René (1996): *Poesía y poética, 1911-1948*. Madrid: Alianza Editorial.

HUMBOLDT, Alexander von (1875): *Cosmos: ensayo de una descripción física del mundo*. Madrid: Gaspar y Roig Editores.

— (1991): *Viaje a las regiones equinocciales del nuevo continente*. Caracas: Monte Ávila.

HUMBOLDT, Wilhelm von & VALVERDE, José M. (1991): *Escritos sobre el lenguaje*. Barcelona: Península.

ICAZA, Jorge (2006): *Huasipungo*. Caracas: El perro y la rana.

ILIE, Paul (1980): *Literature and Inner Exile: Authoritarian Spain, 1939-1975*. Baltimore: Johns Hopkins University Press.

JARRY, Alfred (1907): *Albert Samain (souvenirs)*. Paris: Victor Lemasle.

JIMÉNEZ-ALFARO, José María (2011): «A. Gangotena / SALUD». Mayo. Correo electrónico a la autora.

JITRIK, Noé (2000): «Extrema vanguardia. Pablo Palacio todavía inquietante». En *La modernidad revis(it)ada. Literatura y cultura latinoamericanas de los siglos XIX y XX*. Berlin: Tranvia-Verlag Walter Frey.

JOLAS, Eugène (1998): *Man from Babel*. Yale University Press.

JOLAS, Eugène & JOLAS, Marie & SOUPAULT, Philippe (1949): *transition workshop*. New York: The Vanguard Press.

Joyce, James (1922): *The Portrait of the artist as a young man*. New York: B. W. Huebsch.

Khatibi, Abdelkebir (1981): *Figures de l'étranger dans la littérature française*. Paris: Denoël.

Kingman, Eduardo (2006): *La ciudad y los otros*. Quito: FLACSO.

Kohn, Hans (1944): *The idea of nationalism, a study in its origins and background*. New York: Macmillan.

Klein, Henry (2003): «Una mirada a la poesía modernista ecuatoriana». En *País Secreto: Revista de ensayo y poesía*, octubre: 37-50.

Kristeva, Julia (1989): *Étrangers à nous-mêmes*. Paris: Fayard.

— (2004): *Los poderes de la perversión*. México: Siglo XXI.

Lacoue-Labarthe, Philippe (1986): *La poésie comme expérience*. Paris: Christian Bourgois Editeur.

Larbaud, Valery (1997): *Sous l'invocation de Saint Jerôme*. Paris: Gallimard.

Lentz, Carola (1997): *Migración e identidad étnica: la transformación histórica de una comunidad indígena en la sierra ecuatoriana*. Quito: Abya-Yala.

López Ferrado, Mónica (2006): «La obsesión de Salvador Dalí por la ciencia». En *História, Ciências, Saúde - Manguinhos* 13: 125-131.

Mallarmé, Stéphane (1897): «Crise de vers». En *Divagations*. Paris: Bibliothèque Charpentier.

— (1992): *Poésies*. Paris: Gallimard.

— (1995): *Correspondance. Lettres sur la poésie*. Paris: Gallimard.

Mamani Macedo, Mauro (ed.) (2016): *Boletín Titikaka. Puno 1926-1930*. Lima: Centro de estudios literarios Antonio Cornejo Polar.

Mariátegui, José Carlos (2010): *Siete ensayos de interpretación de la realidad peruana*. Barcelona: Linkgua.

Margantin, Laurent (2003): «L'écriture amazone. Sur Ecuador, d'Henri Michaux». En <http://www.larevuedesressources.org/l-ecriture-amazone-sur-ecuador-d-henri-michaux,222.html?debut_breves=6>.

Marx, William (2004): *Les arrière-gardes au XXe siècle: l'autre face de la modernité esthétique*. Paris: Presses universitaires de France.

— (2009): «The 20th Century: Century of the Arrière-Gardes?». En *Europa! Europa? The Avant-Garde, Modernism and the Fate of a Continent*. Berlin: De Gruyter, 59-71.

MICHAUX, Henri (1968): *Ecuador*. Paris: Gallimard.
MOLLOY, Sylvia (1972): *La diffusion de la littérature hispano-américaine en France au XXe. Siècle*. Paris: Publications de la Faculté des lettres et Sciences Humaines, Sorbonne.
MONNIER, Adrienne (2011): *Rue de l'Odéon*. Madrid: Gallo Nero.
MORO, César (2002a): *Prestigio del amor*. Lima: Pontificia Universidad Católica de Perú.
MORO, César & WESTPHALEN, Emilio A. (2003): «A propósito de la pintura en el Perú». En *El uso de la palabra & Vicente Huidobro, o El obispo embotellado*. Lima: Sur Librería Anticuaria.
NANCY, Jean-Luc (2016): «Piel esencial». En Burneo Salazar, Cristina (ed.) et al.: *Dar piel*. Quito: Trashumante.
NERUDA, Pablo (1999): *Residencia en la tierra*. Santiago: Editorial Universitaria.
NIETZSCHE, Friedrich (2002a): *La gaya ciencia*. Madrid: EDAF.
— (2002b): *Así habló Zaratustra*. Madrid: EDAF.
NINA, Fernando (2011): *La expresión metaperiférica: narrativa ecuatoriana del siglo XX: José De La Cuadra, Jorge Icaza, Pablo Palacio*. Madrid: Iberoamericana.
ORTEGA, Julio (2011): «Crítica transatlántica a comienzos del siglo XXI». En *La ciudad literaria*: <http://blogs.brown.edu/ciudad_literaria/2011/03/23/critica-transatlantica-en-el-siglo-xxi/>.
ORTEGA Y GASSET, José (1964). *Meditaciones Del Quijote. Ideas Sobre La Novela*. Madrid: Espasa-Calpe.
OSORIO, Nelson (1981): «Para una caracterización histórica del vanguardismo literario hispanoamericano». En *Revista iberoamericana* XLVII: 114-115.
OVIDIO (2004): *Metamorfosis*. Madrid: Cátedra.
OVIEDO, José Miguel (1972): «Una discusión permanente». En Fernández Moreno, César (ed.): *América Latina en su literatura*. México: UNESCO.
PALACIO, Pablo & CORRAL, Wilfrido H. (2000): *Obras completas. Edición crítica*. Archivos 41. Nanterre: ALLCA XX, Université Paris X.
PALACIO Pablo (1964): «Carta a Carlos Manuel Espinosa». En *Obras completas de Pablo Palacio*. Quito: Casa de la Cultura Ecuatoriana.

— (2006): *Obras completas*. Quito: Universidad Alfredo Pérez Guerrero.
Pascal, Blaise (1960): *Pensées. Texte intégral établi et présenté par Zacharie Tourneur et Didier Anzieu*. Paris: A. Colin.
Pascha, Khaled (2004): *Frozen Music. The relationship between architecture and music in the aesthetic theory*. Disertación doctoral. Berlin: Technische Universität: <http://doctoradofadeu.uc.cl>.
Patout, Paulette (1978): *Alfonso Reyes et la France*. Paris: Klincksieck.
Pérez Firmat, Gustavo (2003): *Tongue ties. Logo-eroticism in anglo-hispanic literature*. New York: Palgrave Macmillan.
Pérez, Virginia (2004): *Huésped de sangre*. Quito: Orogenia.
— (2006): *Alfredo Gangotena. El joven poeta*. Quito: Comisión Nacional Permanente de Conmemoraciones Cívica.
Pérez Pimentel, Rodolfo (2001): *Diccionario biográfico ecuatoriano* Tomo 3. Guayaquil: Universidad de Guayaquil.
Pöppel, Hubert & Gomes, Miguel (2008): «Las vanguardias literarias en Bolivia, Colombia, Ecuador, Perú y Venezuela». En *Bibliografía y antología crítica*. Madrid: Iberoamericana.
Querejazu Calvo (1982): *Adolfo Costa du Rels. El hombre, el diplomático, el escritor*. Cochabamba-La Paz: Amigos del libro.
Rama, Ángel (1984): *Transculturación narrativa en América Latina*. Buenos Aires: El andariego.
Ramos, Julio (1989): *Desencuentros de la modernidad en América Latina: literatura y política en el siglo XIX*. México: Fondo de Cultura Económica.
Rancière, Jacques (1996): *Mallarmé. La politique de la sirène*. Paris: Hachette.
Ribera, José (1888): *Estados morbosos generales y las lesiones quirúrgicas*. Madrid: Real Academia de Medicina.
Robles, Humberto (2006): *La noción de vanguardia en el Ecuador*. Quito: Corporación Editora Nacional-UASB.
Robles, Humberto (2010): «Paradigmas ecuatorianos (1920-1930): discordias, teorías, función de la literatura y práctica narrativa». En *Jorge Icaza, Pablo Palacio y las vanguardias latinoamericanas*. Quito: Universidad Andina Simón Bolívar, Sede Ecuador.

Ródenas de Moya, Domingo (2008): *Cien escritores del siglo XX: Ámbito internacional*. Barcelona: Ariel.
Rojas, Waldo (2005): «Huidobro, Moro, Gangotena, tres incursiones poéticas en lengua francesa». En *Taller de letras* 36. Santiago de Chile: Instituto de Letras, Pontificia Universidad Católica de Chile.
Rolland, Denis (2002): «La crise exemplaire d'un modèle européen en Amérique latine: les racines anciennes du retrait du modèle politique et culturel français». En Euwen, Daniel van (ed.): *L'Amérique latine et l'Europe à l'heure de la mondialisation: dimension des relations internationales*. Paris: Karthala.
Saer, Juan José (1997): *El concepto de ficción*. Buenos Aires: Planeta.
Said, Edward W (1983): *The world, the text, and the critic*. Cambridge: Harvard University Press.
Samain, Albert (1913): *Œuvres* Vol. 3. Paris: Mercure de France.
— (1944): *Au jardin de l'Infante*. Buenos Aires: Viau.
Santamaría de Mingo, Vicent (2004): «Dalí y la ciencia». En *Aula de Psicoanálisis*: <http://217.126.81.33:501>.
Sartre, Jean Paul (1938): *La nausée*. Paris: Gallimard.
Scott, David H. T. (2004): *Semiologies of Travel: from Gautier to Baudrillard*. New York: Cambridge University Press.
Schelling, Friedrich W. J. (1988): En Rivera de Rosales, J. & López Domínguez, V. (eds.): *Sistema del idealismo trascendental*. Barcelona: Anthropos.
Sontag, Susan (2008): *La enfermedad y sus metáforas. El sida y sus metáforas*. Barcelona: Debolsillo.
Steiner, George (1981): *Después de Babel. Aspectos del lenguaje y la traducción*. México: Fondo de Cultura Económica.
Supervielle, Jules (1988): *L'homme de la pampa*. Paris: Gallimard.
Tezanos, Araceli de (2010): «Didáctica-pedagogía-ciencia de la educación: la relación que confirma la "excepción" francesa». En *Educación y Pedagogía* XVIII (46): 34-57.
Unamuno, Miguel de (1974): *La raza vasca y el vascuense: en torno a la lengua española*. Madrid: Espasa-Calpe.
Valera, Juan (1889): «A Rubén Darío». En *Cartas americanas*. Madrid: Fuentes y Capdeville.

Vallette, Alfred (1994): *Alfred Jarry*. Paris: le Fourneau.
Varo Zafra, Juan (2008): «Jean Baruzi y el problema del símbolo sanjuanista». En *Revue Romane* 43 (1): 136-150.
Vich, Cynthia (2000): *Indigenismo de vanguardia en el Perú: un estudio sobre el Boletín Titikaka*. Lima: Pontificia Universidad Católica del Perú.
Waldrop, Rosemarie (1971). «Against Language? Dissatisfaction with Language as Theme and as Impulse towards Experiments in Twentieth Century Poetry.» En *De propriotatibus litterarum* 6. The Hague: Mouton.
Weinreich, Uriel (1974): *Languages in Contact*. Paris: Mouton.
Whitaker, Arthur (1955): «La historia intelectual de Hispanoamérica en el siglo xviii». En *Revista de Historia de América* 40: 553-573.
Wittgenstein, Ludwig (2011): *Tractacus logico-philosophicus*. Edición electrónica. Santiago de Chile: Escuela de Filosofía, Universidad ARCIS: <http://temqueler.files.wordpress.com>.
Yurkiévich, Saúl (1996): *La movediza modernidad*. Madrid: Taurus.
— (2007): *A través de la trama: sobre vanguardias literarias y otras concomitancias*. Madrid: Iberoamericana-Vervuert.
Zaldumbide, Gonzalo (1922): «Les lettres hispano-américaines». En *Revue de l'Amérique latine* 1e année Vol. III.

Obras de Alfredo Gangotena publicadas en vida

— (1928): *Orogénie*, París: Nouvelle Revue Française.
— (1932): *Absence 1928-1930*. Edición a cargo del autor.
— (1938): *Nuit*. Brussels: Cahiers des Poétes Catholiques.
— (1940): *Tempestad Secreta*. Quito: Prensas de la Caja del Seguro.

Agradecimientos

Este libro es el resultado de una disertación doctoral llevada a cabo en la Universidad de Maryland y finalizada en 2011. Aunque el tiempo ha obrado una transformación, sus primeros lectores son fundamentales. Jorge Aguilar Mora me orientó durante varios años con invaluables reflexiones e hizo de este trabajo una ocasión para cultivar el rigor y la amistad con igual vocación. Jorge me ha dado el obsequio de hacerme sentir en familia durante nuestros encuentros en estos años y de seguir tomando café conmigo.

Carmen Benito-Vessels confió en mi trabajo antes que yo. A ella le debo el asombro por lo que esconde y revela la historia de las lenguas españolas y la etimología del vocablo *murciélago*, que desencadenó en mi trabajo una serie de preguntas tan productivas como placenteras.

Los comentarios de Juan Carlos Quintero fueron de enorme ayuda en la elaboración de diferentes temas que aquí aparecen. Su lectura abrió preguntas con las que he trabajado durante largo tiempo. La siempre entusiasta escucha de Joseph Brami me permitió afinar cuestiones referentes al ámbito francés de este trabajo, lo cual me permitió intentar algunas articulaciones transatlánticas para pensar en la poesía de los Andes.

Mi encuentro con Adriana Castillo Berchenko fue una de las entrañables sorpresas de este proceso. Su amistad y apertura para compartir conmigo documentos e ideas, aun durante los últimos estados de su enfermedad, marcaron una diferencia fundamental en mi aproximación a Alfredo Gangotena. Su compañero, Pablo Berchenko, tuvo la generosidad de acompañarme durante un trecho más tras la muerte de Adriana, lo cual valoraré siempre. Este trabajo es también en tu memoria, querida Adriana.

Gracias a Dolores Lima decidí dedicar mi reflexión al poeta, tras rodeos que ella supo escuchar y también interrumpir. Nuestras conversaciones en prolongadas caminatas por ciudades cercanas y remotas se encuentran a lo largo del texto. Rara vez fueron sobre Gangotena. Cada conversación con Dolores ha sido siempre un viaje emancipatorio.

David Padgham me mostró que el azar nos puede invitar a vivir vidas imprevisibles y que nuestros bilingüismos poseen fuerzas insospechadas. A él le debo los felices descansos de mi trabajo y la posibilidad de pensar que ser ambulante es posible sin morir demasiado en el intento.

Mi familia y mis amistades de mi aquí y de varios allá hicieron de este esfuerzo una bella experiencia compartida. Su afecto me permitió llegar al otro lado de la cuerda floja. Sobre todo, les agradezco la risa y el permitirme sentir en casa en donde fuera. Desde su trabajo en el campo de la física teórica, Markus Schulze me ayudó a comprender cuestiones fundamentales para la relación entre la poesía y la ciencia en Gangotena.

Tengo la suerte de que mis estudiantes y colegas hayan acogido mi entusiasmo por Alfredo Gangotena con hospitalidad en los cursos de poesía que he propuesto. Tener un lugar en el mundo para una interlocución de esta naturaleza es un verdadero privilegio, del cual espero dar cuenta aquí. A todos ellos va un agradecimiento especial por su inquietud. Jean Racines, uno de mis primeros estudiantes en Ecuador, es hoy el querido corrector de este texto, al que ha salvado de mis garrafales descuidos. A los estudiantes que continúan hoy con su trabajo en torno a la poesía de Gangotena, les agradezco por acoger la pregunta por el poeta y compartirla conmigo. Gracias a estos encuentros he podido perseverar en mi trabajo y ahondar en las derivas en que me situaba en un inicio: las escrituras bilingües, el cuerpo, la enfermedad, la ciencia, hoy vastos territorios que rebasan a Gangó pero que allí hallaron su denuedo.

Agradecimientos

El último año de trabajo en este texto fue posible gracias a la beca de disertación doctoral Mary Savage Snouffer de la Escuela de Artes y Humanidades de la Universidad de Maryland, que por primera vez se adjudicaba, en 2010, al Departamento de Español y Portugués. Esta me facilitó, al mismo tiempo, la concesión de una estancia en el Collège International de Traducteurs Littéraires en Arles para la traducción del volumen de Adriana Castillo Berchenko sobre Gangotena. *Alfredo Gangotena o la escritura escindida* se publicó en 2013 (Quito: USFQ). En 2016, apareció *Bajo la higuera de Port-Cros. Cartas a Gangotena* (en coedición: Quito, USFQ - París, Jean Michel Place), volumen que pude preparar gracias a una beca del Centro Nacional del Libro de Francia (2015). Gangotena no se acaba nunca.

www.ingramcontent.com/pod-product-compliance
Lightning Source LLC
Chambersburg PA
CBHW020608300426
44113CB00007B/560